VUES

CRITIQUES ET PHILOSOPHIQUES

SUR LE DROIT

PAR

HIPPOLYTE HASTRON

Jus est ars boni et æqui.
(ULPIEN, d'après CELSE.)

Première Partie. — Partie générale.

POITIERS

IMPRIMERIE DE N. BERNARD

RUE DE LA MAIRIE

1865.

VUES

CRITIQUES ET PHILOSOPHIQUES

SUR LE DROIT.

VUES

CRITIQUES ET PHILOSOPHIQUES

SUR LE DROIT

PAR

HIPPOLYTE HASTRON

« Le Droit est une science philosophique,
et non une science d'autorité.

***

Première Partie. — Partie générale.

***

POITIERS

IMPRIMERIE DE N. BERNARD
RUE DE LA MAIRIE
—
1865.

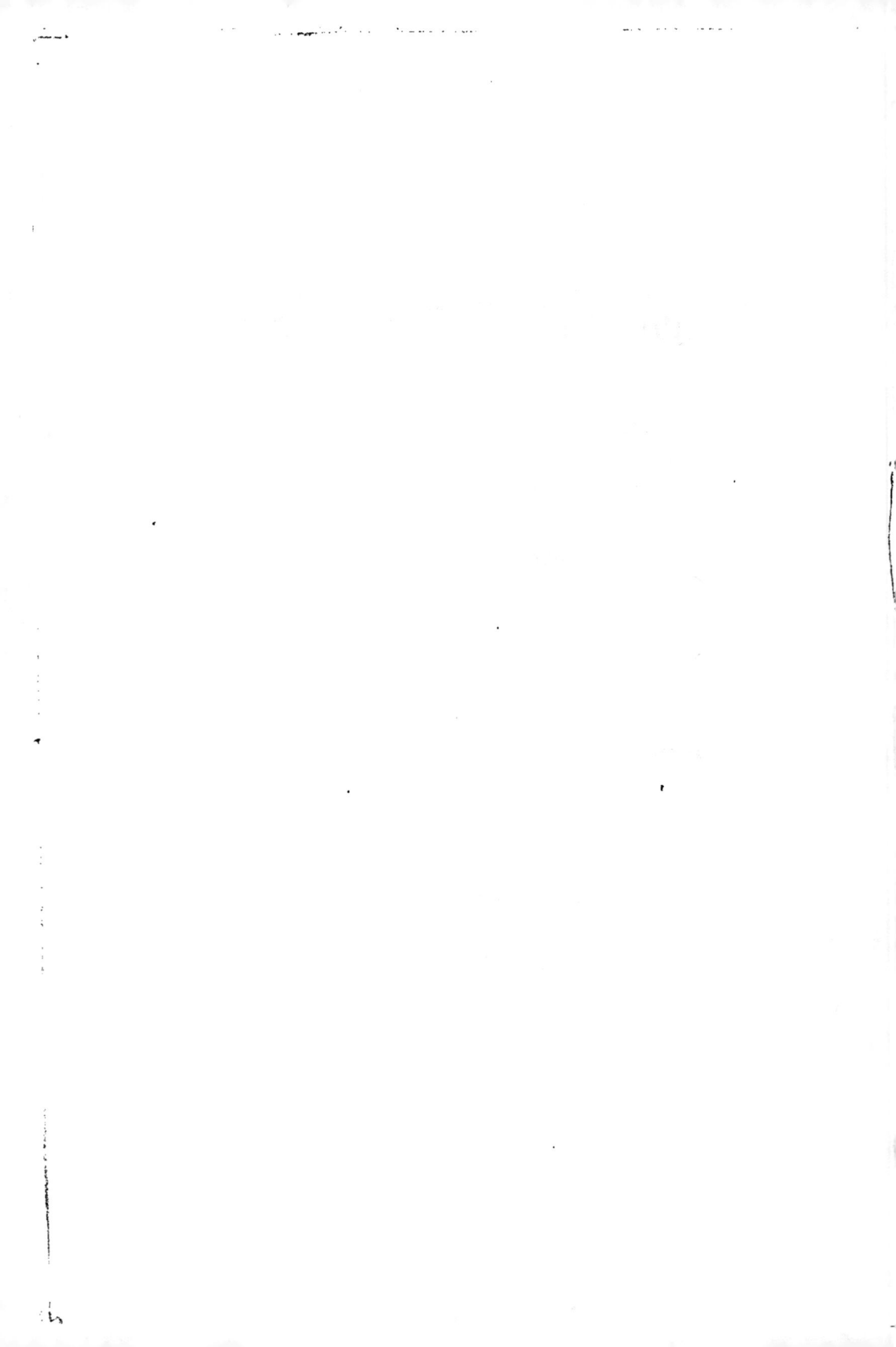

A MONSIEUR LEVERT

Préfet du département du Pas-de-Calais

HOMMAGE DE MES SENTIMENTS RESPECTUEUX ET DÉVOUÉS.

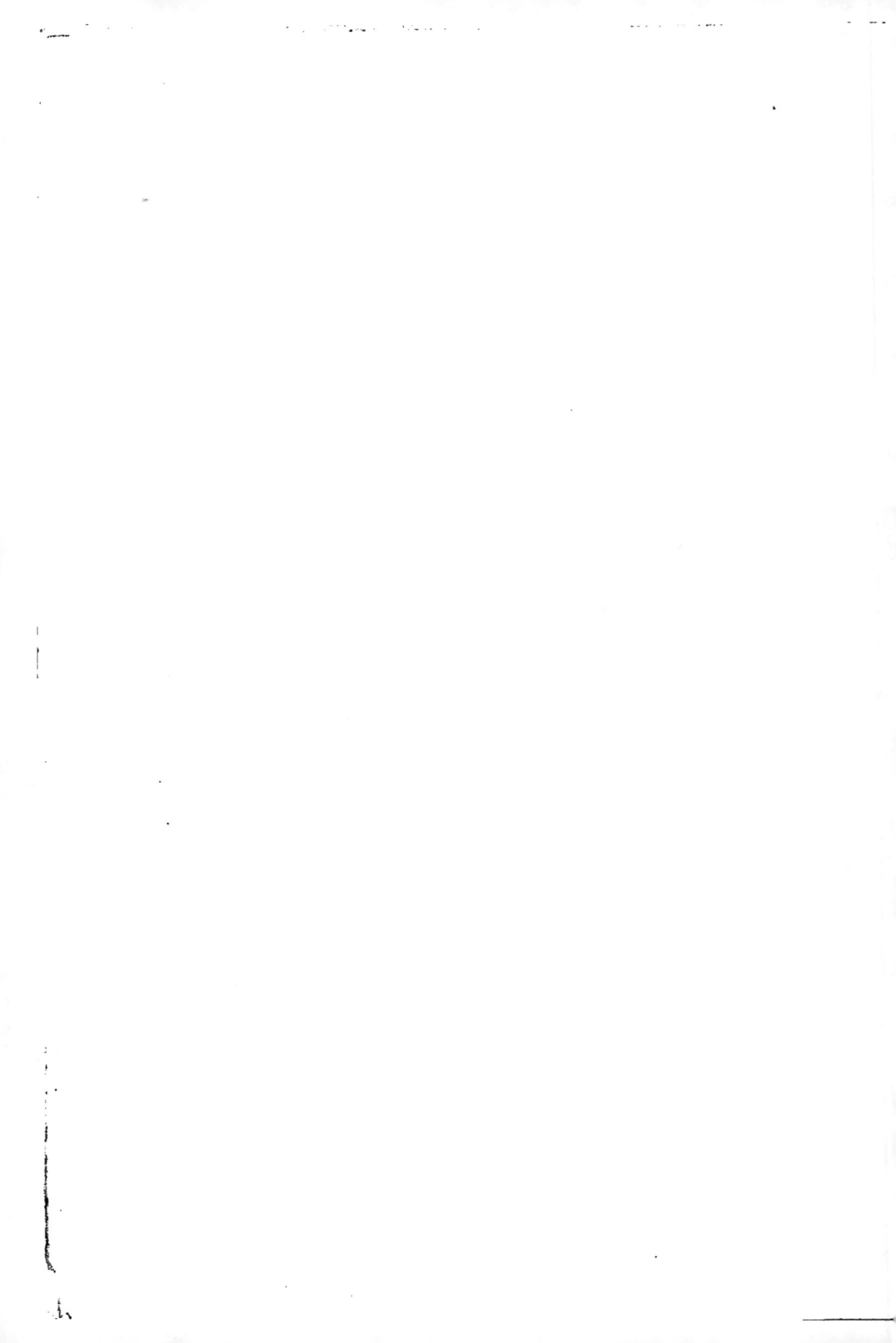

Le présent travail est comme un inventaire rai-
sonné des doctrines célèbres qui se sont produites
sur l'importante et délicate question de l'origine du
Droit. C'est la mise en œuvre de matériaux épars,
pris chez les jurisconsultes et les philosophes, dont
nous n'avons été souvent que le secrétaire ou le
greffier. Parmi tant d'opinions diverses et même
contradictoires, nous avons dû choisir pour édifier
notre système, et il nous a fallu glaner çà et là
les épis qui composent notre gerbe légère : glaner,
n'est-ce pas là toute la moisson du pauvre?

« Quis vetet adposito lumen de lumine sumi? »

(OVIDE.)

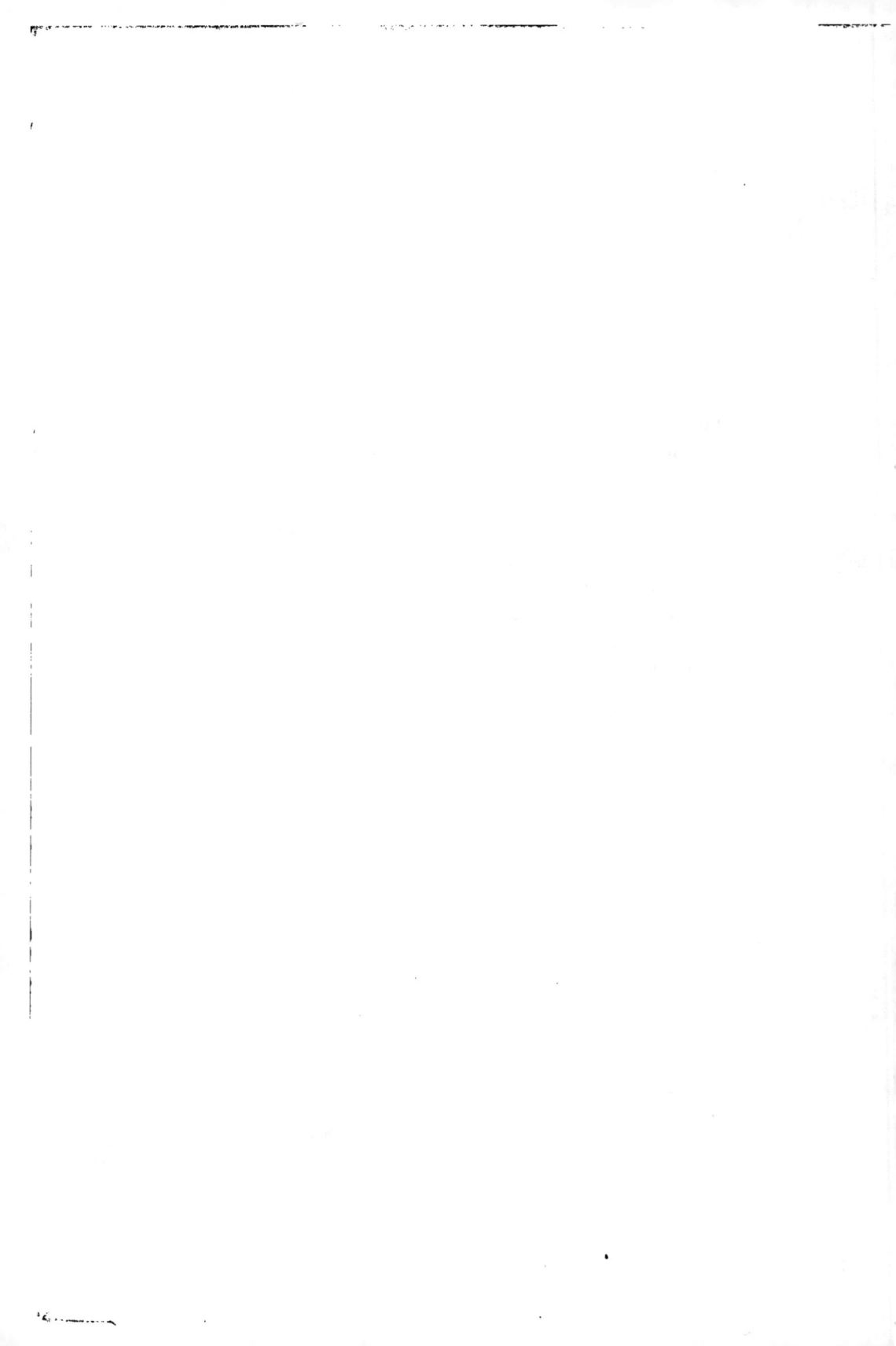

VUES

CRITIQUES ET PHILOSOPHIQUES

SUR LE DROIT.

I.

Théorie et pratique. — Jurisprudence des arrêts. — Enseignement.
Philosophie du Droit. — Droit romain.

Nous possédons à un degré supérieur le
tact des affaires juridiques; mais, il faut le
reconnaître, la théorie chez nous trouve
peu d'adorateurs. A part quelques rares

1

adeptes, qui se sont faits en quelque sorte les vestales de la science pour en entretenir le feu sacré, on s'attache trop peut-être à la jurisprudence des arrêts, et de sèches nomenclatures tendent généralement à se substituer à la doctrine des auteurs, à cette science élevée et indépendante qui fut celle des Dumoulin et des Domat. Les solutions immédiatement applicables ont chassé les longues et solitaires méditations, et le soin pressant des intérêts matériels ne permet guère le recueillement et l'étude, quelque goût qu'y trouvent certains esprits attardés. Est-ce un bien? Nous ne le croyons pas. L'activité sans frein et l'agitation continue n'ont jamais trempé vigoureusement les âmes; et puis, il faut bien le craindre, une pratique exclusive et subalterne serait mortelle pour la science du Droit, qui ne tarderait pas à tomber dans l'atonie et périrait faute d'aliment.

Est-ce à dire qu'on devra bannir toute idée d'application et s'isoler de la réalité? Telle ne saurait être assurément notre pensée. Nous proclamons, au contraire, que l'expérience et la théorie s'éclairent l'une par l'autre, et se consolident en se prêtant une mutuelle assistance. L'enseignement donne la topographie de la science, il indique les voies et la manière de s'y conduire; mais le voyageur qui voudra connaître exactement le pays, avec ses mille accidents de terrain, ne sera pas dispensé de le visiter. La pratique des affaires ne s'enseigne pas plus que la science de la vie; elle s'acquiert, on ne la montre pas; et, de même qu'un cours de philosophie ne suppléera jamais aux sévères leçons des événements et du monde, de même aussi le légiste ne pourra se compléter qu'au forum. C'est là qu'il fera la contre-épreuve des vérités apprises à l'école, et qui forment son bagage scientifique.

L'École, qui représente en Droit l'esprit indépendant de toute autorité, laisse de côté la jurisprudence; mais le jurisconsulte pratique ne saurait en faire aussi bon marché. Il faut qu'il étudie la tradition judiciaire et qu'il en suive la marche, sans toutefois s'y asservir. La science du Droit se composant de vérités générales qui s'enchaînent et se coordonnent, et non de décisions éparses, spéciales, sans lien entre elles et comme juxtaposées, il doit,

avant tout, rechercher dans un arrêt les raisons qui l'ont dicté, et au-dessus de ces raisons
écrites le principe dont elles sont la traduction. La jurisprudence ainsi comprise joute
avec la loi elle-même; l'esprit de l'une réflé-
chit sur l'esprit de l'autre; et c'est alors, mais
alors seulement, qu'il peut être vrai de dire
avec Bacon (1) que les décisions judiciaires
sont les ancres des lois, comme les lois sont
les ancres de l'Etat : *Judicia enim anchoræ
legum sunt, ut leges reipublicæ* (2). Dans aucun cas, l'autorité des arrêts, quel qu'en soit
le nombre, ne doit abaisser la raison du jurisconsulte, par ce motif que n'empruntant eux-
mêmes toute leur autorité qu'à la raison, ils
se détruiraient en s'imposant. Lorsque la Sor-
bonne menaça Port-Royal de faire venir tant
de cordeliers qu'à la fin sa condamnation dût
s'en suivre, Pascal lui répondit d'une manière
piquante qu'il était plus facile de trouver des
moines que des raisons. De nos jours, sans
doute, les arrêts sont moins complaisants que
les moines du temps de Pascal, et l'on est obligé

(1) Voir note A.
(2) *Exemplum tractatûs de justitiâ universali*, aphor. 73.

de compter avec eux, sous peine de courir au
devant d'un échec. Mais de ce respect éclairé
de l'opinion d'autrui, qui a pour elle l'apparence de la vérité, à la servilité du praticien
qui nombre les arrêts sans les discuter, la distance est grande ; et le jour où le procédé du
praticien remplacerait la pensée libre et con-
sciencieuse du jurisconsulte, il faudrait déses-
pérer du Droit dans notre pays.

Une science solide et de bon aloi sera toujours la préface obligée d'une heureuse application, et la condition de tout succès légitime
et durable. Il ne faut point considérer comme
oiseuses ces longues théories qui s'élaborent à
l'école, ni comme perdu le temps qu'on passe
à les apprendre. Aussi bien est-ce ici le lieu
d'apprécier les diverses critiques que l'enseignement du Droit civil en France a soulevées.
On s'est plaint que les jeunes gens ne sortis-
sent pas de l'école tout formés pour les affaires, tout armés pour la lutte, et l'on a sou-
haité quelque système d'études qui fût une
préparation plus immédiate aux difficultés
positives de la vie. C'est là se méprendre
sur le caractère de l'enseignement et sur ses
nécessités. Enseigner une science, c'est initier

à ses principes et montrer leur agencement : or, la nature d'un principe, ses conséquences, sa portée, doivent être expliquées indépendamment de toute idée d'application. Une préoccupation trop vive de la pratique ferait substituer à la science telle qu'elle est une science bâtarde et de proportions difformes, tantôt incomplète et tantôt inféconde. Souvent, en effet, pour montrer un principe tout entier, il faut inventer des espèces impossibles, faire des hypothèses invraisemblables; d'autres fois, on néglige tel cas très-pratique, s'il ne doit pas manifester ce principe sous un jour nouveau. Demander à un enseignement d'être pratique, c'est en demander, sans le savoir, la suppression.

Si ces critiques n'ont aucun fondement, il en est d'autres qui ne sont dépourvues ni d'à-propos ni de justesse. Elles ne s'adressent, bien entendu, ni aux professeurs, tous fort distingués, et qui ne sauraient encourir le blâme de manquer à leur tâche, ni aux élèves, parmi lesquels le Barreau, la Magistrature et l'École trouveront un jour des recrues vaillantes. La maxime *Dicere de vitiis, parcere personis,* trouve ici son application,

et, si l'on ne peut accuser les hommes, peut-
être aura-t-on raison de s'en prendre aux
difficultés mêmes que présente l'étude du
Droit, et que notre système d'enseignement augmente encore, loin de les aplanir.
Tout se tient dans le Droit, comme dans
les corps organisés; toutes les parties sont
solidaires, et nulle d'entre elles n'est assez
éclairée de sa propre lumière, pour n'avoir
à emprunter aux autres aucun reflet. Il
n'y a pas, dans notre Code, une disposition qui ne soit en quelque sorte *prépostère*,
comme diraient les jurisconsultes romains,
c'est-à-dire qui ne suppose des connaissances
que l'élève ne possède pas encore, et le professeur est obligé, pour développer une proposition, d'empiéter sur l'enseignement futur.
C'est là un obstacle inhérent à la science du
Droit; on ne le fera jamais complètement
disparaître, mais il serait possible de l'a-
doucir.

Le système d'enseignement actuel, au contraire, ajoute à cet inconvénient la tâche
impossible pour l'élève d'apprendre immédiatement sur chaque matière tout ce qu'on

en peut savoir. Au lieu de l'initier par degrés aux secrets de la science, il le place, dès
le début, en face des plus redoutables problèmes. L'enseignement, chez nous, est tout
de suite complet; le professeur dit tout dès la
première fois, et l'on parle à des écoliers
comme à des jurisconsultes éprouvés. Mais
l'esprit se refuse à concevoir ainsi du premier
coup toutes les conséquences que recèle un
principe, car la science n'entre dans l'intelligence que par couches successives et super-
posées; on ne saurait l'y faire pénétrer tout
entière, de prime abord, et pour ainsi dire
avec effraction. Ce défaut n'est pas, comme
l'autre, inhérent à la science du Droit; il
tient au mode d'enseignement, qu'il serait
facile d'améliorer. Pour cela, que faudrait-
il? Séparer tout d'abord l'enseignement élé-
mentaire de l'enseignement approfondi; commencer par embrasser l'ensemble des vérités
générales, en un mot, prendre une vue réduite
mais entière de la science, avant d'aborder
l'examen des détails Et ceci, nous le disons
pour le Droit romain comme pour le Droit
français. Plus les difficultés inhérentes à l'en-

seignement du Droit sont grandes, plus on
doit tenir à ne pas les compliquer de difficultés étrangères.

Quant à la méthode d'exposition, aucune
n'est meilleure que l'autre absolument, et
ne peut suffire à elle seule au résultat qu'on
se propose. Voilà pourquoi toute discussion
sur la préférence à donner d'une manière
exclusive soit à la méthode dogmatique, soit
à la méthode exégétique, ne sera jamais
qu'une vaine dispute. La science du Droit
exige l'emploi successif de ces deux métho-
des; mais l'ordre dans lequel on devra s'en
servir ne saurait être arbitraire. Dans les
sciences naturelles, on part des faits pour
arriver au principe, à la loi qui les régit;
dans la science du Droit, au contraire, on
part du principe pour arriver aux faits. Dans
les premières, l'observation précède la généralisation; il suit de là que la vraie méthode
des sciences naturelles, c'est l'analyse. Dans
la seconde, on est obligé de suivre une marche inverse : le jurisconsulte n'induit pas, il
déduit. Une exposition dogmatique de tous
les principes fondamentaux devrait donc précéder l'explication des textes, de manière à

présenter !. science dans son ensemble, dans
son unité, dans sa synthèse. C'était la méthode de Doneau, et celle que Leibnitz (1)
préconisait comme la plus propre à faciliter
l'accès de la jurisprudence. Elle s'offre naturellement, et il est permis de s'étonner
qu'aujourd'hui l'on suive un ordre différent.
C'est après l'exposé méthodique des principes,
et quand on aura une connaissance complète
des éléments, qu'on pourra se livrer avec
succès à une étude approfondie du Droit civil,
à une explication exégétique de chaque article,
en suivant alors l'ordre du Code tel qu'il est,
bon ou mauvais; car il est impossible de bien
comprendre un grand monument de législation, et d'en saisir le véritable esprit, si l'on
en bouleverse toutes les parties. L'économie
générale de l'œuvre et la distribution des matières fournissent, en effet, de précieuses
révélations. Cujas avait bien senti cette vérité, lorsqu'il rapprocha, dans ses Com-
mentaires du Droit romain, les fragments
des mêmes jurisconsultes, pour faire jaillir de
ce rapprochement des lumières nouvelles. Il
se peut qu'en changeant l'ordre d'un Code

(1) Voir note B.

on l'améliore, mais à coup sûr on en fausse
le sens.

Pour conclure en quelques mots et formuler notre pensée, nous dirons qu'il conviendrait de faire dans l'enseignement deux parts,
l'une ayant pour objet l'examen préalable des
principes et leur coordination, l'autre ayant
pour objet l'application de ces principes aux
espèces particulières et la discussion des questions controversées, de manière à former l'é-
lève à la logique juridique et à la dialectique, cette gymnastique intellectuelle qui
donnera à son esprit plus de vigueur et de
souplesse, de manière enfin à lui faire acquérir le sens du Droit, ce sentiment indé-
finissable des finesses de la science, que ni
les ressources de l'esprit ni les connaissances acquises ne remplaceront jamais. Voilà
comment, d'après les plus illustres, nous com-
prenons l'enseignement du Droit; telle est la
méthode générale et complexe dont il s'a-
girait de faire un judicieux emploi, et tel
est le système que nous voudrions voir adopter, parce qu'il nous paraît le plus sûr à la
fois et le plus.facile. Il adoucirait peut-être
ce qu'ont de repoussant l'étude *ex abrupto*

des textes, et la mnémonique des articles numérotés de la loi.

Mais les obstacles que nous avons précédemment signalés ne sont pas les seuls qui gênent l'enseignement du Droit, et le remède indiqué ne saurait suffire. Une grave difficulté naît encore des conditions dans lesquelles on commence ordinairement cette étude. Tandis que, dans les Facultés des Lettres et des Sciences, l'étudiant arrive préparé par l'enseignement du collége, l'élève en Droit a tout à apprendre; il ne connaît pas les premiers rudiments de cette langue juridique qu'il va entendre parler pour la première fois; il aborde dans une contrée dont la carte même lui est inconnue, et ce trop brusque passage est pour lui plein de périls. Il est contraire à l'hygiène intellectuelle de passer ainsi, sans gradation et sans ménagement, des rêves brûlants d'une imagination juvénile aux froids calculs de la raison; et tomber des chefs-d'œuvre philosophiques et littéraires de la Grèce et de Rome sur Toullier et Merlin, au lieu d'y descendre par degrés, c'est un choc violent auquel plus d'une novice intelligence n'a pas résisté. Tou-

jours est-il que les esprits les mieux doués
se fatiguent trop souvent en tentatives réité-
rées, jusqu'à ce qu'ils aient enfin trouvé leur
voie; heureux encore, quand au milieu de
tâtonnements douloureux, ils échappent à
un dégoût précoce et au découragement qui
suit tant d'inutiles efforts!

Un cours d'introduction à l'étude du Droit
peut seul apporter à ce mal quelque remède,
et combler cette lacune laissée dans l'enseignement. C'est une transition qui nous paraît
nécessaire; c'est un trait d'union pour ainsi
dire et un pont jeté, qu'on nous passe l'expression, entre le Collége et l'École. Nous
ne voyons pas un autre moyen de renouer la
chaîne brisée de nos connaissances, et de
faire disparaître cette solution de continuité
qui existe dans notre instruction générale.
Nous ne pouvons mieux faire, au surplus,
que de transcrire ici les paroles mêmes de
M. Cousin, lors de la création d'une chaire
d'introduction à l'étude du Droit en 1840.
« Quand les jeunes étudiants, dit-il, se présentent dans nos écoles, la jurisprudence est
pour eux un pays nouveau dont ils ignorent
complètement et la carte et la langue. Ils

s'appliquent d'abord au Droit civil et au
Droit romain, sans bien connaître la place
de cette partie du Droit dans l'ensemble de
la science juridique, et il arrive ou qu'ils se
dégoûtent de l'aridité de cette étude spéciale,
ou qu'ils y contractent l'habitude des détails
et l'antipathie des vues générales. Une telle
méthode d'enseignement est bien peu favorable à de grandes et profondes études.
Depuis longtemps tous les bons esprits réclament un cours préliminaire qui aurait pour
objet d'orienter en quelque sorte les jeunes
étudiants dans le labyrinthe de la jurisprudence, qui donnât une vue générale de
toutes les parties de la science juridique,
marquât l'objet distinct et spécial de chacune
d'elles, et en même temps leur dépendance
réciproque et le lien intime qui les unit : un
cours qui établirait la méthode générale à
suivre dans l'étude du Droit, avec les modifications particulières que chaque branche
réclame ; un cours enfin qui ferait connaître
les ouvrages importants qui ont marqué les
progrès de la science. Un tel cours relève-
rait la science du Droit aux yeux de la jeunesse par le caractère d'unité qu'il lui impri-

merait et exercerait une heureuse influence
sur le travail des élèves et sur leur développement intellectuel et moral. » Sans doute,
cet enseignement préparatoire ne peut donner que des notions incomplètes et superfi-
cielles; il ne fait pas le jurisconsulte, mais il
indique à celui qui veut le devenir, le but de
la science du Droit et les moyens d'y parvenir. Ayant mesuré d'avance l'étendue du
pays qu'il va parcourir, l'étudiant n'y marchera plus en aveugle et à l'aventure. Peut-
être même, après avoir admiré le majestueux
ensemble du Droit, se passionnera-t-il pour
cette sience dont l'abord n'est pas toujours
souriant, et sentira-t-il le besoin de remplir
par devers lui certaines lacunes importantes
que laissera toujours dans l'enseignement le
programme des cours universitaires. L'Histoire du Droit notamment, mais surtout le
Droit naturel, exigeront de sa part une étude
sérieuse et approfondie, telle qu'il ne pourrait
la faire en suivant seulement le cours d'introduction dont nous avons parlé. Celui-là seul
sera vraiment jurisconsulte qui, s'élevant au-
dessus de la lettre morte, remontera aux
véritables sources du Droit et de la justice.

La science du Droit par elle-même présente peu d'attrait, et un esprit avide de savoir ne s'y attachera guère que s'il y est porté par quelque circonstance particulière. Si, dans toutes les sciences en général, il faut de longs travaux pour arriver à les posséder; si l'on ne peut en saisir l'esprit que longtemps après en avoir acquis le matériel, du moins a-t-on dans les sciences physiques quelques jouissances dès les premiers pas dans la carrière, tandis que dans le Droit il faut apprendre beaucoup avant que de rien savoir. Il suffit d'une expérience physique pour faire voir plusieurs phénomènes, d'une analyse chimique pour montrer la nature de plusieurs corps, d'une dissection anatomique pour apprendre la structure d'un organe, d'une explication physiologique pour en indiquer les fonctions; mais en Droit, comment comprendrait-on des parties détachées et vues isolément? On marchera longtemps dans l'obscurité sans apercevoir la lumière. Les sciences physiques donnent donc à l'esprit une satisfaction immédiate; mais c'est par la généralisation qu'une science quelconque devient véritablement une science, et sans la généralisation on ne peut y voir qu'une collection de matériaux. Les sciences physiques forment un tout complet et harmonique, et il est indispensable, pour bien posséder l'une d'elles, de connaître les autres. Il faut savoir s'étendre pour embrasser les généralités, et s'élever pour dominer la science spéciale qu'on étudie; il faut pouvoir discerner comment la branche particulière qu'on cultive s'incorpore au tronc, et comment elle n'est qu'une fraction de la science générale. Autrement, si on la considère exclusivement comme un tout indépendant, on n'aura jamais sur elle que des idées rétrécies et erronées. La diversité dans les travaux donne à l'esprit plus de sûreté, et le forment à une marche philosophique.

En sera-t-il, sous ce rapport, de la science du Droit comme des sciences physiques? Sans contredit, pour déterminer le Droit en général, celui qui est le même pour tous les pays, il faudra remonter à la morale et à la métaphysique (1); comme pour déterminer

(1) On connaît la bizarre origine de ce mot, sur l'étymologie duquel les scolastiques s'étaient abusés. *Métaphy-*

2

un Droit spécial, convenant à un peuple en particulier, il faudra s'aider de l'histoire. Toutes ces connaissances se tiennent, et l'on ne peut arriver sûrement aux unes sans passer par les autres. Faire différemment, ne serait-ce pas élever un édifice avant d'en avoir assis les bases? Ainsi, le Droit aura des points de contact avec d'autres sciences; mais ces études variées ne sont pas habituellement commandées par la nécessité; on a rarement à s'occuper de ce qui doit être, ou de ce qui a été, mais presque toujours de ce qui est; on ne recherche pas quelles ont été ou quelles seraient les meilleures lois, on se borne à reconnaître celles qui existent. L'attention ordinaire n'a donc plus à se porter que sur des dispositions particulières; et lorsque dans les autres sciences chaque pas mène à des

---

sique vient de μετὰ φυσικὰ, ce qui vient après la physique. Dans les livres d'*Aristote* sur la physique et l'histoire naturelle se trouvent traitées incidemment des questions subtiles qui se rattachent à la philosophie première. Ces petits traités ont été détachés des livres où ils se trouvaient par *Andronicus de Rhodes*, contemporain de Cicéron, qui les réunit sous le nom de Τὰ μετὰ τὰ φυσικὰ (livres qui viennent après ceux sur la physique), et ont formé le premier corps d'ouvrage traitant spécialement de la métaphysique.

généralités, dans celle du Droit positif chaque pas conduit au contraire à des spécialités; lorsque les autres agrandissent l'esprit, celle-ci, telle qu'on l'apprend d'ordinaire, tendrait à le rétrécir. Aussi remarque-t-on que la plupart des jurisconsultes ne savent que le Droit, que souvent même les plus instruits restent sur le surplus des connaissances humaines dans une ignorance regrettable, et Fontenelle, en parlant d'eux, a pu dire que « s'ils sont quelquefois de grands hommes d'un côté, ils ne sont des autres que de grands enfants. » N'apercevant pas de rapports directs entre leur science et les autres, ils croiraient perdre leur temps s'ils s'occupaient de ces dernières. Ils ne sentent pas l'avantage que l'esprit retire d'abord de l'habitude de traiter différents sujets et le secours que toutes les sciences, même celles qui paraissent le plus éloignées, se prêtent mutuellement. Toutes les sciences, à l'exemple des Muses, forment un chœur en se donnant la main; elles sont toutes unies par un lien de famille qui avait frappé les écrivains de l'antiquité. *Omnes artes quæ ad humanitatem pertinent, habent quoddam commune vinculum et quasi cognatione quddam inter se continentur*, avait dit Cicéron dans son discours *Pro Archia*. Parmi les modernes, Bacon nous représente toutes les sciences comme des rameaux d'une même tige, et d'Alembert a placé, dans la préface de l'Encyclopédie (1), cette phrase célèbre que chacun sait et admire : « L'Univers, pour qui pourrait l'embrasser d'un seul point de vue, ne serait qu'un fait unique, une grande vérité. » A cause de cette commune généalogie et de cette dépendance réciproque, il faut donc, pour étudier une science quelconque, commencer par rechercher ce quelle est, quels en sont les éléments constitutifs, quel lien la rattache aux autres, et quelle place elle occupe dans le cercle universel des connaissances humaines.

(1) La préface de l'Encyclopédie était à elle seule un traité philosophique d'une fierté et d'une vigueur inconnues jusque-là. C'est un des morceaux les mieux écrits de notre langue. Il manque peut-être de chaleur, et n'atteint assurément pas l'éloquence de certaines pages de Rousseau : cela tient d'abord à la nature du sujet, puis à l'esprit géométrique de l'auteur. Mais on devra toujours le considérer comme un modèle de raisonnement et de style.

On ne peut exposer les éléments d'une science, sans aborder ces notions premières par lesquelles elle se rattache au système général du savoir humain, notions dont la critique est du domaine propre de la philosophie ; et ceux pour qui les spéculations philosophiques sont un besoin de l'intelligence s'arrêtent plus ou moins, mais inévitablement, à cette critique préliminaire. « Nulle part, dirons-nous en empruntant ces pensées à M. Jouffroy, la différence entre les intelligences ne se révèle mieux que dans la manière dont elles procèdent en abordant une science. Elles sont plus ou moins faciles à contenter, plus ou moins exigeantes, plus ou moins sévères avec elles-mêmes. Pour les unes, point de difficultés : elles entrent dans la science, elles y marchent, elles s'y promènent, elles en parcourent toutes les régions explorées, sans soupçonner qu'il n'y a là quelquefois ni science, ni certitude, ni vérité. Il n'en est point ainsi des intelligences fermes et rigoureuses : elles se tournent d'abord vers les questions organiques. On les accuse alors de ne point avancer, on leur reproche d'en être toujours à la préface et de

ne point entrer. Les esprits vulgaires, pour
lesquels il n'y a point de préface, parce que
tout leur est commencement, peuvent entrer
sans hésitation : c'est leur privilége; certaines
ou douteuses, classées ou confondues, liées
ou éparses, ils prennent les notions d'une
science comme ils les trouvent. Mais pour les
autres, le but de la science, sa circonscription, sa méthode, voilà l'important; ils éprou-
vent de suite le besoin de déterminer d'une
manière précise ces conditions vitales sans
lesquelles toutes les connaissances acquises ou
à acquérir sont sans valeur. » Pour beaucoup
d'esprits, soit par défaut de culture, soit
par le résultat des dispositions naturelles,
ce besoin n'existe pas. Il en est qui font
consister leur philosophie à répéter, après
Montaigne, qu'en fait de questions qui ne
comportent pas une solution déterminée
et positive, « l'ignorance et l'incuriosité sont
deux oreillers bien doux pour une tête bien
faite; » mais, pour les trouver tels, comme
l'a judicieusement observé Diderot, il faut
avoir la tête aussi bien faite que Montaigne,
et d'ailleurs celui qui avait passé sa vie à
peser dans la balance du doute les opinions

des philosophes, était loin de donner l'exemple de ce repos d'ignorance et d'incuriosité. « A ceux qui vous demanderont à quoi sert la philosophie, disait Mme de Staël, répondez hardiment : A quoi sert tout ce qui n'est pas la philosophie? »

La philosophie sans la science est exposée, sans doute, à s'égarer dans les utopies; la science sans la philosophie, d'un autre côté, mériterait encore d'être cultivée pour ses applications aux besoins de la vie; mais hors de là, on ne voit pas qu'elle offre à la raison un aliment digne d'elle, ni qu'elle puisse être prise pour le dernier but des travaux de l'esprit. C'est ainsi que la théorie philosophique du Droit court le risque de dégénérer en de vaines subtilités, si elle ne s'appuie sur une étude solide des lois positives; que la science des lois, d'un autre côté, séparée de la philosophie, trouve encore une utile application dans l'enceinte du palais, mais que celui-là seul, au jugement de Cicéron, est digne du nom de jurisconsulte, qui, tout en étudiant les lois positives, ne cesse d'élever sa pensée jusqu'à la raison de ces lois. Les deux excès qu'Horace signalait sont

à redouter pour le jurisconsulte comme pour
le poète. Il ne peut suivre sans danger l'une
ou l'autre voie exclusivement, *ne migret in
obscuras tabernas..... aut nubes et inania
captet* (1). Il s'abîmera dans la routine ou se
perdra dans la rêverie : tel est le double
écueil qu'il doit savoir éviter, et c'est à propos qu'il se rappellera le sage conseil que
le Soleil donna jadis à son fils Phaéton : *inter
utrumque tene* (2). La spéculation philosophique s'unira donc ici comme ailleurs à la
partie positive ou proprement scientifique :
partout ces deux éléments, quoique de nature
différente, s'associent naturellement et se
combinent dans le développement de l'activité intellectuelle.

Les uns font de la philosophie la science
par excellence ; d'autres, plus modestes, veulent au moins que la philosophie soit une
science ou un système de sciences indépendantes et autonomes, aussi certaines, aussi
positives, aussi progressives de leur nature
que d'autres peuvent l'être, et qui paraîtront

(1) *De arte poet.*, vers 229 et 230.
(2) Ovide, *Métamorph.*, lib. 2, *fab.* 1, vers 140.

telles dès que ceux qui les cultivent seront
entrés dans la bonne voie (1). D'autres enfin,
voyant la philosophie soumise à des rema-
niements continuels, ont conçu peu d'estime
pour une science toujours à refaire, et dont
les principes étaient sans cesse remis en question. Non-seulement ils ont cessé de la considérer comme une véritable science, mais
encore ils en ont conclu le néant de la philosophie : ce qui tendrait à mutiler l'esprit
humain, en condamnant à l'impuissance la
plus noble et la plus éminente de ses facultés,
si les erreurs de l'homme pouvaient jamais
prévaloir contre les lois de sa nature. Quoi
qu'il en soit de ces opinions diverses, il n'en
reste pas moins vrai que la philosophie se
distingue des sciences positives proprement
dites par des caractères essentiels; elle est
le produit d'une autre faculté de l'intelligence, qui, dans la sphère de son activité,
s'exerce et se perfectionne suivant un mode
qui lui est propre. Elle disserte sur l'origine
de nos connaissances, elle indique la méthode
à suivre, et cherche à rendre compte des

(1) Voir la note C.

faits sur lesquels repose l'édifice des sciences positives.

Il faut entendre par science positive ou par la partie positive des sciences, la collection des faits que chacun peut vérifier, de manière à acquérir la certitude qu'ils sont exacts, par un de ces procédés qui ne laissent aucun doute dans l'esprit. De même qu'on oppose l'histoire positive à la philosophie de l'histoire, en appelant histoire positive l'ensemble des faits historiques bien constatés, et dont la certitude est indépendante des conceptions que la raison met en œuvre pour en expliquer l'enchaînement; de même on qualifie de Droit positif les décisions du législateur, qui sont autant de faits dont l'autorité subsiste indépendamment de tous les raisonnements des jurisconsultes. Quelquefois même la marche de la science n'est pas suspendue par l'état d'indécision des questions philosophiques; et les progrès immenses faits, depuis Newton et Leibnitz, dans cette branche supérieure de l'analyse mathématique connue sous le nom de calcul infinitésimal, n'empêchent pas qu'on ne discute encore, comme on le faisait il y a deux

siècles, sur les principes mêmes de ce calcul.
De telles discussions portent, non sur un
point de doctrine scientifiquement résoluble,
mais sur une question philosophique nécessairement liée à l'exposé de la doctrine. Cet
exemple prouve ici que la science proprement dite et la philosophie, quoique intime-
ment unies, sont néanmoins en une certaine
mesure indépendantes l'une de l'autre. Mais
l'intervention de l'idée philosophique sera
toujours nécessaire comme fil conducteur, et
pour donner à la science sa forme dogmatique (1) et régulière. Une science n'est
autre chose qu'une fraction de la connaissance générale logiquement organisée. Les
faits positifs, nous le répétons, sont les matériaux de la science, mais ils ne sauraient
à eux seuls la constituer; il faut encore que
l'esprit philosophique intervienne pour en
opérer la distribution et le classement, pour
y mettre de la suite ou de l'ordre, et surtout
pour nous en donner la clef et la raison.
Et si les sciences physiques et naturelles ont
fait tant de progrès depuis Bacon, c'est grâce

(1) Du verbe δοκέω, je pense; *doceo*, j'enseigne.

à la philosophie qui leur a donné leur véritable méthode. La philosophie pénètre partout : dans la physique comme dans la morale, dans la chimie comme dans la jurisprudence et dans l'histoire, dans les mathématiques qui sont des sciences abstraites par excellence comme dans la poésie et dans les arts qui emploient des images sensibles, dans la mécanique qui traite des mouvements des corps inertes, comme dans la physiologie qui traite des ressorts les plus délicats de l'organisation et des fonctions accomplies par les êtres vivants; en un mot, il n'est pas une branche du savoir humain, soit qu'elle ait pour objet la nature ou l'homme lui-même, le visible ou l'invisible, que l'esprit philosophique n'ait la prétention d'éclairer.

Si nous recherchons maintenant les points de contact que le Droit peut avoir avec la philosophie, nous touvons d'abord que ces deux sciences se touchent par l'idée de justice. Car le Droit, c'est la science du juste ; et, pour appliquer avec certitude la règle du juste aux cas particuliers, il faut avoir auparavant une compréhension entière de l'idée

de justice. Saint Augustin, empruntant lui-
même ces belles paroles à la *République de
Platon*, disait dans sa *Cité de Dieu* : « Là
où la justice n'est pas, le Droit ne peut pas
être. Car, ce qui se fait au nom du Droit
doit être juste ; et ce qui est injuste en soi ne
peut se faire au nom du Droit. On ne doit
pas, en effet, appeler *Droit* certaines constitutions iniques des hommes : car, eux-
mêmes déclarent que le Droit est ce qui
émane des sources de la justice ; et c'est faus-
sement qu'il a été dit, par quelques esprits
mal avisés, que le Droit est ce qui est utile
au plus puissant (1). » Quelque idée que
l'on se fasse du Droit, il est impossible de
lui donner une base autre que la Morale, et
lorsque Grotius le définissait « un précepte
de la droite raison, » il rattachait ainsi la
science du juste à la science du bien.

Le Droit n'est rien autre chose que la faculté de faire ce que le devoir commande,
et la science des droits est, sous un aspect
différent, la science des devoirs. Sans la loi
du devoir, l'idée du Droit ne se conçoit pas :

(1) *August. Civit. Dei. Lib.* 19, *c.* 21.

l'obligation morale, voilà la source pure où il faut aller puiser le Droit. Y a-t-il ou n'y a-t-il pas une loi morale obligatoire? Tel est donc le premier problème qui sollicite de nous une solution. Cette loi morale une fois reconnue et établie, le reste suit naturellement; négligez de la poser, et tout l'édifice s'écroule. L'obligation morale dérive elle-même de l'idée de bien, qui lui est antérieure et supérieure. Mais cette idée de bien, on se demande alors comment elle pénètre dans notre intelligence, et c'est ici que les philosophes se sont divisés en deux écoles. Les uns veulent que nous acquérions l'idée de bien par une faculté distincte, qu'il y ait un sens de l'âme pour percevoir la moralité des actions, comme il y a des sens pour les couleurs ou les saveurs : ce sont les partisans du *sens moral*, parmi lesquels figurent beaucoup de noms célèbres, tels que Hutcheson, Adam Smith, Hume, en Angleterre; Jacobi, en Allemagne. Les autres soutiennent que la notion du bien et du mal résulte purement et simplement d'un jugement de notre raison, ce sont les *rationalistes*. D'après ces derniers, l'idée de bien est une idée nécessaire qui

nous est fournie par la raison, comme les
idées de vrai et de beau, et l'on doit dire :
le bien est le bien; comme on dit : l'étendue
est l'étendue. Si nous ne pouvons préciser
en quoi consiste le bien, il y a du moins
dans notre raison quelque chose qui nous crie
que ce bien existe, que cette idée n'est point
dépendante des temps ni des lieux, qu'elle
n'est pas variable, qu'elle est au contraire
absolue, universelle et immuable, et, qu'en
un mot, il ne peut y avoir de vraie morale
que celle que tous les hommes pourraient
accepter. « Il y a dans l'homme, dit Cicéron (1), une puissance qui porte au bien et
détourne du mal, non-seulement antérieure
à la naissance des peuples et des villes, mais
aussi ancienne que ce Dieu par qui le ciel
et la terre subsistent et sont gouvernés : car
la raison est un attribut essentiel de l'intelligence divine, et cette raison, qui est en
Dieu, détermine nécessairement ce qui est
vice ou vertu. »

Au début de toutes les sciences, il est des
vérités élémentaires dont il ne faut pas de-

(1) Ad. Attic., xii, 28.

mander la démonstration; et dans la géométrie, par exemple, quand on me dit que la
ligne droite est le plus court chemin d'un
point à un autre, je le crois, sans attendre
et sans exiger qu'on me le prouve, ce qui
d'ailleurs serait impossible. La Morale a ses
axiomes, comme les autres sciences; et ces
axiomes s'appellent à juste titre, dans toutes
les langues, des vérités morales. Considérées
en elles-mêmes, ces vérités n'ont pas moins
de certitude que les vérités mathématiques;
nécessaires comme ces dernières aux yeux de
la raison, elles sont de plus obligatoires pour
la volonté. Aussi Kant s'est-il trompé quand
il a fait dériver le bien de l'obligation morale;
il a pris l'effet pour la cause, il a tiré le principe de la conséquence. C'est au contraire
l'obligation morale qui résulte de l'idée de
bien; le devoir est la conséquence de ce principe qui saisit l'intelligence, qui brille en
nous d'une lumière primitive, suivant l'expression du Dante (1), et au-delà duquel il
n'y a plus rien à chercher. Les vérités premières portent avec elles leur raison d'être,

(1) *A guisa del ver primo che l'uom crede.*

et la distinction du bien et du mal est la vérité première et fondamentale de la Morale.
Arrivé à cette extrême limite, l'esprit humain
est forcé de s'arrêter; malgré tous ses efforts,
il ne saurait la dépasser, car Dieu lui dit
comme au flot de l'Océan : Tu n'iras pas plus
loin ! Quoi que l'homme puisse faire, il y a
en tout un dernier pourquoi qui lui échappe,
et la source première des choses restera toujours cachée à sa faiblesse, comme ces sources du Nil qu'il est impossible de découvrir.

L'idée de bien ne peut pas apparaître
sans l'idée d'obligation; ces deux idées sont
étroitement unies, et nous ne les concevons
pas plus l'une sans l'autre, que nous ne
concevons le soleil sans la lumière. Le jugement de la raison qui nous ordonne d'accomplir ce qui nous apparaît comme bien,
est ce qu'on appelle la loi morale ou la *loi du
devoir*. Déjà Cicéron avait fait dire à Lœlius,
dans son traité *de la République* : « Il est une
loi véritable, la droite raison, *recta ratio*,
conforme à la nature, universelle, immuable,
éternelle, dont les ordres invitent *au devoir*,
dont les prohibitions éloignent du mal. Soit
qu'elle commande, soit qu'elle défende, ses

paroles ne sont ni vaines auprès des bons,
ni puissantes sur les méchants. Cette loi ne
saurait être contredite par une autre, ni
rapportée en quelque partie, ni abrogée tout
entière. Ni le sénat, ni le peuple, ne peuvent
nous délier de l'obéissance à cette loi. Elle
n'a pas besoin d'un nouvel interprète, ou
d'un organe nouveau. Elle ne sera pas autre
dans Rome, autre dans Athènes; elle ne
sera pas demain autre qu'aujourd'hui : mais,
chez toutes les nations et dans tous les temps,
cette loi régnera toujours, une, éternelle,
impérissable; et le guide commun, le roi de
toutes les créatures, Dieu même donne la naissance, la sanction et la publicité à cette loi, que
l'homme ne peut méconnaître, sans se fuir
lui-même, sans renier sa nature, et par cela
seul, sans subir les plus dures *expiations*, eût-
il évité d'ailleurs tout ce qu'on appelle supplice (1). » Ce flambeau qui m'éclaire sur le
chemin du bien, cette voix qui me gour-
mande quand je m'en écarte, cet instinct,
ce sentiment, de quelque nom qu'on veuille
l'appeler, que ce soit un produit de la rai-

(1) *De Re Publica*, lib. *3*, § *11*.

son comme le veulent les rationalistes, ou
un organe particulier de l'âme comme le
prétendent les partisans du sens moral, cet
entraînement enfin que nous sentons vers le
bien, c'est ce que le vulgaire nomme la
conscience.

Il y a en nous une conviction irrésistible du
devoir, qui nous fait sentir que ce qui est bien
doit être fait, même au prix des plus grands
sacrifices. « Lorsque par un beau clair de
lune, dit quelque part M. Jouffroy, un
paysan regarde avec un œil de convoitise les
fruits superbes qui pendent aux arbres de
son opulent voisin, il a beau se rassurer par
l'absence de tout témoin, calculer le peu de
tort que causerait son action, et, comparant
la douce vie du riche aux fatigues du pauvre,
et la détresse de l'un à l'aisance de l'autre,
pressentir tout ce qu'a dit Rousseau sur l'i-
négalité des conditions et l'excellence de la
loi agraire; toute cette conspiration de passions et de sophismes échoue en lui contre
quelque chose d'incorruptible qui persiste à
appeler l'action par son nom, et à juger qu'il
est mal de la faire. Qu'il résiste ou qu'il
cède à la tentation, peu importe : s'il cède,

il sait qu'il fait *mal*; s'il résiste, qu'il fait *bien*.
Dans le premier cas, sa conscience prendra
parti pour le tribunal correctionnel; dans le
second, elle attendra du Ciel la récompense
que les hommes laissent à Dieu le soin de
payer à la vertu. » Nous dirons, avec les rationalistes, que la *conscience* n'est autre
chose que la raison comparant les actions à
la *loi morale*, et les appréciant à l'aide de ce
criterium suprême; apprenant à l'homme
qu'il est digne d'approbation quand il ob-
serve cette loi, et qu'il est en faute quand
il la viole. En d'autres termes, la raison nous
découvre *à priori* ce qui est bien et ce qui
est mal; et cette lumière intérieure au moyen
de laquelle l'homme se rend témoignage à
lui-même du bien et du mal qu'il peut faire,
c'est encore la raison, mais la raison s'érigeant
en tribunal pour se juger elle-même. C'est le
meilleur livre de morale que nous ayons, a dit
Pascal, c'est celui que l'on doit consulter le
plus souvent. « Conscience! conscience! s'é-
crie à son tour J.-J. Rousseau, instinct divin,
immortelle et céleste voix, guide assuré d'un
être ignorant et borné, mais intelligent et
libre; juge infaillible du bien et du mal, qui

rends l'homme semblable à Dieu, c'est toi qui fais l'excellence de sa nature et la moralité de ses actions. » Puis, il ajoute dans un autre endroit : La conscience est la voix de l'âme, les *passions* sont la voix du corps. Telle est, en effet, notre nature, que notre volonté ne suit pas d'elle-même les lois de la raison; il faut qu'elle lutte contre les penchants de notre sensibilité et qu'elle leur fasse violence. Agir par devoir ou par respect pour la loi morale, non par amour et par inclination, voilà la moralité humaine.

Toutes les passions sont en germe dans le cœur humain : elles sont toutes bonnes de leur nature, a dit Descartes, et nous n'avons à redouter que leur mauvais usage ou leurs excès. « Semblables à des échansons, disait Platon dans le *Philèbe*, nous avons à notre disposition deux fontaines : celle du plaisir, qu'on peut comparer à une fontaine de miel, et celle de la sagesse, fontaine sobre, à laquelle le vin est inconnu et d'où sort une eau salutaire. » Ce grand philosophe et ce grand artiste, qui aimait tant la poésie et si peu les poètes, abonde en métaphores pour nous représenter la lutte de la raison et des

désirs, à laquelle la volonté met une fin.
Seulement la théorie de la volonté demeure
obscure dans sa doctrine, comme l'a justement remarqué un auteur contemporain (1);
il n'en connaît ni le caractère ni la place.
Mais, continue le même auteur, rien n'est
plus poétique et plus saisissant que le tableau
qu'il nous trace de la bataille livrée à la raison par la passion. Dans le *Phèdre*, il représente l'âme humaine sous la forme de deux
coursiers guidés par le même cocher. L'un
des coursiers est beau, généreux et docile;
l'autre, gêné dans sa contenance, épais, de
formes grossières, la tête massive, la face
plate, la peau noire, les yeux glauques et
veinés de sang, les oreilles velues et sourdes,
toujours plein de colère et de vanité, n'obéit
qu'avec peine au fouet et à l'aiguillon. Dans
le *Timée*, il nous décrit avec complaisance
toute cette république intérieure dans laquelle nous devons nous appliquer à faire
régner l'harmonie. Il place dans le cerveau,
comme dans une citadelle élevée, la *Raison*,
qui a commerce avec le monde supérieur et

(1) M. Jules Simon.

se nourrit de principes éternels. Au-dessous est logée l'âme mortelle; et comme il y a encore, dans cette âme mortelle, une partie meilleure et une pire, la *Volonté* et la *Concupiscence*, il assigne à chacune d'elles une place distincte. La concupiscence, c'est l'appétit qui nous vient de la terre; c'est le besoin de génération et de nourriture. Platon, continuant sa métaphore, donne à la concupiscence une vie propre, une action distincte qui troublerait l'économie de notre être, si la raison, secondée par la volonté, ne venait à bout de la réduire à l'inaction ou de la contenir dans de justes bornes. N'y a-t-il pas, en effet, dans la passion une force aveugle qui ne vient pas de nous-mêmes? Ce flot de la passion, tantôt brillant, tantôt impur, monte en nous au risque de nous submerger; mais cette vive lumière que nous appelons la raison, en éclairant notre volonté, nous donne les moyens de dominer la passion, de la régler, de l'épurer même et de l'utiliser.

Il s'en faut bien que les passions présentent chez tous les hommes le même degré d'énergie, dit encore M. Jules Simon, dont nous reproduisons souvent ici le langage, ne

voulant pas tenter de refaire un chef-d'œuvre.
Nous apportons en naissant une sensibilité
plus ou moins vive; l'éducation, l'habitude,
la volonté, le milieu dans lequel nous vivons,
tout, jusqu'à notre santé et notre tempérament, contribue encore à la modifier. Notre
vie est un tissu de circonstances imprévues,
dont chacune a son retentissement dans notre
sensibilité. Ce sont des accidents dont on
triomphe si l'on a quelque force et quelque
discipline. Il est d'une femmelette de s'y
laisser aller; c'est une abdication de soi-
même, un abaissement de l'homme qui cesse,
pour ainsi dire, d'être une volonté pour devenir un tempérament. La disposition habituelle de la sensibilité constitue la physionomie morale de chaque homme, et ce qu'on
appelle le *caractère* n'est autre chose que la
sensibilité gouvernée par la volonté, et trans-
formée par l'habitude (1). Ainsi nous rece-
vons nos passions, mais nous faisons notre
caractère; et plus ces passions ont de violence
et d'ardeur, plus il est méritoire de les mater
et de les vaincre. Il y a beaucoup d'âmes

(1) ὥσπερ ἡ φύσις, ἦθος. « L'habitude est une seconde nature. » Aristote.

froides, calmes, impassibles, chez lesquelles
aucune passion n'a jeté ses racines profondes,
difficiles à remuer, tièdes, indifférentes, en-
gourdies, incapables de pousser un peu loin
la peine ou la joie. Quand ces âmes sont
foncièrement pauvres, cette froideur est in-
curable. Mais quelquefois la passion ne fait
que s'ajourner; c'est le feu qui couve sous
la cendre, c'est le volcan sous la neige. On
croit longtemps qu'il n'y a rien là, que tout
y est impuissant ou mort, et l'on y porte im-
prudemment la main jusqu'à ce qu'on soit
effrayé par un soudain incendie. Quelquefois
aussi, mais rarement, la seule force de la
réflexion et de la volonté nous fait rentrer en
nous-mêmes. On s'arrache alors aux diver-
tissements, aux entraînements, et l'on revient
à une direction plus personnelle. La nature
avait fait de Socrate un libertin; de ce libertin la volonté fit un sage. L'âge peut encore
amener des passions nouvelles et d'une autre
nature, qui remplaceront les passions de la
jeunesse, ces passions turbulentes, pleines de
tumulte et de tempêtes. Délivré de cet es-
saim bourdonnant, l'homme va marcher désormais à son aise, dans sa force et dans sa

liberté ; il va reprendre sa valeur native, et
se montrer dans tout son lustre. S'il est
d'une constitution morale vigoureuse, il a
pu s'ébattre dans le désordre sans se per-
vertir, affronter les vices sans se dépraver,
s'enivrer sans s'abrutir. Tout d'un coup il se
retire comme la Salamandre d'un brasier, et
du chaos incandescent de sa jeunesse sort une
robuste virilité. Cette jeunesse a été pour lui un
temps de noviciat et d'apprentissage, durant
lequel il s'est éprouvé aux orages de la vie ;
et s'il est revenu triomphant de cette épreuve,
il peut se dire vraiment homme. Ses appétits alors, son intelligence, sa volonté s'équi-
librent, ses forces se consolident, ses facultés s'harmonisent, ses idées s'éclaircissent et
se perfectionnent. Ses folies d'autrefois, ses
erreurs, ses fautes sont autant d'écume qu'il
a rejetée ; il est devenu son maître, il se possède. Veut-il tenter un grand effort, il peut
dès lors se recueillir et se replier sur sa volonté, comme un cavalier qui rassemble d'a-
bord sa monture avant de lui rendre la main
et de la lancer dans l'arène. « Quelques
hommes, dans le cours de leur vie, dit La
Bruyère, sont si différents d'eux-mêmes par

le cœur et par l'esprit, qu'on est sûr de se méprendre, si l'on en juge seulement par ce qui a paru d'eux dans leur jeunesse. Tels étaient pieux, sages, savants, qui ne le sont plus. On en sait d'autres qui ont commencé leur vie par les plaisirs, qui ont mis ce qu'ils avaient d'esprit à les connaître, et qui ont fini par la science et la sagesse. Ces derniers sont, pour l'ordinaire, de grands sujets, et sur qui l'on peut faire beaucoup de fond. »

Ces passions nouvelles qui s'introduisent dans l'âme modifient singulièrement la physionomie morale; elles opèrent quelquefois une complète transformation. Un homme alors, s'il a du ressort et de l'énergie, se retourne bout pour bout. Ceux qui l'ont connu libertin, et qui le retrouvent austère, croient volontiers qu'il joue une comédie. Mais non; il a pu commencer par là, mais le comédien a pris enfin l'esprit de son rôle. La même chose arrive aux véritables acteurs, quand ils se pénètrent bien de leur personnage; et l'on disait de Talma qu'il pensait toujours noblement quand il revenait de jouer Auguste. Qui fait l'esprit de discipline? Ce ne sont ni les exhortations ni les conseils; c'est l'exercice

et la parade. Qui fait le moine? C'est la règle.
Montaigne disait de lui-même : « Je n'ai pas
plus fait mon livre, que mon livre ne m'a
fait. » C'est qu'il s'observait pour le faire, et
qu'en s'observant il se corrigeait. Il en est de
nous comme des arbres que nous greffons; nous
nous faisons une seconde nature. De caractères
tout d'une venue, on en voit sur la scène;
mais la plupart des hommes se démentent
fréquemment : ils subissent le va-et-vient de
la passion, ils ont une humeur changeante
comme l'atmosphère, ils sont ondoyants et
divers. Ceux mêmes qui, parmi nous, ont
une physionomie morale bien tranchée, ont
des moments où ils s'échappent; le caractère,
comme le talent, a quelquefois plusieurs manières, et l'on voit certains hommes en changer aussi souvent que de fortune. Que s'est-il
passé? Rien, sinon que le vent a tourné.
Voilà la consistance de la passion. Si nous cé-
dons à ses sollicitations, elle nous envahit
tout entiers, elle entre à flots par toutes les
portes de notre âme, elle s'y installe non pas
en ami mais en maître; bientôt nous lui appar-
tenons et non plus à nous-mêmes. Elle nous
remplit de son bruit et de son importance, et

nous ne pouvons plus ni nous recueillir, ni nous gouverner, ni presque nous retrouver. Nous n'avons plus ni direction ni boussole; nous devenons une chose légère qu'un souffle abat ou relève. C'est la grandeur des passions qui fait les destinées tragiques; mais il n'y a que la force de la volonté qui fasse les grandes âmes. Il faut qu'une puissance supérieure intervienne pour marquer à chaque passion sa place, son œuvre, sa limite. La passion peut être bonne comme auxiliaire; elle ne vaut rien comme règle. Il s'agit donc de lui trouver un maître. Ce maître de la passion et de la vie humaine, c'est le *Devoir*.

L'observation habituelle de la loi morale, la pratique du devoir, constitue la *vertu*, qu'il faut bien distinguer de la *sainteté*, c'est-à-dire de cet état de perfection où la volonté s'accorderait d'elle-même avec la loi de la raison, et où l'on arriverait à faire le bien sans effort et sans peine. Le sage, d'après Kant, n'en devra pas moins se proposer cet idéal, mais sans espérer de pouvoir jamais l'atteindre. Ce qui assure la valeur morale de la conduite des hommes, ce n'est point le sentiment, ce n'est point une exaltation spon-

tanée et fugitive, mais la soumission réfléchie
et constante de la volonté à la raison. Toute
exaltation est passagère, comme ces orages
d'été qui éclatent et se dissipent soudain ; un
rien l'a produite, un rien l'anéantit. « *Affec-
tus citò cadit ; æqualis est ratio,* » a dit Sénèque dans son traité *De la Colère.* « La
passion tombe aussitôt ; la raison seule est
égale à elle-même. » Il n'y a de vraie et solide
grandeur que celle qui est calme : « *Nec
quidquam magnum est, nisi quod simul est
placidum.* » La sensibilité ne nous offre partout que variété et qu'instabilité ; les déterminations qu'elle inspire et les arrêts qu'elle
dicte, il faut, comme dit Catulle, les écrire
sur le vent et sur l'eau rapide. C'est un
sable mouvant sur lequel on ne peut bâtir
que des châteaux en Espagne. Rentrons pour
un instant dans ce monde factice de la
sensibilité, et nous allons y voir une frêle et
délicate créature, ayant ses nerfs et ses va-
peurs, et dont le moindre bruit, une chimère,
une ombre, va troubler le cerveau malade et
mettre la raison en désarroi ; être inconsis-
tant et versatile, dont le vol d'un oiseau ou
le nuage qui passe doit changer les idées ; être

fantasque et bizarre, ne connaissant en toutes
choses d'autre règle que son caprice, et que
la mort d'un perroquet ou d'un chien affli-
gera plus peut-être que celle d'une amie. Telle
paraît à nos yeux la doctrine de la sensibilité, doctrine affadie, raffinée et mystique,
dont M. Michelet s'est fait, dans ces derniers
temps, l'écho bien complaisant et le trop
crédule apôtre. Aberration regrettable et
dégénérescence d'un talent naguère vigoureux, élégant et pur!

D'autres fois cette faible femme, se trouvant blessée dans ses intérêts ou ses affections,
ou bien à propos d'un vase brisé, pour un
meuble changé de place, souvent pour une
futilité, va se livrer à tous les emportements
de la colère, et, par ce triste et navrant tableau, donner l'exemple le plus saisissant de
ce que peut la passion sur la volonté et sur
la pensée. Cette même personne que nous
avons vue tout à l'heure indécise et timide,
va devenir, sous l'empire de la passion,
d'une résolution au-dessus de son sexe; elle
ira jusqu'à braver les lois que la société lui
impose, elle sortira des bornes de sa nature.
« O femmes, nous écrierons-nous avec le

poète, si vous voulez conserver la pureté de
vos traits, réprimez la violence de votre caractère. La colère gonfle le visage, fait bouil-
lonner le sang dans les veines, et allume
dans les yeux le feu des Gorgones (1). Con-
sultez votre miroir; nulle de vous n'est capable de s'y reconnaître. » Mesdames, croyez-
nous, la nature vous a comblées de ses dons
pour en faire un plus digne usage. Chassez
le mauvais génie toutes les fois qu'il voudra
s'emparer de votre âme, et sachez opposer
l'amabilité à la mauvaise humeur et la douceur à la colère. Dieu, en vous créant les
dernières, voulut faire de vous son chef-
d'œuvre; vous pouvez être le baume et le
charme de l'existence, n'en devenez pas l'a-
mertume. N'essayez pas surtout, en voulant
nous gouverner, d'usurper un rôle qui n'est
pas le vôtre; vous ne seriez que ridicules. Si
vous étiez appelées à régir le monde, les jolis
garçons peut-être y trouveraient leur compte,
en obtenant les plus hauts emplois; mais les
autres, que diraient-ils? Il est plus sage;

(1) « *Ora tument irâ, nigrescunt sanguine venœ,*
Lumina Gorgoneo sœvius igne micant. »
Ovide, *Art d'aimer,* l. 3, v. 503 et 504.

croyez-nous encore, de renoncer à l'empire.
Contentez-vous des grâces qui vous sont
échues en partage, et qui font de vous des
êtres séduisants que nous aimerons toujours.
Les doux et purs attributs de son sexe, voilà
l'auréole dont la femme doit ceindre son front.
C'est ainsi qu'elle peut trôner en déesse, et que
tout en elle nous attire et nous captive. En
écrivant ces quelques lignes sur un sujet
palpitant, nous entendons donner aux dames
moins une leçon qu'un conseil; nous tenons
trop à leur faveur, pour vouloir froisser leurs
sentiments et nous attirer leur indignation.
Et d'ailleurs, si la sensibilité féminine a son
côté mauvais comme toutes les bonnes choses, elle peut avoir aussi ses gloires; et si
nous voulions citer toutes celles que nous
connaissons, la liste en deviendrait trop
longue. Ce qu'il y a de certain, c'est que
la femme porte le sentiment et la passion
à leur dernière limite. C'est une femme,
Madeleine, qui personnifie le repentir,
comme sainte Thérèse personnifie la dévo-
tion, Jeanne d'Arc et Jeanne Hachette le
courage et l'enthousiasme patriotique. « La
nature, dit Lamartine, a donné à la femme

4

deux facultés douloureuses, mais célestes, qui
la distinguent et qui l'élèvent souvent au-
dessus de la condition humaine : la pitié et
l'enthousiasme. Par la pitié elle se dévoue,
par l'enthousiasme elle s'exalte. Exaltation et
dévouement, n'est-ce pas là tout l'héroïsme ?
Et quand cet héroïsme doit aller jusqu'au
merveilleux, c'est d'une femme qu'il faut attendre le miracle. Les hommes s'arrêteraient
à la vertu. »

Quoi qu'il en soit, l'austère philosophe
de Kœnigsberg, dont nous avons étudié le
système, repousse la doctrine du sentiment
et de la sympathie comme insuffisante, mobile, inégale. Les plus grandes vertus d'ailleurs et les plus difficiles ne se rapportent
point aux autres, elles s'exercent en nous et
sur nous. Être maître de soi, régler son âme
et sa vie, surmonter la volupté ou le désespoir, sont des actes de vertu bien autrement
héroïques qu'un mouvement de générosité ou
de bonté, bien qu'assurément la bonté et la
générosité soient admirables. Un trésor donné
à un pauvre coûte mille fois moins au cœur et
pèse moins dans la balance éternelle qu'un
seul désir étouffé ou combattu. Le sentiment

ne peut produire que des accès éphémères,
et non cette conduite raisonnée, soutenue,
sûre d'elle-même, sans laquelle il n'y a ni
conscience ni valeur morale (1). C'est seulement dans les idées de la raison qu'il faut
chercher le principe d'une telle conduite. Le
père de la philosophie allemande s'élève
avec force contre une morale née de son
temps, et défendue avec le plus beau talent
par Jacobi. Selon ce dernier, la détermination morale n'est pas soumise à la loi du
devoir; elle est immédiatement et spontané-
ment produite par l'enthousiasme. Cette morale est, comme on voit, directement opposée
à celle de Kant. Excès des deux côtés, et
des deux côtés aussi grande part de vérité. Il
n'appartient sans doute qu'à l'homme perfec-
tionné de soumettre la passion au joug de la

_____

(1) « Il nous échoit à nous-mêmes, dit Montaigne, d'eslan-
cer parfois notre âme, esveillée par les discours ou exemples d'autrui, bien loing au delà de son ordinaire. Mais
c'est une espèce de passion qui la pousse et agite, et qui
la ravit aucunement hors de soi. Il faut pour juger bien
à point d'un homme, principalement contreroller ses actions
communes, et le surprendre dans ses à tous les jours. »
Essais, II, 29.

raison, sans étouffer en soi la faculté de l'enthousiasme.

La considération du devoir, abstraction faite de tout sentiment, doit donc être, d'après Kant, l'unique mobile de nos actions. « O devoir ! s'écrie-t-il dans une apostrophe souvent citée, devoir, mot sublime qui n'offre l'idée de rien d'agréable ni de flatteur, et qui ne réveille que celle de soumission ! Malgré cela, tu n'es point terrible et menaçant ; tu n'as rien qui effraie et rebute l'âme. Pour émouvoir la volonté, tu n'as d'autre puissance que celle d'une loi simple, qui d'elle-même s'introduit dans l'âme et la force au respect, sinon toujours à l'obéissance, et devant laquelle se taisent les passions, quoiqu'elles travaillent sourdement contre elle. Quelle origine est digne de toi? Où trouver la racine de ta noble tige? Ce n'est pas dans les penchants sensuels que tu repousses avec fierté. Ce ne peut être que dans ce sanctuaire où l'homme se trouve élevé au-dessus du monde sensible, affranchi du mécanisme de la nature, et où résident sa personnalité, sa liberté, son indépendance. » Kant part de là pour combattre avec énergie cette fausse doc-

trine qui cherche dans le sentiment le moyen
de former et d'améliorer l'âme, qui substitue
au principe rigoureux du devoir celui du
plaisir, et prétend nous mener, par des sen-
tiers semés de fleurs, à la pratique difficile du
bien (1). Il veut, au contraire, qu'on présente aux jeunes âmes cette sévère image du
devoir, telle que nous la montrent ces beaux
vers de Juvénal :

Esto bonus miles, tutor bonus, arbiter idem
Integer ; ambiguæ si quandò citabere testis
Incertœque rei, Phalaris licet imperet, ut sis
Falsus, et admoto dictet perjuria tauro,
Summum crede nefas animam præferre pudori,
Et propter vitam vivendi perdere causas (2).

« Soldat, dit Juvénal à Ponticus, fais ton
devoir ; tuteur, sois sans reproche ; arbitre,
sois intègre. Si l'on t'appelle à déposer sur
un fait équivoque et douteux, dût Phalaris,

_____

(1) On voit poindre ici la doctrine du *travail attrayant*,
qui devait être exposée plus tard par MM. Fourier et Consi-
dérant.

(2) Ces deux derniers vers, dignes d'être inscrits en
lettres d'or partout où il y a des hommes, avaient été
tracés de la main de Vergniaud sur les murs du cachot
des Girondins.

avec l'appareil de son taureau brûlant, te
prescrire un faux témoignage et te dicter un
parjure, regarde comme la suprême infamie de préférer l'existence à l'honneur, et
d'abjurer pour vivre ce qui donne à la vie
quelque valeur. »

Ces vers de Juvénal rappellent naturellement à l'esprit les deux strophes d'Horace
commençant par ce vers fameux : *Justum et
tenacem propositi virum*, et finissant par cet
autre non moins célèbre : *Impavidum ferient
ruinæ* (1). « L'homme juste et ferme en ses
desseins ne chancelle jamais dans la voie qu'il
s'est tracée ; rien ne l'ébranle, ni les fureurs
d'un peuple qui lui commande le mal, ni le

(1) L'inflexible devoir n'a jamais paru sous des traits
plus saisissants ; et cette image grandiose de la vertu, ce
portrait du stoïcien que nulle émotion ne saurait atteindre, c'est un poëte épicurien qui l'a si fièrement dessiné.
C'est que le stoïcisme et l'épicurisme, il ne faut pas
s'y tromper, se touchent par plus d'un point. Et Sénèque
lui-même trouve que le plaisir d'Épicure est quelque chose
de fort maigre, car on lui impose, dit-il, la même loi que
nous imposons à la vertu. « *Voluptas enim illa ad parvum et
exile revocatur : et quam nos virtuti legem dicimus, eam ille
dicit voluptati.* » Horace, tout épicurien qu'il soit, pratique mieux la médiocrité qu'il vante, que Sénèque la pauvreté qu'il recommande

regard menaçant d'un despote, ni l'Auster,
roi turbulent de l'orageuse Adriatique, ni la
main foudroyante de Jupiter : *Que le monde
brisé s'écroule, ses ruines le frapperont sans
l'émouvoir.* »

Voilà le devoir tel que Kant le comprend,
tel que l'antiquité l'avait compris. A peine
serait-il permis d'admettre dans ce système,
que le plaisir peut quelquefois, mais très-
rarement et très-secondairement, se rencontrer avec la vertu, comme les fleurs, suivant la poétique expression de Sénèque, se
mêlent aux moissons. « *Sicut in arvo quod
segeti proscissum est, aliqui flores interna s-
cuntur, non tamen huic herbulæ, quamvis
delectet oculos, tantum operis insumptum
est : aliud fuit serenti propositum, hoc super-
venit : sic et voluptas non est merces, nec
causa virtutis, sed accessio : nec quia delectat, placet; sed quia placet, delectat* (1). »

Mais Kant, ce grand moraliste, le plus
grand des temps modernes, restreint outre
mesure les ressorts de la moralité, et il tombe
ici dans la même exagération que les *Stoï-*

---

(1) *De la vie heureuse*, 9.

ciens (1), dont il a pourtant à cœur de se séparer. Sera-t-il donc interdit à l'homme de
s'appuyer sur les penchants ou les sentiments
que la nature a mis dans son cœur pour être
les auxiliaires de sa raison? « Je trouve du
plaisir à servir mes amis, disait Schiller, relevant ainsi ingénieusement ce grave défaut
de la morale de Kant; il m'est agréable de
remplir mes devoirs : cela m'inquiète, car
dès lors je ne suis pas vertueux (2). »
L'homme ne peut, sans se mutiler étrange-
ment, dépouiller les instincts de sympathie
et de bienveillance dont la Providence l'a
doté, et c'est à tort que Kant repousse ici
le concours des sentiments dans les déterminations humaines, de peur que ce concours
n'en altère la moralité; il méconnaît ainsi
l'union merveilleuse de la nature sensible
et de la nature raisonnable, et l'importance
morale de cette union. Sa réaction contre
la philosophie du sentiment l'emporte trop

(1) De στοά, *portique*, parce que les disciples de Zénon
se réunissaient sous un portique pour y recevoir les leçons
de leur maître.

(2) Cette épigramme est citée par Mᵐᵉ de Staël dans son
beau livre de l'*Allemagne*, troisième partie, ch. 16.

loin; car, s'il faut bien se garder de substituer, en morale, la sensibilité à la raison, il
ne faut pas non plus immoler entièrement,
mais plutôt subordonner, la première à la
seconde. C'est dans cette subordination, et
non, comme le croyaient les stoïciens, dans
l'étouffement de la sensibilité, que consiste la
vraie morale. Si l'on ne peut commander l'a-
mour, comme l'objecte Kant, l'homme peut
du moins cultiver et développer en lui les dispositions bienveillantes et les sentiments sym-
pathiques déposés dans son âme, de telle
sorte que la bienfaisance devienne pour lui
comme un besoin du cœur, en même temps
que l'accomplissement d'un devoir. C'est justement ce qu'a fait le *Christianisme*, et la charité n'est autre chose que la bienfaisance ainsi
entendue. Sur ce point comme sur bien d'autres, la morale chrétienne l'emporte, comme
on voit, sur la morale stoïcienne, qui proscri-
vait les mouvements les plus généreux, et
jusqu'à la pitié. Elle a tempéré l'orgueil stoïcien par le sentiment de notre faiblesse; elle
a mieux compris la nature de l'homme, elle
est mieux appropriée à sa condition.

Le stoïcisme n'en fut pas moins une grande

et belle chose à son heure, une des plus belles et des plus grandes, à coup sûr, de l'antiquité. Ce qu'il y a de beau dans le stoïcisme, ce n'est pas sa métaphysique, qui conduit au panthéisme et au fatalisme, c'est sa morale pratique. Quand les stoïciens cessent de philosopher, ils sont dignes d'admiration. Penseurs solitaires, ils avaient donné aux enseignements de Socrate une rigueur, une exagération, qui, en s'écartant de la réalité de la vie, leur enlevaient toute action sur les hommes. La doctrine de Zénon détruit la nature, au lieu de la régler : elle interdit toutes les émotions de l'âme, elle nie la douleur physique, elle rougit de la pitié; en établissant qu'il n'y a pas de degrés dans les fautes, elle fait violence au cœur et à la raison. En un mot, le sage des stoïciens est plutôt la statue d'un homme qu'un homme. Mais, transplantée à Rome, la philosophie stoïque devait se modifier. L'esprit romain répugnait à des subtilités qui n'étaient d'aucun usage dans la vie; car, si la race romaine diffère éminemment de la race grecque, c'est surtout en ce point qu'elle recherche peu la spéculation intellectuelle, qu'elle

est peu curieuse de choses vaines, et qu'elle
ne demande à la science qu'une règle de conduite, une arme contre les maux qui peuvent
nous affliger. « Autant les Grecs sont forts en
préceptes, dit Quintilien, autant les Romains
le sont en exemples, *rerum experimentis atque operibus* (1). » Mis en contact avec des
hommes d'état et des guerriers, les philosophes
grecs perdirent la raideur de l'école; ils aban-
donnèrent insensiblement la partie de leur
doctrine qui ne s'accommodait pas aux besoins
de la société. Non-seulement ils se livrèrent
exclusivement à la morale, mais ils lui donnèrent un caractère plus pratique. Le stoïcisme fut, en Grèce, infécond par l'idée : il ne
se distingua des autres écoles philosophiques
qu'en professant l'absolu, c'est-à-dire l'impossible, par conséquent le faux ; mais, à l'aide
de la trempe romaine, dans la patrie des Mu-
cius Scœvola, des Fabricius et des Régulus,
il allait se transformer. C'est là que, trouvant son véritable terrain, il allait étonner le
monde de son impassibilité superbe, et
donner les plus beaux exemples d'une mâle

_____

(1) *De l'Inst. orat.*, 12-2.

indépendance et d'un invincible courage.

Les Romains étaient naturellement stoïciens, car la dignité, la fierté, la constance
composaient leur tempérament moral; et
l'on peut dire qu'on naissait stoïcien par cela
seul qu'on naissait romain. Le stoïcisme convenait merveilleusement aux républicains de
l'empire, et l'on dirait que cette philosophie,
qui exaltait les forces de l'homme, vint
juste à point pour consoler tout ce qui
restait de vieux Romains de la chute de la
république. Retranchés dans la philosophie
comme dans un fort inexpugnable, ils dé-
fiaient le sort et bravaient les coups d'un
pouvoir insensé. Incapables de plier leurs
cœurs aux vices du temps, et de prêter leurs
mains à l'oppression; trop fiers, il est vrai,
pour s'intéresser au mal en le combattant,
et pratiquant en politique le *sustine* et *l'ab-
stine*, les stoïciens restaient au moins debout
et purs sous la tyrannie et au milieu du dé-
bordement général, comme une protestation.
Tous les esprits supérieurs se donnèrent ren-
dez-vous au *Portique*, qui devint comme un
point de ralliement pour ceux qui pensaient
de la même manière, et qui survécut comme

une espérance aux ruines de toute vertu et
de toute liberté. Égoïsme, dira-t-on; égoïsme,
c'est possible, mais égoïsme sublime! Le mot
est écrit, et nous ne le retirons pas. A une
époque d'affaissement social, d'arbitraire et
de dégradation, devant les fantaisies sanglantes et le dévergondage effréné de ces maîtres du monde, qui s'égalaient aux Dieux (1),
sous des empereurs *monstres*, que restait-il à
faire au sage? Mépriser la vie, la laisser couler
en se réfugiant en soi-même, et conserver son
indépendance en s'affranchissant de toutes
passions. Si l'on accuse le stoïcisme d'avoir
manqué d'initiative, toujours est-il qu'il se
présenta comme une force de résistance, alors
qu'un honteux despotisme courbait les fronts

(1)   « *Nihil est quod credere de se*
       Non possit cùm laudatur Dis æqua potestas, »
a dit Juvénal. On sait que Caligula se croyait dieu, et
cherchait à faire croire qu'il avait tous les attributs de la
divinité : la toute-puissance d'abord, non-seulement sur
les hommes, on le savait de reste, mais sur la nature.
L'étrange constitution du pouvoir impérial à Rome a pu
pousser Caligula jusqu'à cette folie, qui ne s'est rencontrée dans aucun homme avec un tel degré de puissance et
peut-être de sincérité. Il est vrai de dire que la tête faible
et la nature maladive de Caïus l'y avaient préparé.

et foulait aux pieds les consciences; et l'histoire redit avec orgueil les noms des Silanus, des Thraséas, des Helvidius, des Sénécion, des Rusticus. Pour soutenir l'âme humaine sous un Caligula, un Néron, un Domitien, il lui fallait, en l'absence du christianisme, le ressort énergique du stoïcisme.

Un des traits distinctifs de la philosophie stoïcienne, en même temps qu'un reproche qu'on peut lui faire, c'est l'approbation du suicide; mais, si l'on recherche la cause de cette triste erreur, de cette maxime du désespoir, on la trouve dans les excès odieux du pouvoir. « Quand la tyrannie, dit M. Villemain, eut étendu comme un vaste filet autour de ses victimes, ce droit de se donner la mort devint le seul lieu d'asile qui fût ouvert dans le monde. Le Romain, opprimé, réduit de tant de priviléges glorieux à l'unique possession de lui-même, triomphait d'exercer, par le choix de sa mort, une liberté dernière; et cet orgueil, toujours mêlé dans la vertu des anciens, trouvait une sorte de gloire à s'affranchir à la fois de l'esclavage et de la vie. Le héros de la sagesse platonicienne avait été Socrate, attendant et rece-

vant la mort pour obéir aux lois; chez les
Romains esclaves, la vertu proclama pour
ses plus grands modèles Caton d'Utique et
Brutus, se donnant volontairement la mort. »

Depuis le jour où elle avait quitté la Grèce
pour Rome, la philosophie stoïcienne avait
eu les plus grandes et les plus tragiques destinées. Confondue, pendant les luttes qui
précédèrent l'empire, avec le parti de la
république, elle avait subi comme lui la dure
loi de la défaite. Vaincue avec Caton et Brutus, regardée avec défiance par Auguste,
avec mépris par Tibère, elle avait été con
spuée, dispersée, persécutée dans sa doctrine
et dans ses adeptes par les empereurs qui suivi-
rent. Mais, comme il arrive souvent, la per-
sécution lui avait été heureuse; elle s'y était
retrempée, épurée, métamorphosée. A l'é-
cole du malheur et de la résignation elle était
devenue, d'austère et rigide, douce et bien-
veillante, d'étroite, singulièrement large, de
politique et civique enfin, toute humaine.
Introduite dans le palais impérial sous Trajan et sous Antonin, elle monta sur le trône
dans la personne de Marc-Aurèle, et jeta un
dernier et vif éclat, avant de céder la place

à une religion puissante dont elle avait préparé le règne. C'est ainsi que la doctrine de Zénon, se dépouillant peu à peu de sa rudesse primitive, devint comme un lien moral entre le paganisme et le christianisme. La plupart des jurisconsultes, au siècle des Antonins s'inspirèrent du stoïcisme ainsi régénéré; dans la lutte que se livraient le *droit strict* et *l'équité*, ils prirent parti pour les idées générales du genre humain; ils protestèrent contre l'esclavage, et le déclarèrent contraire aux lois de la nature. « Servitus est constitutio juris gentium, quâ quis dominio alieno *contrà naturam* subjicitur, » disait Florentinus. Mais c'est surtout dans les écrits des philosophes que la tendance humaine éclate avec le plus de force; et le portrait que Sénèque nous a laissé du sage serait admirable de tous points, s'il n'était entaché de cette apathie et de cette indifférence surhumaine que les stoïciens affectaient : « Il essuiera les larmes des autres, il n'y mêlera pas les siennes. Il offrira la main au naufragé ; à l'exilé, l'hospitalité; à l'indigent, l'aumône, non cette aumône humiliante, que la plupart de ceux qui veulent passer pour compatissants jettent

avec dédain au malheureux dont le contact
les dégoûte, mais il donnera comme un
homme à un homme, sur le patrimoine commun. Il rendra le fils aux larmes d'une mère,
il fera tomber les chaînes de l'esclave, il re-
tirera de l'arène le gladiateur, il ensevelira
même le cadavre du criminel. Mais il fera
tout cela dans le calme de son esprit, et d'un
visage inaltérable. Ainsi donc le sage ne
sera pas *compatissant*, mais il sera secoura-
ble, il sera utile aux autres; car il est né
pour servir d'appui à tous, pour contribuer
au bien public, dont il offre une part à chacun. Même pour les méchants, que selon l'occasion il réprimande et corrige, sa bonté est
toujours accessible (1). » Dépouillez le sage
de Sénèque de son manteau stoïque, et vous
aurez un chrétien.

La morale de Sénèque, comme on voit, mais
surtout celle d'Épictète et de Marc-Aurèle(2),
respire déjà cette justice indulgente, cette
affection cosmopolite qui distinguent l'Évangile. Ruiné par les progrès de la civilisation,

---

(1) *Senec., de Clement.*, 11 , 6.
(2) Voir note D.

le paganisme laissait les âmes sans foi : l'humanité avait soif d'une croyance nouvelle. Les divinités de l'antique mythologie ne répondent même plus à l'invocation suprême de leurs derniers fidèles, les poètes; les Grâces se sont enfuies en cherchant leur ceinture, l'Amour son carquois; Cérès appelle en vain Proserpine. L'Olympe, ce mauvais lieu, qui a vu tant de crimes et de souillures, Saturne dévorant ses enfants, Jupiter époux de sa sœur, Vénus adultère, s'écroule de toutes parts. Le culte se célèbre encore, mais personne depuis longtemps ne croit plus à des dieux ridicules,

Nec pueri credunt, nisi qui nondum œre lavantur.

Déjà la voix se fait entendre à travers le monde romain, criant : « Les dieux s'en vont! » Les vieux oracles se taisent; la tribune de Cicéron est tombée sur l'autel de Minerve; Éphèse et Delphes, néant! Les *néopythagoriciens* et les *néoplatoniciens* tenteront bien encore de ranimer le polythéisme. Vains efforts! On ne rend pas la vie à une religion qui se meurt. Pour renouveler la société, il fallait un sentiment qui manquait

à l'antiquité, la *charité*, telle que l'entendait
le christianisme. Il est vrai que Cicéron a
écrit le mot, *caritas;* mais, qu'il est loin de
la réalité! Ce grand moraliste de l'antiquité
n'ose point condamner les combats de gladiateurs. Pline le Jeune les loue, et Trajan, le
meilleur des princes, donna cent vingt-trois
jours de fêtes, où dix mille combattants s'en-
tr'égorgèrent pour l'amusement du peuple le
plus policé du monde. On ne connaît pas
assez toute l'horreur de ces sociétés païennes,
qui mêlaient aux plus délicates jouissances
de l'esprit les derniers assouvissements du
sang et de la chair (1).

Est-ce à dire que les spéculations de la
philosophie ancienne aient été inutiles? Le
christianisme est-il une conception toute
neuve et sans aucun lien avec les travaux des
siècles antérieurs? La ressemblance entre les
doctrines des philosophes et les enseignements du Christ est évidente. Les Pères de

(1) C'est un édit d'*Honorius*, de l'an 404, qui supprima les
combats de gladiateurs, après que le moine *Télémaque*, qui
s'était jeté dans l'arène pour séparer les combattants, eût
été lapidé par une foule étonnée et furieuse. Il fallait ce
sang pour sceller l'abolition des spectacles sanglants.

l'Église la reconnaissent; et, pour l'expliquer,
ils ont recours à des rapports entre les Pytha-
gore, les Platon, les Aristote et le Mosaïsme
d'une part, entre Sénèque et le christianisme
de l'autre. On a été jusqu'à prétendre que
Sénèque avait échangé une correspondance
avec saint Paul. Non, mais Sénèque s'est co-
loré du christianisme sans le vouloir, parce
que le monde commençait à s'illuminer des
rayons de la religion nouvelle. « Ceux qui
vont au soleil s'y colorent, dit Sénèque lui-
même, quoiqu'ils n'y aillent pas dans ce but. »
La science historique rejette ces fables, et
se borne à confirmer la grande loi du progrès. Il n'y a pas de révolution subite, sans
racines dans le passé; le christianisme est un
développement de l'humanité préparé par
la philosophie et la civilisation de l'antiquité.

Nous nous sommes abandonné trop com-
plaisamment, nous le savons, à ces grands
spectacles de l'âme humaine, plus émouvants
peut-être que ceux de la Nature; il est temps
de fuir une contrée où l'on cède si facilement au charme perfide des digressions,
pareilles à ces fruits dont parle Homère et

dont les parfums faisaient oublier au voyageur enivré les soins du retour. En nous voyant ainsi parcourir à grands pas la morale et la psychologie, on a pu croire que nous avions perdu l'idée de notre sujet, et il semble que nous sommes bien loin du Droit que nous cherchons : nullement, nous y touchons ; ou plutôt nous possédons maintenant, avec la loi morale, avec cette lutte de la volonté contre les passions que nous avons si longuement analysée, le principe même du Droit, qui n'est autre que la *Liberté*, réglée par le devoir.

En résumé, nous avons reconnu tout d'abord dans l'âme humaine un fait primitif, qui ne repose que sur lui-même : le jugement du bien. Le bien est obligatoire. Le bien obligatoire, c'est la loi morale ou le devoir. Là est pour nous le fondement de toute morale. C'est à la condition que le bien soit l'objet de la raison, que la morale peut avoir une base inébranlable. Nous avons donc insisté particulièrement sur le caractère rationnel de l'idée du bien et sur l'école de Zénon, sans méconnaître toutefois le rôle du sentiment. C'est la raison qui nous éclaire, mais c'est le sentiment qui échauffe l'âme et la porte à agir. Honorons et entretenons l'enthousiasme : c'est le foyer d'où partent les actions le plus admirées peut-être du genre humain, et la postérité a toujours réservé ses plus belles couronnes pour les martyrs et les héros. Codrus et Décius se dévouent pour leurs concitoyens; Polyeucte marche au supplice en répétant : Je suis chrétien. D'Assas jette, sous le fer de l'ennemi, le cri généreux qui lui donne la mort et sauve l'armée; la Tour d'Auvergne, à travers la fusillade, va chercher un blessé sur le champ de bataille, le charge sur ses épaules, et le rapporte au camp; Bonaparte, qui voit fléchir ses troupes, s'élance le premier sur le pont d'Arcole, au milieu d'un feu meurtrier, et y plante le drapeau français. Ce n'est pas la froide raison qui conseille tous ces faits merveilleux; c'est le sentiment, c'est l'enthousiasme qui les inspire. Gardons-nous donc de trop affaiblir l'autorité du sentiment; et, tout en maintenant à la raison le gouvernement de la vie, n'allons pas follement arrêter en nous les sublimes élans du cœur. Restons dans

le vrai, et ne craignons pas d'accepter les
conditions de notre nature. Ce n'est pas la
réalité qu'il faut craindre, dit Buffon, mais la
chimère. Ne nous forgeons donc point une
organisation chimérique en désaccord avec
l'expérience, et prenons-nous tels que nous
sommes. L'œuvre de Dieu est trop sacrée
pour qu'il en faille rien retrancher. Sensibilité, intelligence, volonté, puissance motrice, voilà les quatre éléments constitutifs
de l'âme humaine : la sensibilité, qui établit les rapports de l'âme avec le reste de
l'univers; l'intelligence, qui lui sert à saisir
les vérités contingentes par l'observation et
les vérités nécessaires par la raison; la volonté, à l'aide de laquelle son action s'exerce,
soit sur les choses, soit sur les êtres animés;
enfin la puissance motrice, qui lui permet
de disposer du corps, devenu le serviteur
adroit de ses désirs et le docile instrument de
ses œuvres. Mais reconnaissons, en finissant,
que si Kant a eu le tort de repousser le sentiment, il a du moins, en séparant le devoir
de l'intérêt, restitué à la morale son vrai caractère, si profondément altéré par les théo-

nes sensualistes de Hobbes, de Locke, de Condillac et d'Helvétius.

L'idée de l'obligation morale appelle celle de la liberté. Concevoir un être soumis à un devoir, c'est concevoir en même temps dans cet être le pouvoir de faire ce qu'il doit, c'est-à-dire la liberté. Si je ne suis pas un agent libre, mais l'esclave d'une invincible fatalité, je ne suis plus obligé moralement; là où cesse le pouvoir, là aussi cesse le devoir. L'obligation morale ou le devoir suppose deux choses : en premier lieu, la connaissance de la loi qui nous oblige, et c'est le propre de la raison; en second lieu, la faculté d'obéir à cette loi, et c'est le propre de la liberté. Si donc il y a pour moi quelque devoir, il faut nécessairement admettre que je suis libre; autrement, le devoir sans la liberté serait un non sens, et la nature humaine se trouverait ainsi en contradiction avec elle-même. La certitude directe de l'obligation morale entraîne la certitude correspondante de la liberté. Ici Kant élève une antimonie qu'il est facile de résoudre. Le devoir, dit-il, est la nécessité de faire une action par respect

pour la loi morale, c'est la nécessité d'agir en
vue de cette loi. Or, comment cette nécessité peut-elle s'accorder avec la liberté? C'est
qu'il ne s'agit point ici d'une nécessité physique, comme celle à laquelle obéit une machine ou un animal, mais de la nécessité
d'une loi que la raison nous fait concevoir
comme celle qui doit diriger notre volonté,
si nous voulons agir conformément à la raison, ce qui suppose que nous sommes en
effet capables d'agir ainsi, c'est-à-dire que
nous sommes libres. La loi morale n'est pas
fatale pour l'homme, comme les lois de la
nature le sont pour les autres êtres ; elle n'est
pour lui *qu'obligatoire.* Tandis que la nécessité physique exclut la liberté, la nécessité
morale au contraire ou l'obligation la suppose et l'implique. Capables d'obéir à la loi
morale ou de choisir le bien, nous le sommes
aussi de la violer ou de choisir le mal, et ce
qui est moralement nécessaire, c'est-à-dire ce
que nous concevons comme devant être fait,
nous pouvons ne pas le faire. Mais nous pouvons le faire aussi puisque nous le devons,
et c'est justement en cela que consiste notre
liberté. Ce dogme de la liberté dérive de

celui de la loi morale comme un corollaire,
et cette liberté n'est plus simplement un fait,
qui peut être ou n'être pas; c'est un fait nécessaire, car il est la conséquence obligée de
la destination que la raison nous impose. Ainsi
se trouve-t-il philosophiquement expliqué,
ou rattaché à un principe rationnel.

Cette preuve de la liberté est bonne sans
doute; mais Kant se trompe en la croyant la
seule légitime, *quandoque bonus dormitat
Homerus*. Il se trompe quand il prétend
que, si la liberté résulte de la loi morale,
nous ne saisissons pas cet attribut en lui-
même, et n'en avons point le sentiment intime. C'est une déduction, dit-il, que nous
fondons sur ce principe de la loi morale, et
à laquelle cette loi communique sa propre
certitude; mais ce n'est pas autre chose. Cette
erreur de Kant tient au défaut général de sa
philosophie; il néglige trop la psychologie et
supprime presque entièrement l'observation.
Est-il vrai, comme le veut Kant, que notre
liberté n'est pour nous qu'une déduction purement logique? Je me suppose placé dans
une de ces circonstances où la voix du devoir
m'ordonne le sacrifice de mes plus chers in-

térêts; dans ce cas, non-seulement je juge
que j'ai la puissance morale d'engager et de
soutenir la lutte contre les penchants de ma
nature, mais est-ce que je n'ai pas, de plus,
la conscience la plus claire de cette puissance? Est-ce que je ne l'expérimente pas en
moi-même? Est-ce qu'elle ne m'apparaît pas
autrement que comme la conséquence logique d'un principe? Est-ce qu'il n'y a pas là
une force réelle que je sens vivre en moi, ou
plutôt qui est moi-même? Ce n'est point pour
moi quelque chose d'abstrait et d'insaisissa-
ble, c'est un pouvoir, une faculté dont j'ai
la connaissance la plus directe et la plus évidente, en un mot, j'en ai la conscience ou
le sentiment intime. Ainsi, de ce que je suis
soumis à la loi du devoir il résulte que je suis
libre; mais de plus, je sens que je le suis.
Ces deux arguments se confirment et se com-
plètent : ce que la loi morale exige, la conscience l'atteste ; ce que la conscience atteste,
la loi morale l'exige.

« Deux choses, dit Kant, remplissent l'âme
d'une admiration toujours renaissante : le
ciel étoilé au-dessus de nous, la *loi morale*
au dedans. D'un côté, la vue d'une multitude

innombrable de mondes anéantit presque
mon importance, en tant que je me consi-.
dère comme une créature animale, qui, après
avoir, on ne sait comment, joui de la vie pendant un court espace de temps, doit rendre
la matière dont elle est formée à la planète
qu'elle habite, et qui n'est elle-même
qu'un point dans l'univers. D'un autre côté,
la loi morale, en constituant ma personnalité,
relève infiniment ma valeur; elle me révèle
une vie indépendante de l'animalité et même
de tout le monde sensible, autant du moins
qu'on en peut juger par la destination que
cette loi assigne à mon existence, et qui, loin
d'être bornée aux conditions et aux limites de
cette vie, s'étend à l'infini. » Déjà Pascal
avait dit : « L'homme n'est qu'un roseau le
plus faible de la nature; mais c'est un roseau
pensant. Il ne faut pas que l'univers entier
s'arme pour l'écraser. Une vapeur, une goutte
d'eau suffit pour le tuer. Mais quand l'univers
l'écraserait, l'homme serait encore plus noble
que ce qui le tue, parce qu'il sait qu'il meurt;
et l'avantage que l'univers a sur lui, l'univers
n'en sait rien. Ainsi toute notre dignité consiste dans la pensée. C'est de là qu'il faut nous

relever, non de l'espace et de la durée. »
Ajoutons que non-seulement l'univers ne connaît pas sa puissance, mais qu'il n'en dispose
pas, et qu'il suit en esclave des lois irrésistibles,
tandis que ce que je fais, je le fais parce que
je le veux, et que si je le veux encore, je ces-
serai de le faire. L'homme, si faible, si petit
matériellement en face de la nature, se sent
et se sait grand par l'intelligence et la liberté.

La liberté ou libre arbitre a son siége dans
cette puissance éminente qu'on appelle la volonté. Est-il vrai qu'en présence d'un acte à
faire, je peux vouloir ou ne pas vouloir faire
cet acte? là est toute la question de la liberté. La liberté n'est donc pas le pouvoir
de faire ou de ne pas faire, c'est celui de
vouloir ou de ne pas vouloir, alors même
que la volonté ne serait réalisée par aucune
action extérieure. Réduire la liberté au pouvoir d'agir comme l'a fait l'école sensualiste
et Locke en particulier, c'est anéantir la liberté. L'homme peut-il quelque chose contre
les lois de la nature qui le pressent et le do-
minent? Et qui serait libre si la liberté n'était
que le pouvoir de faire et d'agir ? Ce n'est
pas dans l'activité extérieure, c'est dans l'ac-

tivité intérieure de l'âme que réside la liberté. Des philosophes, comme Hobbes, par exemple, et M. Destutt de Tracy dans son *commentaire de l'Esprit des lois*, ont défini la liberté, la faculté de faire ce qu'on veut. Mais, admettre une telle liberté, ce serait méconnaître en l'homme cette raison dont il doit faire usage surtout pour refréner ses passions ; ce serait lui enlever ce qui le distingue des autres êtres de la création, la puissance de lutter contre lui-même. L'homme ne peut faire tout ce qui lui plaît, parce que le mal pourrait lui plaire, et que la raison lui défend de mal faire. Si l'homme était libre en ce sens, la liberté n'existerait que pour le petit nombre, et la servitude du faible serait le prix de la liberté du fort. La faculté de faire ce qu'on veut, telle que l'entendent ces philosophes, n'est rien autre chose que le droit de la force.

On a été plus loin encore, et l'on a appelé liberté le pouvoir pour l'homme d'avoir ce qu'il convoite. Mais qui ne voit l'erreur fondamentale d'une doctrine qui place la liberté, non en nous, mais hors de nous ? La liberté est un attribut de notre être, une faculté de notre âme; ce n'est point la puissance effective de réaliser ce que notre volonté a conçu. L'exercice de cette liberté est borné par la raison, et cet exercice cesse naturellement quand finit la puissance de l'individu. Il n'y a rien là qui ne soit dans les conditions de la nature humaine, car l'homme ne peut raisonnablement vouloir que ce qu'il peut. Être libre philosophiquement, c'est avoir une volonté; à ce point de vue, tous les hommes sont libres. Mais n'avoir pas ce que l'on désire, ce n'est pas n'être pas libre; autrement il n'y aurait au monde personne qui fût véritablement libre, chacun ayant désiré quelque chose qu'il n'a pas eu. Il faut donc distinguer la faculté inhérente à l'homme et égale pour tous, de la puissance réelle, variable, contingente, purement accidentelle. Si, après avoir voulu et tenté de réaliser l'objet de son désir, l'homme se trouve arrêté par un obstacle matériel ou par sa propre faiblesse, il n'est pas moins libre. Tout ce qu'il faut dire, c'est que sa force est limitée; mais nul ne s'en est jamais étonné.

Nous dirons donc que la liberté, c'est le pouvoir de *délibérer*, de peser, de *balancer* un motif avec un autre (de *libra*, balance, *librare*, tenir en équilibre); c'est le pouvoir de se résoudre, de se décider pour une chose plutôt que pour l'autre, avec la conscience d'avoir pu choisir le contraire de ce qu'on a choisi, et de pouvoir continuer ou suspendre sa résolution. L'homme est esclave dans le désir et la passion, il n'est libre que dans la volonté. La liberté consiste justement dans le combat de la volonté contre les passions, qui, abandonnées à elles-mêmes, amèneraient l'anarchie; et dire que nous sommes libres, c'est dire que nous pouvons affranchir notre volonté du joug de ces passions, afin de la conformer aux lois de la raison. La loi morale est ainsi la règle suprême de la liberté. Lui obéir, ce n'est pas abdiquer la liberté, c'est au contraire la sauver, c'est l'appliquer à son légitime usage. La liberté et la loi morale sont nécessaires l'une à l'autre; ce sont deux termes qu'on ne peut séparer. Pourquoi une loi, s'il n'y avait pas d'agent libre pour la connaître et l'observer; et pourquoi un agent libre, si cette liberté était abandonnée au hasard, et ne se mouvait qu'au gré des passions? En un mot, l'homme est libre, et la liberté est soumise à la loi morale. C'est en ce sens que Cicéron a pu dire : Le sage seul est libre, *nisi sapiens*, *liber est nemo*. L'homme est *libre;* car dans ses détermina- tions, s'il obéit à des motifs, c'est librement, par choix, de son plein gré, et non de force. Il n'est pas *indépendant*, car il n'agit pas sans motifs ou comme il lui plaît; il est dans la *dépendance* du devoir, quoiqu'il ait le pouvoir de ne s'y pas conformer. « Si Dieu, dit Tertullien cité par Bossuet, nous a comme émancipés en nous donnant notre liberté, et la disposition de notre choix, ce n'est pas pour nous rendre indépendants, mais afin que notre soumission fût volontaire. La liberté de l'homme ne l'exempte pas de la sujétion qui est essentielle à la créature. » La volonté ne s'appartient jamais mieux, elle n'est jamais plus elle, que lorsqu'elle reconnaît son sou- verain guide; elle n'est vraiment libre que sous le joug glorieux du devoir. Voilà la li- berté, telle qu'elle est en effet, la liberté morale, la liberté philosophique, la première de toutes les libertés. Cette liberté intérieure ainsi comprise est le solide fondement sur

lequel repose la liberté extérieure, d'où va
naître le *Droit.*

Comme les hommes ne sont pas seulement
des êtres rationnels, mais aussi des êtres sensibles, ils vont entrer en rapport avec le
monde extérieur, et les uns avec les autres.
Après avoir pensé et voulu, ils vont agir. Le
Droit a justement pour objet d'indiquer et
d'assurer à chacun la sphère particulière
dans laquelle cette activité extérieure ou
sociale pourra s'exercer. Le droit n'est pas
fait pour régner dans la solitude de la conscience, mais pour régir les hommes vivant,
agissant sous l'empire des circonstances qui
les entourent. Si je suis vraiment un être
libre, et si c'est par là que je me distingue des choses et des animaux, il faut que
je puisse me diriger à mon gré, sans
être arbitrairement entravé dans l'exercice de ma liberté : c'est là mon droit incontestable. Mais, comme chacun de mes
semblables est libre ainsi que moi, et par
conséquent a le même droit, ma liberté et
mon droit ont nécessairement pour limite la
liberté et le droit des autres, c'est-à-dire que

je ne puis user juridiquement de ma liberté
qu'autant que je ne porte pas atteinte à celle
d'autrui. A cette condition, mais à cette condition seulement, la liberté de l'homme est
inviolable. Le Droit, comme on voit, ne
s'applique qu'aux relations extérieures des
personnes entre elles; c'est un rapport entre
la liberté de chaque homme et celle des autres, d'où l'on peut dire que le droit est
l'ensemble des conditions qui permettent à
la liberté de chacun de s'accorder avec celle
de tous. Toute action qui ne portera pas atteinte à la liberté d'autrui sera donc conforme au droit ou sera juste; et toute action
qui ne pourra se concilier avec la liberté
générale, sera contraire au droit ou injuste.
L'inviolabilité de la liberté humaine, voilà la
mesure du droit et de la justice.

Telle est, en substance, la doctrine de
Kant; mais le droit ainsi compris n'a qu'une
action négative, celle d'empêcher les agres-
sions, les empiétements de la part d'autrui,
de garantir à chacun une sphère extérieure
dans laquelle il puisse librement agir. Le
droit n'est donc pas une règle que l'homme
consulte dans ses actions; il n'est qu'un

principe de restriction ; la loi juridique se distingue de la loi morale, en ce que celle-ci commande *de faire*, l'autre *de ne pas faire*. Le défaut général de cette doctrine réside dans la manière insuffisante dont elle a compris le rapport du droit avec la liberté morale et avec le *bien* en général. Kant est ici tombé dans la même erreur que Rousseau, en n'établissant pas comme fondement de la théorie du droit, la théorie du bien individuel et social de l'homme; car le bien est la règle, le fond et la mesure du droit; les *droits* naissent des *devoirs*. Il y a plus : Kant veut l'impossible, en demandant que l'arbitraire de chacun soit limité par la loi de liberté; car la volonté est vide en elle-même, et il faut nécessairement que la liberté rencontre des objets pour trouver une limite. On peut comprendre qu'une action soit injuste, quand elle porte atteinte à un bien; mais on ne peut concevoir que deux libertés, flottant sans but dans le vide, viennent jamais à se heurter. En séparant la liberté de tout but et de toute matière, la théorie de Kant se tient à la surface des choses. Il ne faut pas ériger la liberté, qui n'est qu'un levier d'action, en but exclusif. De même qu'il est impossible, dans le monde physique, de mesurer un espace vide par d'autres espaces vides, ou qu'il faut de la matière pour établir une limite, de même une liberté à laquelle on ôte la matière du bien, n'est qu'une forme qui ne peut recevoir par elle-même aucune limitation. Cette définition du droit repose, en outre, sur une pétition de principe. Car, en admettant même la possibilité de limiter la liberté de chacun par celle de tous, il faut déjà savoir ce qui est juste, pour fixer précisément les justes limites entre toutes ces libertés individuelles. Nous voyons donc qu'il est impossible d'établir une doctrine du droit, abstraction faite du bien ou de la destination de l'homme et de la société. Il ne faut jamais séparer la cause de la liberté du bien et de la moralité humaine. La liberté de droit doit être d'accord avec la liberté morale. Il n'y a point, au fond, de différence entre ces libertés, qui ne sont que deux manifestations de la liberté une et entière de l'homme. Le droit pose, il est vrai, à la liberté individuelle certaines limites qui ne peuvent être dépassées; mais ces limites sont tout extérieures et laissent toujours exister la possibilité de l'abus. Il faut, avant tout, que l'homme se limite, se modère par la force morale interne. La liberté, garantie par le droit, doit donc recevoir sa véritable mesure de la liberté morale. Les moyens externes pour maintenir la liberté dans ses justes bornes sont toujours insuffisants et précaires; il faut, en développant la conscience, élever la liberté qui s'exerce dans le domaine du droit, à la hauteur de la liberté morale, pour constituer l'ordre public sur ses véritables bases. La liberté doit se subordonner au principe du bien, qui est sa loi, et s'harmoniser avec toute la destinée humaine. C'est la liberté intérieure qui doit vivifier la liberté extérieure, et la préserver, en la modérant, de toutes les extravagances. L'organisation sociale, en un mot, doit se modeler sur celle de la nature humaine; l'État doit être une image de l'âme. C'était l'idée de Platon, idée qui éclate dans ses deux ouvrages de la *République* et des *Lois*.

Ainsi, le devoir est le seul principe légitime auquel on puisse recourir quand on veut expliquer le droit. Le droit dérive bien de la liberté humaine, comme l'a dit Kant. Mais cette liberté ne s'appartient p... réellement à elle-même; elle appartient au devoir : voilà son maître. Et comme ce maître est le même pour tous, il pliera sous le même joug toutes les libertés individuelles. La formule de Kant ne suffit donc pas à déterminer d'une manière précise l'origine du droit; elle n'en donne pas le principe. Le Droit est bien une manifestation de la liberté, mais il vient de plus haut : il a sa source première dans le devoir, auquel la liberté est soumise. C'est parce que j'ai le devoir de respecter la liberté qui est en moi, que j'ai le droit de la faire respecter de vous; et réciproquement, c'est parce que vous avez le même devoir vis-à-vis de vous, que vous avez le même droit vis-à-vis de moi. Ni vous ni moi n'avons d'autre droit l'un sur l'autre que le devoir mutuel de nous respecter tous les deux. Tous les hommes sont libres; à ce titre, mais à ce titre seul, ils sont égaux. Inégaux par tout autre endroit, par la force, la santé, la beauté, l'intelligence, la fortune, ils ne sont égaux que par la liberté. La liberté, comme on l'a

dit éloquemment, et la liberté seule, est égale
à elle-même. C'est ainsi que l'idée d'une mutuelle liberté appelle forcément celle d'une
mutuelle *égalité*. L'égalité des droits est fondée sur l'identité des devoirs.

Nous avions donc raison de dire, en commençant, que le *Droit* n'est rien autre chose
que la faculté pour l'individu de faire librement ce que le devoir commande; ainsi
compris, le Droit est comme le complément
de la Morale, comme la garantie que
l'homme trouve en lui-même de sa liberté
de faire le bien; et ce ne sera pas sans
raison que, plaçant le Droit avec la Morale
parmi les sciences philosophiques, nous en
ferons une partie intégrante de la science
générale des devoirs, que nous appellerons
l'*Éthique* (1). La science des droits, nous le

(1) C'est en Allemagne que, dans ces derniers temps,
on a compris la nécessité d'établir entre le Droit et la
Morale un lien commun, le principe général du *bien*.
En France, l'*Éthique* est identifiée avec la *Morale*, parce
qu'au fond le mot grec ήθος exprime la même chose que
le mot latin *mos*. Mais il importe dans la philosophie du
Droit, si l'on veut montrer la liaison de cette science avec
la Morale, de prendre ce terme d'Éthique dans une
acception plus étendue et d'entendre par là la science

répétons, est, sous un aspect différent, la
science des devoirs; non pas que tout devoir
chez moi ait pour corrélatif un droit chez autrui, cela n'est pas, comme nous allons le
montrer tout à l'heure; mais le droit a son
principe dans la morale, en ce sens que je n'ai
de droits que dans la mesure des devoirs que
j'ai à accomplir. Qui dit droit, dit faculté
de soumettre la volonté d'autrui; or, l'individu ne peut exiger une telle soumission
que pour l'accomplissement d'un acte moral.
Là où il n'a pas de devoir à accomplir, l'homme n'a pas de droit à exercer. Mais le devoir
diffère du droit comme la fin diffère du
moyen. Le devoir, c'est l'obligation de faire
le bien; le droit, c'est la faculté d'écarter par
la force tout obstacle à l'accomplissement du
devoir. C'est le devoir en action. Ce principe,

du bien et des différents modes de le réaliser. Comme
l'Éthique est la science de la vie humaine organisée
d'après le principe du bien, et que la sagesse consiste
précisément dans cette organisation harmonique de la
vie individuelle et sociale, d'après le bien en accord
avec le vrai et le juste, on pourrait aussi l'appeler la
science de la sagesse dans toute l'importance du mot. C'est
cette science même que les *Stoïciens* entrevoyaient, à peu
de chose près, dans leur idéal du Sage.

fondement de l'ordre social, est certainement
ncontestable, car on ne pourrait considérer
comme légitime un état de société où l'individu ne pourrait user de sa liberté pour faire
le bien. L'ordre social est tout entier dans
la liberté pour chacun d'accomplir la loi du
devoir. Celui qui use de sa liberté pour faire
le bien, use de son droit, exerce une faculté
dont nul pouvoir humain n'est autorisé à lui
interdire l'usage.

C'est pour avoir confondu l'indépendance absolue ou l'anarchie avec la liberté, qu'on a tant déclamé contre l'état
social, dont l'effet est d'assurer l'exercice de
la liberté en restreignant l'indépendance naturelle. Pour que nous puissions être libres,
dit Cicéron, il faut que nous soyons tous esclaves des lois. « La liberté, dit à son tour
Montesquieu, ne peut consister qu'à vouloir
faire ce que l'on doit vouloir, et à n'être point
contraint de faire ce que l'on ne doit pas
vouloir. Il faut se mettre dans l'esprit ce que
c'est que *l'indépendance*, et ce que c'est que
la *liberté*. La liberté est le droit de faire ce
que les lois permettent. » La liberté véritable,
c'est d'être soumis aux lois. Aucun homme

sage, en effet, n'a jamais pu étendre ce terme
de liberté jusqu'à l'indépendance. Il ne serait
pas possible d'établir l'ordre et la paix, si
les hommes voulaient tous être indépendants, et s'ils ne se soumettaient à une autorité
qui leur ôtât une partie de leur liberté pour
leur conserver le reste.

> Quelle étrange société
> Formerait entre nous l'erreur et l'injustice,
> Si l'homme *indépendant* n'avait que son caprice
> Pour conduire sa volonté.   (LA FONTAINE.)

Quand la liberté est reconnue dans les relations civiles, elle finit par réclamer des
garanties et les obtient par la constitution de
l'ordre politique. La liberté civile et politique est un des premiers besoins des sociétés
modernes, une condition d'existence pour
les peuples qui se respectent, et, envisagée
de plus haut, l'indispensable moyen de l'accomplissement moral de la destinée humaine.
Sans la liberté politique, les autres libertés
s'affaissent bientôt, et le progrès se trouve
arrêté. Il y a bien des problèmes relatifs
à l'homme et à la société qui ne peuvent être
résolus que par la liberté. Mais, d'un autre

côté, on peut regarder comme certain que la
liberté politique fera toujours naufrage, aussi
long'emps que l'état intellectuel et moral
de la société n'offrira pas de garanties suffi-
santes contre les abus. La liberté, ramenée
au principe du bien, peut seule redresser les
fautes commises et ouvrir une plus large voie
au perfectionnement social. La personnalité
humaine est la base de tout l'édifice, et la
société ne se perfectionne réellement qu'à
mesure que la personnalité humaine s'améliore et se fortifie par le caractère moral.
Cette face morale de la liberté a été bien ap-
préciée dans les lignes suivantes, de M. E.
Montégut : « Ce ne sont pas les institutions
qui sont mauvaises, c'est l'individu ; ce n'est
pas la société, c'est la personne humaine.
Ce n'est donc point la société qu'il faut médi-
camenter, c'est l'individu qu'il faut guérir. Insensés, qui croyez vous préserver des tempêtes en abattant votre abri, vous êtes plus
ignorants que les sauvages qui coupent l'arbre
pour avoir le fruit. » La liberté s'accroît à
mesure qu'on respecte davantage les droits
des autres, et que tous regardent comme lois
de leurs actions les principes éternels du vrai,

du bien, du juste, qui sont la base de l'ordre social. La liberté fondée sur ces principes, voilà la vraie liberté, celle qui peut conduire à une véritable organisation de l'activité humaine. Mais les moyens de l'établir ne peuvent être compris sans la doctrine philosophique de la nature humaine, sur laquelle doit se modeler l'ordre social.

Au point de vue de son développement historique, il faut remarquer que la liberté, prenant sa source dans la raison, s'empare d'abord des régions supérieures de la vie spirituelle, et descend ensuite progressivement dans le domaine de la vie pratique. L'ère de la liberté commence par la liberté intellectuelle, condition à la fois et produit du mouvement philosophique, qui porte les esprits vers la recherche des principes; ensuite la liberté pénètre dans le domaine religieux et moral, arrive à l'ordre civil, industriel et commercial, et finit ordinairement par l'ordre politique. Dans ce développement successif, on peut voir que la liberté, comme tout progrès régulier et solide, va du fond à la forme, de l'intérieur à l'extérieur. Sans doute il y a une action réciproque entre la forme et le fond, et la pre-

mière influe plus ou moins sur le second.
Mais les libertés essentielles et matérielles
doivent précéder les libertés formelles, et
alors celles-ci deviennent la garantie des autres. Quand on établit au contraire des libertés
politiques sans liberté civile et morale, ou
bien quand on consacre la liberté religieuse
sans la liberté intellectuelle dont elle dérive,
on confond l'effet avec la cause, on constitue
une organisation très-difficile à maintenir et
toujours exposée à des crises. La liberté, en
relevant l'homme à ses propres yeux et aux
yeux de tous, lui inspire le sentiment de la
dignité, et fait qu'en se respectant lui-même
il apprend à respecter les autres. La liberté
ennoblit ainsi le caractère national. La révolution de 1649, qui a fondé les libertés sociales en Angleterre, a puissamment contribué à rehausser la nation, en donnant à
chacun de ses membres la conscience de sa
personnalité morale, et des droits qui y sont
attachés. C'est dans ce pays qu'on a appris
à connaître, par un long exercice, la v
des libertés civiles et politiques; des lois
tent pour en réprimer les abus; mais o y
est réellement convaincu de cette vérité, que

« la liberté guérit les blessures qu'elle fait. »

Ajoutons, en terminant, que la liberté est le fruit du travail, soit intellectuel, soit physique, et que si la philosophie est le représentant de la liberté dans l'ordre intellectuel, l'industrie et le commerce le sont dans l'ordre matériel. Le mot d'organisation de la liberté est dans toutes les bouches, mais la notion précise existe-t-elle bien dans les intelligences? Pour connaître les principes organisateurs de la société, il faut analyser dans tous ses éléments et sous toutes ses faces le profond organisme à la fois spirituel et physique de la nature humaine; il faut approfondir tous les rapports de l'homme avec ses semblables, avec la nature et avec Dieu. C'est alors que la liberté deviendra, après bien des épreuves, un levier puissant et régulier du progrès social. « Le principe et l'objet de tout gouvernement, a dit un illustre contemporain, doit être la protection des droits naturels, comme l'ont reconnu les deux nations modernes qui ont porté le plus haut le génie de l'organisation sociale, l'Angleterre dans le fameux *Bill des droits*, la France dans l'immortelle *Déclaration des droits de l'homme et du*

citoyen. Voilà ce que proclame la philosophie; mais elle s'arrête là, ou du moins elle
n'agite qu'avec une extrême circonspection
la question de la meilleure forme de gouvernement, car cette question tient à la fois à des
principes fixes et à des circonstances qui varient selon les lieux et selon les temps. »

Que dirons-nous de l'égalité, cet autre
droit inscrit de la main de Dieu dans la nature humaine, et qui n'a pu être monumenté
dans nos constitutions qu'après la plus formidable des révolutions et la régénération complète de notre société française? La justification de l'esclavage faite par Aristote est une
aberration de l'esprit philosophique; mais l'u-
niversalité de l'esclavage, à l'époque où vivait ce grand philosophe, peut jusqu'à un
certain point l'excuser. Au contraire, une
justification de ce fait tentée de nos jours,
après dix-huit siècles de culture chrétienne,
est une de ces anomalies intellectuelles dont
notre époque, si riche en essais de résurrec-
tion du passé, a pu donner le triste exemple.
Après que Gustave Hugo, l'un des fondateurs
de l'école historique en Allemagne, eut considéré l'esclavage comme un fait aussi na-

turel que la misère, un auteur moderne en
France (1) s'est emparé de ce point de vue
historique pour envisager l'esclavage et les
modifications qu'il a subies par le prolétariat,
non pas comme des phases malheureuses du
développement social, mais comme des lois
naturelles, constitutives des familles humaines, comme des faits légitimes, providentiels,
presque de droit divin. Cette théorie insul-
tante pour la raison exprime malheureusement la pensée d'un certain nombre d'hommes, qui regardent aujourd'hui le paupérisme
comme ils auraient sans doute considéré
l'esclavage dans l'antiquité, comme un fait
nécessaire, indestructible, peut-être même
comme la conséquence d'une malédiction pro-
noncée par Dieu sur une race humaine. Mais
l'humanité dans sa marche progressive ne se
laisse pas arrêter par des sophistes; elle a
vaincu de plus grands obstacles que le pro--
létariat, elle saura opérer une dernière transformation par une plus juste organisation sociale. Les quatre degrés de l'inégalité, le

_____

(1) Granier de Cassagnac, *Histoire des classes ouvrières et
des classes bourgeoises*, ouvrage aussi rempli d'erreurs historiques que de contre-sens philosophiques.

régime des castes, l'esclavage, la féodalité,
le paupérisme, existent bien encore de par
le monde, pour rappeler en quelque sorte
les phases diverses par lesquelles a passé le
genre humain; mais la condition des opprimés et des malheureux s'est successivement
adoucie, et les moyens d'une amélioration
plus grande dans l'avenir sont devenus plus
faciles et plus nombreux. Le paupérisme, la
dernière forme de l'inégalité des hommes,
tend à s'amoindrir chez nous de jour en
jour, et l'État prend sans cesse des mesures
directes ou indirectes pour assurer à tous ses
membres les moyens essentiels, physiques et
moraux, d'une existence humaine. L'égalité
formelle reconnue par nos différentes constitutions est la voie pour arriver, par la liberté, à une organisation mieux entendue
de la société. Mais pour que le principe d'é-
galité puisse trouver une juste application,
il importe de le préserver de l'exagération
dans laquelle est tombé le communisme,
matérialiste ou panthéiste, en le poussant à
des conséquences destructives de l'individua-
lité et de la liberté. L'idée d'une égalité absolue est une pure chimère, qui n'a jamais pu

germer que dans un cerveau malsain. « N'allons pas nous repaître de fausses idées, disait Portalis l'Ancien, et gardons-nous de demander aux institutions humaines une perfection dont elles ne sont pas susceptibles. Il est impossible d'égaliser par des pratiques forcées des êtres qui tendent tous à la supériorité, et qui y tendent avec des moyens *inégaux*. Le principe d'une égalité exagérée est contraire à la nature, qui ne conserve ses ouvrages que par des inégalités sagement graduées. Enfin le ciel semble ...ir voulu nous donner une grande et ter le instruction, en nous montrant que la trop cruelle faux de la mort ne parvient à tout égaliser, qu'en détruisant tout. »

« Les hommes naissent et demeurent libres et égaux en droits. Les distinctions sociales ne peuvent être fondées que sur l'utilité commune. » Tel est le premier article de la *Déclaration des droits de l'homme et du citoyen*, votée en août 1789, et mise en tête de la constitution de 1791, comme pour lui servir de prologue. C'est dans cette déclaration des droits que se trouvent exposés, en dix-sept articles, les grands principes de 89,

qui forment la base de notre droit public, et
que notre constitution actuelle reconnaît,
confirme et garantit. La liberté et l'égalité
naturelles sont, en effet, les conditions fondamentales du droit, et les deux principes
les plus chers au cœur de l'homme. Quant à
la seconde partie de l'article, qui établit uniquement sur l'utilité commune toute distinction sociale, le pouvoir ou les priviléges
quelconques dont la société civile peut honorer ses membres, nous aimons à croire que
parmi les citoyens anoblis ou nobles par hérédité, il n'en est plus qui rêvent une noblesse naturelle ou résidant de quelque manière dans le sang. Ceux-là n'auraient pas
d'adversaires plus déclarés que les théologiens, et nul ne les aurait percés de traits
plus acérés que saint Thomas, noble lui-
même, de l'illustre famille des comtes d'A-
quin, l'une des premières des Deux-Siciles.
« C'est une erreur fréquente parmi les hommes, dit ce grand théologien, de se croire
nobles parce qu'ils sont issus de noble famille.
Cette erreur peut être combattue de plusieurs
manières. Et d'abord, si l'on considère la
cause créatrice dont nous sommes les ou-

vrages, Dieu, en se faisant l'auteur de notre
race, l'a sans doute anoblie tout entière.
Si l'on envisage la cause seconde et créée,
les premiers parents de qui nous descendons,
ils sont encore les mêmes pour tous : tous
ont reçu d'Adam et d'Ève une même noblesse, une même nature. On ne lit point
que le Seigneur ait fait au commencement
deux hommes : l'un d'argent, pour être le
premier ancêtre des nobles, l'autre d'argile,
pour être le père des roturiers. Mais il en fit
un seul, formé du limon, et par qui nous
sommes frères. Le même épi donne à la fois
la fleur de farine et le son. Le son est une
misérable pâture qu'on jette aux pourceaux,
et de la fleur de farine se pétrit un pain d'é-
lite qui est servi sur la table des rois. Sur une
même tige naissent la rose et l'épine. La rose
est une noble créature, bienfaisante pour qui
l'approche; elle répand avec une douce pro-
fusion ses parfums autour d'elle. L'épine, au
contraire, est une vile excroissance qui
déchire les mains assez imprudentes pour
l'effleurer. Ainsi d'une même souche deux
hommes pourront naître : l'un vilain, l'autre

noble. L'un, comme la rose, fera le bien autour de soi, et celui-là sera noble ; l'autre, comme l'épine, blessera ceux qui l'approcheront, jusqu'à ce qu'il soit jeté comme elle au feu, mais au feu éternel, et celui-là sera vilain. Si tout ce qui procède du noble héritait de sa noblesse, les animaux qui habitent sa chevelure et les autres superfluités qui s'engendrent en lui s'anobliraient à leur manière : *pediculi et aliæ superfluitates quæ à nobilibus generantur, essent nobiles.* Les philosophes eux-mêmes ont reconnu que la noblesse ne s'acquiert point par descendance. Qu'est-ce que chevalier, esclave, affranchi ? «Ce sont, répond Sénèque, autant
» de titres créés par l'orgueil ou l'injustice. »
» Platon l'a dit : « Point de roi qui n'ait des
» esclaves parmi ses aïeux; point d'esclave
» qui ne soit le petit-fils des rois. » Il est beau de n'avoir pas failli aux exemples de nobles ancêtres; mais il est beau surtout d'avoir illustré une humble naissance par de grandes actions. Je répète donc avec saint Jérôme que rien ne me paraît digne d'envie dans cette noblesse prétendue héréditaire, si ce

n'est que les nobles sont astreints à la vertu
par la honte de déroger. La véritable noblesse
est celle de l'âme selon la parole du poète :

Nobilitas sola est animum quæ moribus ornat (1). »

Ainsi notre genèse du droit se résume tout
entière en ces quatre principes fondamentaux
de l'âme humaine : *idée de bien*, *loi morale*
ou *devoir*, *liberté*, *égalité*, principes qui s'appellent l'un l'autre comme des conséquences
naturelles et nécessaires.

Le droit a, comme on voit, son principe
dans la morale ; mais toute la morale n'est pas
le droit. Le droit ne se comprend pas sans la
faculté de contraindre ; or, parmi les devoirs
moraux de mes semblables, il en est certainement dont je ne puis exiger l'accomplisse-

(1) Ces pensées de saint Thomas sont tirées de son traité
De Eruditione principum, où l'illustre docteur réfute les erreurs qui avaient cours de son temps sur la noblesse, au
chapitre intitulé : *De Erroribus qni sunt circà nobilitatem.*
Mais saint Thomas n'attaque pas l'institution civile de la
noblesse, ni l'hérédité du titre nobiliaire fondée exclusivement sur la loi civile. Nous n'y sommes pas plus opposé
que lui.

ment. Je puis prétendre à ce que nul ne me
fasse le mal qu'il ne voudrait pas que je lui
fisse, mais je ne puis contraindre personne
à me faire le bien que ma conscience m'obli-
gerait à lui faire. On voit aussi ce qu'est le
principe de *fraternité* inscrit dans nos constitutions ; c'est bien un principe de morale,
mais ce ne sera jamais un principe de législation. Nul n'a le droit de dire à son semblable : Sois mon frère. Pourquoi? Parce que
les devoirs purement moraux ne peuvent
être rendus matériellement obligatoires. Mon
droit n'a pas sa source dans le devoir d'autrui, comme on l'a dit si souvent; ce qui constitue mon droit, c'est le devoir que j'ai d'accomplir telle action et de l'accomplir de telle
manière. J'ai le droit de me mouvoir, de pro-
fesser ma religion, de manifester ma pensée,
de m'approprier les objets extérieurs et de
les transformer pour mes besoins physiques,
parce que c'est pour moi un devoir impérieux que d'agir, d'adorer la Divinité, d'enseigner ce que je sais être la vérité et de
veiller à la conservation de mon individu.
Mais la pratique du devoir n'exige jamais une
coopération étrangère. Nous ne dirons donc

pas, avec certains philosophes, que l'individu peut exiger, soit de ses semblables, soit de l'État, les moyens nécessaires pour accomplir sa destinée. Il ne saurait y avoir de droit à l'assistance, de droit à la charité, de droit au travail. Le droit, c'est la liberté de développer nos facultés physiques et morales par notre propre puissance, et non avec l'aide forcée de nos semblables ou de l'État.

Vous qui avez faim, je me sens le devoir de vous secourir, mais vous n'avez pas le droit d'exiger de moi ce secours. Un droit chez moi suppose toujours un devoir correspondant chez autrui, c'est là une vérité entière, absolue, et qui ne souffre aucune exception. Mais la réciproque n'est pas vraie dans tous les cas : de ce que j'ai le devoir de faire une chose il ne s'ensuit pas nécessairement qu'un autre homme, mon égal, ait le droit de me l'imposer. Sans doute, le devoir et le droit sont deux termes corrélatifs, en ce sens que le devoir c'est ce qu'on doit, le droit c'est ce qui est dû : le devoir est ici considéré dans la personne obligée, et le droit dans la personne envers laquelle on est obligé. Ainsi le droit et le devoir ne font qu'un, comme

dit M. Cousin, et sont le même être envisagé
de deux côtés différents, sous deux faces opposées. Mais il y a bien des devoirs qui ne
correspondent pas à des droits chez autrui,
parce que le cercle de la morale est plus étendu que celui du droit. Le droit et la morale
ont le même centre, qui est l'idée du bien,
mais ces deux sciences concentriques n'ont
pas la même circonférence. Si vous êtes resté
dur et insensible à l'aspect de la misère d'autrui, votre conscience crie contre vous; et
cependant cet homme qui souffre n'a pas le
moindre droit sur la moindre partie de votre
fortune; et, s'il usait de violence pour vous
arracher une obole, il commettrait une injustice et même un crime. L'homme peut recourir à la force pour faire respecter ses
droits; il ne peut pas imposer à un autre un
sacrifice quel qu'il soit.

Supposons donc un état de société où
chacun aurait, avec le sentiment de son
droit, le respect de celui des autres; où
personne n'abuserait de sa force pour opprimer ses semblables; où tous useraient en
tout de leur propre liberté sans jamais porter atteinte à celle d'autrui; où il n'y aurait ni

vol, ni homicide, ni violence d'aucune sorte ;
où le despotisme serait aussi inconnu que l'a-
narchie : un tel état de société réaliserait
l'idéal du droit, et il offrirait sans doute un
imposant spectacle. Mais quelque chose man-
querait encore à sa perfection. C'est que le
respect du droit ou la justice n'est qu'une des
faces de la morale sociale ; et nous ne rempli-
rions pas tous nos devoirs envers nos semblables, si nous ne joignions pas à la justice la
pratique de certaines vertus, qu'on ne saurait exiger de nous au nom du droit, mais
qui n'en sont pas moins prescrites par la morale, la charité, par exemple. Pour avoir un
état social parfait, il faut que sur le même
sol où règnent la liberté et le droit, fleuris-
sent aussi toutes ces vertus qui n'ont plus
pour principe la stricte justice, mais l'amour
de l'humanité.

Le droit, en effet, est de sa nature personnel, exclusif, égoïste ; il a besoin d'être
tempéré par la pratique des vertus philan-
thropiques, et la seule absence de ces vertus
suffirait à gâter le règne du droit. La justice a
pour sœur la charité ou la fraternité ; et, quoique ces deux sœurs aient des domaines fort

distincts, quoique la dernière ne relève que
de la conscience et repousse toute contrainte
extérieure, tandis que la première, s'ap-
puyant sur le droit, peut écrire ses prescriptions dans un code public et s'imposer par la
force, on ne devrait jamais les séparer dans
la conduite de la vie. Si la liberté est le fondement du droit, la fraternité doit régner
dans les mœurs. La révolution française s'est
accomplie au nom de ces deux principes, qui
sont le double symbole de l'avenir. La société
n'est pas faite pour reposer sur un principe
simple : la liberté ne lui suffit pas; car la
liberté, quand elle est seule, est un dissol-
vant. Elle mène à l'individualisme, à un individualisme exagéré. Le propre de la liberté
est de discerner le droit de chacun, de le
proclamer, de l'armer; de sorte que, dans
un État libre où le lien social n'est pas puissamment renoué par les croyances, par le
dévouement, par l'esprit national et l'esprit
de famille, l'individu est presque tout et la
nation se trouve effacée. Mais la fraternité
n'a guère été jusqu'ici qu'un mot, parce
qu'elle doit venir surtout des croyances et de
l'éducation, et que nous sommes une nation

sceptique, dont le scepticisme est d'autant
plus déplorable qu'il n'exclut pas l'hypocrisie.

Il y a donc un instinct supérieur, qui
franchit les limites de la loi, et s'élance de
la justice à la charité. C'est quelque chose de
plus grand encore que le respect de la liberté;
c'est le souffle divin qui pénètre l'âme et l'é-
lève au-dessus des lois ordinaires. Ce principe admirable, s'il est dans chacun de nous,
doit être aussi dans ce grand individu qu'on
appelle la société, et dans le gouvernement
qui la représente. Le gouvernement d'une
société humaine est aussi une personne morale; il a de la générosité et de la bonté. Il
faut bien se garder de réduire la fonction du
gouvernement ou de l'État à la seule protection des droits. L'État doit veiller au bien-
être des membres qui le composent, il doit
développer leur intelligence, et fortifier leur
moralité. Le premier devoir de l'État est sans
doute de faire régner la justice, mais il doit
avoir aussi du cœur et des entrailles; il n'a
pas rempli toute sa tâche quand il a fait respecter tous les droits; il lui reste encore à
exercer une mission d'assistance et de cha-

rité. Pour que la sollicitude du législateur puisse être complétement profitable au malheureux et à l'indigent, elle ne doit pas se borner à une simple application des règles austères de la justice ; une exacte justice ne saurait suffire à cette classe nombreuse qui, n'ayant d'autre moyen de subsistance que son travail, est exposée à tous les hasards d'une si mobile ressource. Les indigents et les faibles doivent encore trouver un appui dans les soins de la charité universelle, et c'est au législateur à tempérer la rigueur de leur situation par des établissements utiles et par des soulagements convenables. C'est ainsi que la justice et la bienfaisance réunies tendront à égaliser les inégalités inévitables que l'on rencontre dans la nature et dans la société. Mais, si l'État a le devoir de venir en aide aux citoyens, ceux-ci n'ont pas le droit d'exiger de lui des secours. Méconnaître cette vérité, c'est ouvrir la porte aux plus funestes erreurs, c'est conférer à la misère de prétendus droits qu'elle accueille avec ivresse et revendique le glaive à la main.

En résumé, quand on jette les yeux sur

l'ensemble des devoirs que la raison nous
impose, on voit qu'ils ne sont pas tous
de la même nature. Tous les devoirs, sans
exception, appartiennent à la morale; mais
si l'un d'eux, en même temps qu'il nous est
dicté par le for intérieur, peut faire l'objet
d'une loi positive, il se trouve avoir en outre
une nature juridique. Par exemple, la morale nous fait un devoir d'acquitter les enga-
gements que nous avons contractés, et ce
devoir peut nous être en même temps prescrit par un législateur; il est donc revêtu d'un
caractère juridique, et l'intervention d'une
force publique peut au besoin en exiger l'observation. Il est d'autres devoirs, au contraire,
qui échappent à toute contrainte matérielle
et ne sont pas susceptibles d'être érigés en
lois civiles : tels sont d'abord tous nos
devoirs envers Dieu et envers nous-mêmes,
et parmi nos devoirs envers les autres celui
de les secourir. Je puis bien être obligé moralement de remplir ces devoirs, et manquer
de religion, de vertu ou de bienfaisance en les
négligeant; mais ceci ne regarde que moi
seul, et nulle puissance humaine n'a de prise,
à cet égard, sur ma volonté. En payant à

mon créancier la somme que je lui dois, je me conforme à la justice, qui n'est elle-même que le respect du droit; en venant au secours de mon semblable, je fais plus, je pratique la charité, cette vertu supérieure, si pure précisément et si belle parce qu'elle est ici-bas dépourvue de sanction. Si l'on veut maintenant approfondir cette différence, on trouve que les devoirs de la première espèce correspondent tous à quelque droit des autres sur nous, au lieu que les seconds ou ne se rapportent qu'à nous-mêmes, ou bien, se rapportant à autrui, ne correspondent à aucun droit. Il y a donc des devoirs purement moraux, qui ne relèvent que de la conscience, et des devoirs juridiques, qui tombent sous l'application des lois. Cette distinction du droit et de la vertu a trait à la morale tout entière, c'est-à-dire à la science générale des devoirs, à laquelle nous avons donné le nom particulier d'éthique, et qu'on peut dès-lors diviser en deux branches parallèles : l'une, sous le nom de Morale proprement dite, comprendra les devoirs qui, par leur nature, échappent à toute contrainte et à toute législation extérieure; l'autre, sous le nom de

Droit, s'étendra à tous ceux qui, étant corrélatifs à des droits chez autrui, ont ainsi un
caractère juridique et peuvent se traduire en
lois positives. Telle est la ligne de démar-
cation qui sépare le domaine du droit de
celui de la pure morale. Le premier, qui
est celui de la loi civile, ne saurait empiéter
sur le second, qui est celui de la conscience,
sans courir le risque de porter atteinte à la liberté humaine, et de violer lui-même le droit.
C'est ce que n'ont pas toujours bien vu les jurisconsultes et les philosophes, et, parmi ces
derniers, Platon dans l'antiquité et M. Jouffroy dans les temps modernes (1). *Amicus
Plato, sed magis amica veritas.* L'idée du
devoir, comme on voit, est plus large que
celle du droit, puisqu'elle embrasse à la fois
des devoirs de droit et des devoirs de vertu,
c'est-à-dire des devoirs placés au-dessus de la
mission du législateur.

(1) M. Jouffroy, dans son *Cours de Droit naturel*, a confondu perpétuellement le droit et la morale. Les philosophes ont presque tous une tendance naturelle à vouloir
absorber le droit dans la morale. Ces deux sciences pratiques ont bien un principe commun; mais chacune d'elles
se meut dans une sphère qui lui est propre, et il importe
au plus haut point de les distinguer.

8

Cette distinction entre la morale et le droit n'a pas seulement un intérêt théorique; elle est aussi d'une grande importance, quand il s'agit, dans le droit public, de déterminer les limites d'intervention de l'État. Si l'État, qui est l'institution sociale pour l'application du droit, et qui peut dans ce but user de contrainte, pouvait aussi embrasser la moralité intérieure des hommes, toute liberté de conscience disparaîtrait. Rien n'empêcherait alors l'État d'imposer aux membres de la société une morale comme il l'entendrait, de prescrire telle religion qu'il jugerait convenable, et d'employer, à cette fin, les forces dont il dispose. Il importe de défendre la liberté individuelle et la conscience contre les empiétements des pouvoirs publics. On confond trop souvent ces deux juridictions, et l'on viole ainsi la liberté qu'on devrait respecter, trop heureux quand on ne va pas jusqu'à outrager la conscience en lui imposant, au nom de fausses doctrines, des actes qui lui répugnent. De là ce régime inquisitorial qui, en étouffant la liberté, tue la vertu, car la vertu est une fleur qui ne peut s'épanouir que dans une libre atmo-

sphère. « La liberté est si sainte, a dit
M. Cousin, que, même alors qu'elle s'égare,
elle mérite encore jusqu'à un certain point
d'être ménagée. On a souvent tort de vouloir
trop prévenir le mal que Dieu lui-même
permet. On peut abêtir les âmes à force de
les vouloir épurer. » Il ne faut pas qu'au
nom des intérêts de l'État on étouffe la liberté
de l'individu et les droits qui en dérivent ;
car c'est justement pour en assurer l'exercice
que l'État est institué. On ne saurait décréter
la vertu, comme l'égalité des impôts, et il
faut attendre plus pour elle de la liberté de
la conscience que de la tyrannie de la loi.

Est-ce à dire cependant que la vertu soit
une chose qui échappe tellement à la législation civile qu'elle n'ait point du tout à s'en
occuper? ce serait une étrange exagération.
Ne doit-elle pas employer au contraire tous
les moyens dont elle peut disposer, sans porter atteinte à aucun droit, pour en exciter et
en développer dans les âmes l'amour et l'habitude? Si la crainte des châtiments est un
mobile auquel elle ne saurait se dispenser de
recourir, c'est surtout dans le respect moral
de la justice qu'elle doit chercher son appui.

Or, le respect de la justice est lui-même une
vertu. Sans doute la loi ne peut exiger des
actions humaines autre chose sinon qu'elles
soient extérieurement conformes aux prescriptions de la justice : dès que cette conformité existe, quel qu'ait été le mobile de
l'agent, elle n'a rien de plus à demander ;
mais, s'il est vrai qu'elle dépasserait son
droit en recherchant l'intention, cela n'empêche pas qu'elle ne doive, autant que possible, faire appel au mobile moral. Car la
moralité aidera toujours puissamment la loi
civile à atteindre son but. Le Droit et la
Morale sont deux sciences distinctes, mais
non étrangères l'une à l'autre, et c'est bien
d'elles qu'on peut dire avec vérité :

> . . . . . . facies non omnibus una,
> Nec diversa tamen, qualem decet esse sororum (1).

Les philosophes et les jurisconsultes les plus
éminents en Allemagne ont mis tous leurs
soins à bien fixer la distinction, mais aussi les
rapports entre le droit et la morale. La distinction entre ces deux sciences ne doit jamais

(1) Ovide, Métamorph., lib. 2, fab. 1, v. 13 et 14.

conduire à une séparation. Kant et son école, en poursuivant la route ouverte par Thomasius, sont tombés dans cette erreur, qui est l'antipode de l'erreur commune à Platon et à M. Jouffroy, et qui ne peut être évitée, que si l'on reconnaît dans l'éthique ou morale générale le lien commun entre le droit et la morale proprement dite.

Ainsi le bien est accompli par la volonté humaine sous *deux modes* différents, sous la forme de la moralité et sous la forme du droit. Il ne faut pas attendre de la moralité des hommes qu'ils accomplissent toujours le bien de bonne volonté ; et si la bonne volonté manque, il faut encore trouver le moyen de faire accomplir le bien, malgré l'ignorance et les caprices, par la force ou la contrainte. Ce second mode de réalisation du bien est en quelque sorte la contre-partie du mode moral, et forme avec lui le mode entier ou total de l'accomplissement du bien et de la destination humaine. La science du bien, nous le répétons, est donc la science pratique générale dans laquelle les deux sciences pratiques spéciales, la Morale et le Droit, ont leur racine et leur fondement. La notion du

droit peut être formulée d'une manière plus
ou moins complète; mais elle doit toujours
contenir cette idée que le droit est un des
modes de la réalisation du bien; de sorte que
le droit n'est pas une abstraction , qu'il
n'existe pas pour lui-même, mais qu'il doit
être dirigé vers le bien. L'étymologie même
du mot l'indique : c'est ainsi que le mot français *droit*, l'allemand *recht*, l'anglais *right*,
désignent généralement la direction d'une
action ou d'une chose vers un but déterminé,
et ce but c'est le bien. Le génie des peuples
qui ont adopté cette expression a voulu évidemment indiquer par là qu'une action, pour
être conforme à la justice, doit aller immédiatement au but, comme la ligne droite,
qui est le plus court chemin d'un point à un
autre. Ce qui prédomine dans l'expression
latine *directum*, c'est l'idée de direction; en
grec, δίκαιον, c'est ce qui dirige, ce qui montre en quelque sorte le chemin vers un but;
c'est aussi une règle. Ce mot *droit* exprime
partout une direction à donner à l'activité
humaine vers le bien. Quant au mot latin *jus*,
l'étude comparée des langues indo-euro-
péennes, qui a jeté de si vives lumières sur

leurs racines communes et sur les degrés de
leur parenté, a fait trouver pour ce mot,
dont on ignorait l'origine, un sens excellent
dans la racine sanscrite *ju*, qui signifie : lier,
joindre; de sorte que *jus* est ce qui unit ou lie
les hommes. Cette idée de *lien* entre les
hommes exprime en effet une face importante du droit. Par là s'expliquent aussi les
autres mots latins dans lesquels se trouve la
même racine, comme : *jungere, jugum,
conjugium.*

Certains publicistes fondent le droit sur
l'intérêt. Selon Hobbes, si souvent réfuté,
l'homme a naturellement droit à toute chose,
et l'utilité est la seule règle de ses actions.
Mais l'intérêt ou l'utilité est la négation du
droit comme la négation de la morale. Si
l'utilité constitue mon droit, il n'est plus de
limites à ma liberté d'action; il n'y en aura
que là où se rencontrera une force supérieure
à la mienne. Le droit de faire tout ce qui est
utile ou agréable, c'est le droit du plus fort;
car l'intérêt est sans limites, quoiqu'on en dise.
Mais le droit du plus fort n'est point un droit,
c'est le fait de la force; et l'obligation de
le respecter n'est point un devoir, ce n'est

qu'une nécessité physique; car ce serait jouer
sur les mots que d'appeler droit une faculté
qui périt quand la force cesse, et d'appeler
devoir la nécessité de céder à une puissance
contre laquelle on ne pourrait lutter. Hobbes
a d'ailleurs été conséquent; le bien-être étant
la fin de l'homme, et l'égoïsme le seul principe de ses actions, tous les individus doivent
dans l'état de nature se ruer vers les mêmes
objets pour la satisfaction des mêmes appétits; d'où il suit que la guerre est l'état de
nature. Mais la guerre étant un état mauvais,
les hommes, pour obtenir la paix, transi-
geront sur leurs droits; ils constitueront des
sociétés avec des gouvernements au sommet,
en renonçant à leur liberté naturelle. Le
meilleur gouvernement sera le plus fort, ce
sera la royauté absolue; quant aux sujets,
ils n'auront pas de droits, ils n'auront que
des devoirs, qui se résumeront dans celui d'o-
béir. Toutes ces conséquences sont rigoureuses, et elles le sont tellement, qu'elles
ont tué la doctrine de l'intérêt ou de l'utilité
du vivant même de son auteur.

Bentham, qui a repris et développé la
doctrine du maître, a essayé d'en modifier

le principe ; selon lui, le droit n'est pas ce
qui est conforme à l'utilité individuelle; c'est
ce qui est conforme à l'utilité générale. Mais
cette modification du principe ne saurait en
sauver les conséquences. L'utilité générale,
c'est l'utilité du plus grand nombre; or, l'u-
tilité du plus grand nombre n'est que l'utilité
individuelle sous une autre forme; si le droit
est ce qui est utile à la majorité, elle pourra
sacrifier la minorité à ses besoins ou à ses
plaisirs. Cette majorité aura elle-même dans
son sein une autre majorité ayant un droit
semblable; et d'abus de la force en abus de
la force, la société finirait, en poussant la
conséquence jusqu'au bout, par ne se plus
composer que de deux individus, dont le
plus fort tuerait le faible, toujours en vertu
du principe d'utilité.

Pour éviter de pareilles conséquences,
Bentham ajoute qu'il sagit ici d'une utilité
bien entendue. Mais cet intérêt bien entendu
sera toujours lui-même quelque chose d'individuel. Comment s'appréciera l'intérêt du
vieillard comparativement à l'intérêt de l'enfant? Peut-on accepter comme règle de droit
un principe qui, dans l'application, est ap-

pelé à varier pour chaque individu. Aucune modification, comme on voit, ne saurait corriger le vice du principe utilitaire. Que l'intérêt soit souvent conforme au droit, c'est possible; et, à tout prendre, la pensée de Bentham n'allait peut-être pas au delà de cette affirmation; mais que le droit soit l'utile, c'est ce qu'on ne peut admettre sans se trouver en opposition directe avec les éternels principes que Dieu a gravés dans la conscience humaine.

L'utilité est sans doute un point important dans la vie pratique; le plaisir ou le bonheur, auquel Bentham ramène l'utilité, est un élément essentiel de l'existence humaine. Mais de même qu'en morale le plaisir ou le bonheur ne doit pas être le but, le motif de nos déterminations, quoiqu'il puisse et doive même, dans le cours régulier des choses, être la conséquence de nos actions, de même en droit, l'utilité n'est pas le principe, la raison de la justice, mais elle en doit être la conséquence. Le rapport entre le droit et l'utilité est celui de cause à effet. L'utilité n'est pas en opposition nécessaire avec la justice, comme le bonheur ne l'est pas avec

le bien. Mais dans toutes les questions, il faut
d'abord interroger la justice; et, en exami-
nant bien les résultats, on trouvera que ce
qui est juste est en même temps ce qu'il y a
de plus utile à faire. La justice, comme cause,
a toujours, à tout prendre, les effets les plus
utiles pour le bien des hommes vivant en
société. Ainsi déterminée l'idée de l'utile rentre dans l'idée du droit, et il existe entre ces
deux notions une intime liaison. On peut
dire que le droit, envisagé sous cet aspect,
est un système d'utilité, et nous reconnaissons ici la vérité contenue dans la doctrine
de Bentham. Mais, au lieu de ramener l'utilité aux sensations variables du plaisir, nous
lui donnons une base dans le principe du
bien. Pour apprécier l'utile, il ne faut donc
pas interroger le sentiment de chacun en particulier, il faut rechercher le but de l'homme,
c'est-à-dire le bien qui doit être réalisé dans
la vie. Si l'utilité n'est pas rapportée au bien,
elle s'égare et disparaît dans la contradiction des appréciations individuelles. D'ailleurs l'utile est pris trop généralement dans
une acception matérialiste pour qu'on puisse
le considérer comme un principe dans toutes

les parties de la science du droit. Il n'y a qu'une branche du droit public, *l'Économie politique*, science des biens matériels, des conditions de leur production et de leur distribution, où l'utilité, dans le sens ordinaire du mot, reçoive une juste application. Cependant si l'on veut employer le terme dans un sens plus général, on peut concevoir toute la vie humaine comme un échange incessant d'utilités, par lequel les hommes se prêtent mutuellement aide et concours.

Quand donc on se contente d'ériger l'utilité en principe de législation, sans déterminer préalablement le but vers lequel doivent être dirigés tous les efforts, c'est-à-dire le bien, on ne pourra jamais établir un système de droit. Au lieu de devancer l'opinion publique dans ce qui est juste et bon, et de la redresser, on se conformera aux idées reçues, ou, ce qui est encore pis, on mesurera tout d'après les idées personnelles qu'on s'est faites de la bonté et de l'utilité des choses. On arrivera ainsi à justifier la plupart des abus qui existent, et peut-être même à les multiplier, par l'application d'un principe mal défini et susceptible de tant d'interprétations arbitraires. Il n'est peut-être pas deux hommes qui aient les mêmes idées sur ce qui est utile, lorsqu'ils ne sont pas d'accord sur le bien, qui est le vrai but de l'homme et de la société. Quant aux termes de *plaisir* et de *peine* par lesquels Bentham définit l'utilité, il est évident qu'ils ne sont pas moins relatifs, et qu'il est par conséquent impossible de les prendre comme principes de droit. Les affections sont loin d'être les mêmes chez tous les individus : l'homme cultivé est autrement affecté que l'homme grossier et trouve son plaisir dans des choses différentes. Les plaisirs et les peines changent donc avec le degré de développement plus ou moins élevé auquel l'homme et la société sont parvenus. Le vrai bien de l'homme ne saurait être aussi inconstant; loin d'être variable au gré de chacun, il offre un caractère universel, et il faut le connaître pour déterminer la valeur des actions et des lois. Dans toutes les théories sur l'organisation de la vie sociale, et dans celle du Droit en particulier, il faut remonter toujours au but absolu que l'homme doit accomplir conformément à sa nature et à sa destinée.

Enfin, pour ne pas multiplier inutilement
les objections contre un système heureuse-
ment ruiné dans l'opinion, démenti avec
énergie par la conscience publique, et qui ne
compte d'autres défenseurs que des philosophes matérialistes et des politiques de l'école
de Machiavel, nous nous arrêterons à une
dernière considération. Que faut-il entendre par cet intérêt public, par cette utilité
générale que vous prenez pour base de votre
théorie du droit? Je distingue facilement l'u-
surpation du droit, le droit du privilége, la
justice de l'arbitraire, parce que la justice
et le droit ont un caractère universel et immuable; mais l'intérêt public ne se révèle à
moi par aucun signe particulier, parce que
l'intérêt, c'est la satisfaction de nos passions
et de nos désirs, et que les passions, les désirs
des uns s'accordent rarement avec ceux des
autres. Il y a même des époques de violence
et d'emportement où les passions et les désirs
du plus grand nombre sont en opposition
directe avec les règles permanentes de l'ordre
social; aussi l'intérêt public a-t-il servi de
prétexte à tous les crimes de l'histoire. C'est
au nom de l'intérêt public, et même du salut

public, qu'on a essayé de justifier la Saint-
Barthélemy, les dragonnades, les massacres
de septembre, le tribunal révolutionnaire, et
d'autres mesures non moins sanglantes et non
moins honteuses pour l'humanité. C'est au
nom de l'intérêt public qu'on a maintenu,
dans la constitution américaine, l'institution
de l'esclavage, devenue aujourd'hui, par un
juste châtiment, une cause de guerre civile.
L'intérêt public ! il n'y a pas une loi si dégra-
dante, une tyrannie si odieuse, une dicta-
ture si impitoyable, qui n'ait invoqué cette
formule infernale, également propre à opprimer et à corrompre les nations.

Cette doctrine de l'intérêt n'est pas nouvelle; c'était celle de la secte d'Épicure (1).
Depuis les temps anciens jusqu'au dix-huitième siècle, qui devait être pour elle l'é-
poque de sa splendeur, l'école sensualiste

---

(1) Horace, qui s'appelle lui-même : « *Epicuri de grege
porcus,* » avait dit :

Atque ipsa utilitas justi propè mater et æqui.

Mais à ce vers d'Horace on peut opposer avec avantage les
vers suivants du poëte stoïcien Lucain, dans la Pharsale :

. . . . Sidera terrâ
Ut distant, ut flamma mari, sic utile recto.

avait professé que l'homme n'était guidé que
par des motifs de plaisir et de peine, qu'il
agissait par intérêt ou par un intérêt bien
entendu. Bentham donne à ce principe le
nom plus vague et plus séduisant d'utilité;
mais il le détermine entièrement d'après les
maximes du sensualisme. Aussi le mérite de
l'auteur, comme l'ont remarqué ses partisans,
ne consiste-t-il pas dans l'énoncé du principe, qui déjà dans l'antiquité avait été considéré comme le fondement de la justice,
mais dans l'application pratique qu'il en fait
et dans le procédé qu'il emploie pour le préciser d'une manière rigoureuse, en un mot
dans son *Arithmétique morale*, par laquelle
il cherche à établir comment il faut apprécier
les différentes espèces de plaisirs et de peines.
La théorie développée par Bentham se distingue par cet esprit pratique qui caractérise
le peuple anglais, et qui saisit immédiatement
un principe, mais sans le scruter dans son
origine, et le mettre en rapport avec l'ensemble d'un système philosophique. L'esprit
d'analyse et de détail s'exerce chez lui aux
dépens des facultés plus élevées. Mais si Bentham s'est montré dépourvu du génie philo-

sophique, il avait le tact du jurisconsulte;
s'il s'est trompé dans l'appréciation de la
nature humaine, s'il a méconnu les tendances
supérieures de l'intelligence et la valeur de la
moralité, il a du moins fait comprendre qu'il
faut d'autres éléments que de vagues formules pour construire un édifice de législation.

Quoi qu'il en soit, il faut faire descendre
l'intérêt du rang qu'on a voulu lui assigner :
c'est un mobile, et un très-puissant mobile
de nos actions, il faut le reconnaître avec La
Rochefoucauld qui l'a par trop exagéré; mais
voilà tout. Soutenir que tout ce qu'il nous
conseille est légitime, ce serait, comme le
disait M. Rossi de douloureuse mémoire, conclure de la force de la poudre à la justice du
coup de canon (1). « Que le législateur,
avant d'ordonner ou de défendre une chose
indifférente au point de vue moral, pèse
les effets de la mesure qu'il médite, et considère si elle procurera à la société plus d'a-
vantages que d'inconvénients : c'est ce qui
est parfaitement sage, et c'est aussi pourquoi

(1) *Traité de Droit pénal.*

l'école utilitaire a eu souvent des vues pratiques d'une admirable sagacité. Mais dire que c'est en cela que consiste la seule règle des actions, que tout ce qui sera utile sera juste, soit dans la morale privée, soit dans la politique des gouvernants, c'est une doctrine aussi fausse qu'elle est dangereuse. Non, il y a une idée de bien et de mal antérieure à l'idée d'utilité; il y a quelque chose que le législateur ne peut pas violer, quand ce serait pour l'intérêt du plus grand nombre; et ce quelque chose, c'est la justice (1). »

Certes, il serait insensé de vouloir éliminer la notion de l'utile de la science du Droit. Cette notion, au contraire, s'y représente sans cesse. Si ce n'est pas l'utilité qui constitue la justice, l'utilité du moins est une condition qui doit se trouver dans toutes les institutions. S'il est vrai qu'il y a des droits et des devoirs antérieurs à l'état civil, que ce dernier a précisément pour but de les garantir, et que par conséquent il doit avant tout les respecter, il n'est pas moins certain que l'état civil en modifie nécessairement les condi

(1) M. Belime.

tions, et une théorie exacte des principes du
Droit doit tenir compte de ces modifications.
Une route, par exemple, est jugée utile dans
l'intérêt de l'État; son tracé rencontre mon
héritage : peut-on me déposséder dans l'intérêt de tous? Le droit naturel peut-être répon-
drait négativement; je demande à jouir pai-
siblement de ce qui m'appartient, mais je
refuse de me dessaisir pour rendre service à
autrui. Rigoureusement, je suis dans mon
droit. Au contraire, le droit social permettra
de m'exproprier pour cause d'utilité publique en m'indemnisant, parce qu'autrement
le mauvais vouloir d'un seul paralyserait le
développement du commerce et de la prospérité générale. Mais l'État ne peut agir justement qu'en me donnant l'équivalent de ce
qu'il m'ôte, afin de concilier le bien de tous
avec la moindre contrainte de chacun. Qu'on
ne s'y trompe pas d'ailleurs : entre les membres d'une société civile, la justice ne saurait
être un devoir purement négatif. Sans doute,
le lien qui les unit n'établit pas entre eux cette
solidarité absolue qu'ont rêvée certains esprits
ou que prêchent certaines écoles, et qui, en
sacrifiant à la communauté la personne

entière et toute propriété, serait aussi contraire à l'intérêt de la société qu'à la justice ;
mais il entraîne cependant une certaine solidarité, d'où sortent des obligations positives
dont on ne saurait s'affranchir sans injustice.
Ce qui ne serait peut-être, au point de vue
du droit naturel pris à la lettre, qu'un acte de
bienfaisance entièrement libre, n'est quelquefois que justice et par conséquent devient
strictement obligatoire dans une société civile
dont chacun doit supporter les charges.

Dans tous les cas, si l'utilité publique doit
être prise en considération, elle n'en doit
pas moins être toujours subordonnée à la justice. « Le parti que Thémistocle conseille de
prendre, disait Aristide, serait sans doute
très-utile, mais je le repousse, parce qu'il est
injuste. » Celui qui parlait ainsi comprenait
bien que l'utilité n'est pas tout pour un État,
et qu'il y a quelque chose au-dessus : la justice. Aussi ses concitoyens l'avaient-ils surnommé le Juste ; et, quoiqu'ils ne fussent que
trop enclins à faire bon marché de la justice,
quand ils croyaient y trouver leur avantage,
ils savaient du moins la reconnaître et l'admi-
rer dans sa vivante image. Séparer de la jus-

tice l'utilité, même publique, c'est ouvrir la
porte, nous le répétons, à tous les abus et à
tous les crimes. La raison d'État ne saurait
justifier ce qui est injuste, absoudre ce qui
est criminel, sanctifier ce qui est impie. Il y
a des actes qui sont toujours condamnables,
quelque avantageux qu'ils soient ou paraissent être pour la société. Ne dites donc pas
que l'utilité publique est l'unique principe de
toute société, puisqu'elle-même n'est une fin
légitime qu'à la condition de s'appuyer sur
la justice. Il ne saurait y avoir de nécessité
contre la justice, parce que, selon les belles
paroles de Bossuet, il n'y a point de droit
contre le droit.

Il y a loin, sans doute, des rêves du philosophe abîmé dans la contemplation du juste,
à la triste réalité qui nous montre l'édifice social échafaudé de fait sur l'intérêt, et c'est
ici le lieu de rappeler la fameuse apostrophe
de Fichte : « O Droit sacré! quand donc te
reconnaîtra-t-on pour ce que tu es? Quand
s'inclinera-t-on devant toi pour t'adorer?
Quand nous couvriras-tu comme d'une céleste égide, dans ce combat de tous les intérêts
conjurés contre nous, et quand nos adver-

saires seront-ils pétrifiés par ton seul aspect?
Quand les cœurs battront-ils à ton nom, et
quand les armes tomberont-elles des mains
du fort devant les rayons de ta majesté (1)? »
Mais l'impossibilité du but ne doit pas décou-
rager les efforts; et quand il serait certain que
la cupidité ne dût jamais avoir pour équilibre que son propre contre-poids; quand partout, en haut, en bas, sous une apparence
ou cynique ou menteuse, l'égoïsme triomphant devrait l'emporter sur le Droit profané,
il n'en faudrait pas moins conserver dans son
cœur le culte de la justice idéale, comme on
garde, en la vénérant, l'image d'un ami
qu'on a perdu. Le fait n'est pas le droit, et
le succès n'est pas la pierre de touche de la
justice.

Victrix causa Diis placuit, sed victa Catoni.

Que dire du système qui fait résulter le
droit d'un contrat primitif, d'un pacte social?

(1) Cette apostrophe de Fichte au *Droit* rappelle celle de
Kant au *Devoir*, et celle-ci a été évidemment inspirée par
celle de J.-J. Rousseau à la *Conscience*, dans la Profession
de foi du vicaire savoyard.

Rousseau imagine un état originaire où
l'homme vivait heureux et libre sous l'empire
des lois de la nature. Cet âge d'or de l'humanité, venant à disparaître, emporte tous
les droits de l'individu, qui entre nu et
désarmé dans ce que nous appelons l'état
social. La société se forme à l'aide d'une
convention, d'un contrat dont le principe
est l'abandon par chacun et par tous de leurs
forces et de leurs droits individuels au profit
de la communauté, c'est-à-dire de l'État,
qui devient ainsi l'instrument de toutes les
forces et le dépositaire de tous les droits. Si
le contrat social est une réalité, les conséquences qu'en a tirées Rousseau sont inatta-
quables; si c'est au contraire une chimère,
son système se trouve miné dans sa base. Or,
l'hypothèse d'un contrat est inadmissible. La
société n'est point un pacte, mais un fait. A-
t-on jamais surpris la nature humaine se
développant autre part que dans la société ?
Comment, dit Montesquieu, l'homme est
partout en société, et l'on demande s'il est
né pour la société ! En vérité, la question est
singulière. Qu'est-ce que ce fait qui se repro-
duit dans toutes les vicissitudes de la vie de

l'humanité, sinon une loi de l'humanité? Le
fait universel et permanent de la société nous
atteste le principe universel et permanent
de la sociabilité. Ce principe éclate dans tous
nos penchants, dans nos sentiments, dans
nos croyances. Nous aimons la société pour
les avantages qu'elle procure, mais nous l'aimons aussi pour elle-même, et nous la recherchons indépendamment de tout calcul.
Si la Providence a attaché tant de tristesse à
la solitude, tant de charme à la société,
c'est que la société est indispensable à la conservation de l'homme et à son bonheur, à son
développement intellectuel et moral.

L'idée d'une convention, par laquelle des
milliers d'hommes épars et isolés s'uniraient
pour se promettre une garantie commune,
est d'ailleurs une idée trop composée, pour
pouvoir figurer comme le premier acte passé
entre des êtres qui auraient vécu jusque-là
dans la confusion et le désordre. Des sauvages vivent dans la même forêt ou errent
sur le même territoire, parce qu'ils y sont
nés, ou que le hasard les y a conduits. Ils y
demeurent parce qu'ils y trouvent à vivre.
Des rapports de famille, des alliances, des

services mutuels, des besoins communs les
rapprochent; ils prennent peu à peu la forme
d'un peuple en se civilisant. Leur civilisation
s'opère par des progrès plus ou moins insen-
sibles, plus ou moins rapides. Le sort des
hommes en masse, comme celui des individus, est subordonné à une foule de circonstances et d'événements qu'il est impossible
de réduire en théorie fixe. Un peuple
devient donc un peuple, par des relations
naturelles ou fortuites, par les habitudes des
individus qui le composent, par une certaine
succession de faits, et non par un acte unique et formel. Les hommes ne viennent pas
au monde pour y faire telle ou telle chose :
ils y arrivent, comme les plantes, sans intention; ils naissent membres de telle nation,
comme ils naissent enfants de tel père et de
telle mère, sans avoir rien fait pour cela. Ils
parlent telle langue plutôt que telle autre, ils
sont soumis à telles lois ou à telle forme de
gouvernement; ils naissent citoyens des
États-Unis, comme ils pourraient naître
Anglais ou Français; ils n'ont pas plus de
choix dans un cas que dans l'autre. Chacun
se trouve attaché à un lieu déterminé, par sa

naissance, par sa langue, par ses relations de parenté, par ses affections, par la profession qu'il exerce, par les propriétés qu'il possède, et par une foule d'autres liens. Des individus peuvent quelquefois passer d'un peuple chez un autre; mais une nation civilisée tient aussi fortement au sol sur lequel elle s'est développée, qu'une forêt tient à la terre dans laquelle elle a jeté ses racines.

Admettons toutefois, pour un instant, qu'une convention ait été nécessaire pour établir la société; admettons, avec Rousseau, l'hypothèse du contrat social, et prenons ses propres paroles : «Chacun des associés, dit-il, met en commun sa personne et toute sa puissance sous la suprême direction de la volonté générale, et chaque membre de l'association est reçu comme partie indivisible du tout (1). » Sans doute, quand le contrat fut ainsi proposé, il se trouvait dans l'assemblée des enfants et des femmes, et comme il n'y avait pas encore de loi qui distinguât les capables des incapables, il serait bon de savoir comment, dans un pareil système, la dis-

_____

(1) *Contrat social*, liv. 1, ch. VI.

tinction fut établie. Le contrat social, dans tous
les cas, ne saurait obliger ceux qui n'y ont
pas donné leur assentiment. Dès lors, quel
rang vont tenir dans l'État les personnes qui
sont incapables de consentir, ou qui s'y refusent? Si le contrat social n'est obligatoire ni
pour les enfants, ni pour les insensés, ni pour
ceux qui ne veulent pas s'y soumettre, les
lois, qui ne sont qu'une conséquence de ce
contrat, ne sont pas davantage obligatoires;
elles ne doivent à ces personnes aucune protection, et ces personnes ne leur doivent en
retour aucune obéissance. Un enfant en naissant ne doit appartenir à aucune nation;
ne pouvant pas parler et n'ayant d'ailleurs
aucune intelligence, il ne saurait manifester
son adhésion; n'ayant rien promis à un État
dont il n'est pas membre, il ne doit ni impôt,
ni service militaire, et de son côté l'État ne
lui doit rien. Ce peut être aussi une question
de savoir si les femmes, qui, dans aucun pays,
n'ont jamais fait partie du souverain, doivent
être soumises à des lois qu'elles n'ont point
consenties, et si elles ne vont pas se trouver,
elles aussi, dans l'état de nature au sein
même de la société. Supposons pourtant, con-

trairement à ce qui arrive, que leur consentement ait été requis lors de cette convention primordiale; il serait curieux de savoir si, lorsqu'on proposa la formule *chacun de nous met en commun sa personne et toute sa puissance*, les dames ne furent pas effrayées, et ne demandèrent pas quelques explications avant de signer le contrat. Il serait bon de savoir également si les parties contractantes s'engagèrent, non-seulement pour elles-mêmes, mais aussi pour leur postérité, et si elles se crurent autorisées à traiter pour les générations futures. On voit donc que, pour admettre une minute le système de Rousseau, il faut aller de fausse supposition en fausse supposition, et qu'on arrive même à un terme où les fausses suppositions s'arrêtent, parce qu'on se trouve réduit à supposer l'impossible, tel que le consentement d'individus qui ne sauraient avoir, en fait et en droit, aucune volonté.

Quoi qu'il en soit, examinons quelles sont les suites immédiates de la formation du contrat. Aussitôt que la formule en est rédigée et unanimement adoptée, les associés passent de l'état de nature à l'ordre social :

la justice est sur-le-champ substituée à l'instinct, les actions prennent une moralité
qu'elles n'avaient pas; la voix du devoir suc-
cède à l'impulsion physique, et le droit à
l'appétit; les facultés s'exercent et se déve-
loppent, les idées s'étendent, les sentiments
s'ennoblissent, l'âme tout entière s'élève;
un animal stupide et borné devient un être
intelligent et un homme. Cette transformation miraculeuse est due uniquement à la
vertu secrète du contrat social, dont le pouvoir magique rappelle celui de la baguette
des fées. Les mots de la convention sont à
peine prononcés, que la ruse du sauvage
devient de la bonne foi, l'avidité du désin-
téressement, la cruauté de l'humanité, l'intempérance de la modération. Chacun apportant dans la communauté sa pauvreté,
son ignorance et ses vices, il se forme aussitôt
de ces mises individuelles un fonds commun
de richesses, de lumières et de vertus.

Ainsi Rousseau ne connaît pour le genre
humain que deux positions : l'état de nature,
et l'état dans lequel le place le contrat social.
Dans l'état de nature, il n'existe pas de justice; l'homme ne connaît que l'instinct; il a

un droit illimité à tout ce qui lui est nécessaire, même à tout ce qui le tente et qu'il
peut atteindre; il ne doit rien à des individus
auxquels il n'a rien promis; il ne reconnaît,
en un mot, pour être à autrui que ce qui lui
est inutile. Mais le contrat social crée la justice, et devient le principe des lois, qui sont
elles-mêmes la source de tous les droits. Si le
contrat social n'est pas formé, les hommes
restent donc dans l'état de nature; s'il est
violé, ils y retombent. Il suffit que le contrat social soit violé dans une seule de ses
clauses par un seul des contractants, pour
que toute espèce d'ordre soit renversée,
et qu'il n'existe plus pour aucun ni obligations ni devoirs moraux. Si donc il arrive
qu'un des associés, après avoir mis en
commun sa personne, ses biens et toute sa
puissance, ne tienne pas l'engagement qu'il
a pris; s'il n'obéit pas à la suprême direction
de la volonté générale; si, par exemple, il
prend la fuite quand il est appelé au combat,
ou bien s'il refuse de payer sa part de l'impôt, il viole évidemment le contrat social : à
l'instant même l'État est dissous; chacun,
dit Rousseau, reprend sa liberté naturelle,

en perdant la liberté conventionnelle pour laquelle il avait renoncé à la première.

On voit dès-lors quelles sont les terribles conséquences qui vont suivre cette violation du contrat. Chacun ayant droit à tout ce qu'il peut atteindre, il n'existe point de propriété. Supposons donc qu'un homme cultive un champ, construise une cabane, et y réunisse ses provisions. Un autre homme, qui ne reconnaît pour être à autrui que ce qui lui est inutile, veut s'emparer de ce champ, de cette cabane, de ces provisions. En a-t-il le droit? oui, dit Rousseau, s'il peut y atteindre. Mais si le possesseur est le plus fort, n'a-t-il pas droit de les conserver? sans doute, puisqu'il a droit, lui aussi, à tout ce qui le tente et qu'il peut atteindre. Le droit est donc toujours du côté du plus fort; et comme il n'y a pas de droit sans une obligation correspondante, c'est un devoir pour les plus faibles de respecter les droits des plus forts. Ainsi raisonne l'auteur du *Contrat social*, lorsqu'il veut prouver que ce contrat est le fondement des lois et de tous les devoirs. On va voir maintenant comment ses maximes sur l'état de nature sont en même temps la

justification de l'esclavage ou du despotisme
le plus violent.

Un homme adroit et audacieux, un Crom-
well, ne reconnaît pas le contrat social, ou
le viole; il s'empare de la puissance suprême
et asservit ses concitoyens. Quelle est, suivant
Rousseau, la première conséquence de cette
usurpation, ou de cette violation du pacte
social ? C'est que chacun rentre dans ses premiers droits et reprend sa liberté naturelle;
l'usurpateur rentre dans les siens comme tous
les autres. Mais quels sont ces premiers droits
dans lesquels rentre chaque individu? C'est
un *droit illimité* non-seulement à tout ce qui
lui est nécessaire, mais à tout ce qui le tente
et qu'il peut atteindre. Pour que l'usurpateur,
revenu à l'état de nature, ait un droit illimité
sur les biens des hommes qu'il a ainsi asservis,
quelles sont donc les conditions requises ? il y
en a deux : la première, c'est que ces biens
le tentent; la seconde, c'est qu'il puisse les
atteindre. Les mêmes conditions lui donnent
un droit illimité sur la vie des citoyens et
même sur l'honneur de leurs femmes : il suffit
qu'il éprouve des désirs et qu'il ait la puissance de les satisfaire. Il suit de là que ce

prétendu pacte primitif n'est bon à rien du
tout : aussi longtemps qu'aucun individu n'a
la force d'en opprimer un autre, il est inutile;
il périt aussitôt que la force le surmonte, et
alors le plus fort a droit à toutes choses.

Mais ces principes, que Rousseau considère
comme évidents quand il veut établir la nécessité du pacte social, deviennent pour lui
des erreurs manifestes, lorsqu'il a besoin de
combattre les sophismes à l'aide desquels on
a cherché à justifier l'esclavage. « Ce qui est
bien et conforme à l'ordre, dit-il, est tel par
la nature des choses et indépendamment des
conventions humaines. Un homme ne peut se
rendre volontairement esclave; car renoncer
à sa liberté, c'est renoncer à sa qualité
d'homme, aux droits de l'humanité, même à
ses devoirs ; un homme ne peut donner ses
enfants irrévocablement et sans condition;
car un tel don est contraire aux fins de la nature, et passe les droits de la paternité. Le
droit de conquête n'a d'autre fondement
que la loi du plus fort; même en pleine guerre,
un prince juste s'empare bien, en pays ennemi, de tout ce qui appartient au public,
mais il respecte la personne et les biens des

particuliers ; il respecte les droits sur lesquels
sont fondés les siens. » Voilà donc des droits
et des devoirs indépendants de toute convention humaine, antérieurs et supérieurs au
pacte social, droits et devoirs qu'on est tenu
d'observer, et l'hypothèse qui sert de base à
tout le système se trouve ainsi renversée.

Rousseau, dans son Contrat social, se propose deux choses qui se contredisent : il veut
prouver d'abord que le despotisme ou la servitude ne peuvent être fondés que par la
violence, et que rien ne saurait les rendre
légitimes ; il veut prouver, en second lieu,
que l'ordre social, les lois et même les devoirs moraux, ne sont fondés que sur un pacte
primitif. Si ses propositions sur le contrat social sont justes, tous ses raisonnements contre
le despotisme et la servitude sont des erreurs.
Si, au contraire, ses propositions contre l'esclavage sont vraies, il n'y a rien de vrai dans
son système de pacte social. Aussi les propositions qu'il adopte dans un cas, est-il obligé,
comme nous l'avons vu tantôt, de les rejeter dans l'autre. Il n'est pas un publiciste
qui ait manifesté, en faveur de la liberté,
des sentiments plus vifs que Rousseau ; et il

n'en est peut-être aucun qui ait établi des maximes plus propres à conduire les peuples à la servitude. Personne n'a élevé si haut les droits de l'individu, et personne non plus ne les a si hardiment contestés et opprimés. Personne n'a eu un moi si rebelle et si impérieux à la fois; personne enfin n'a été en même temps plus factieux et plus dictateur. Lorsqu'il attaque les auteurs qui parlent en faveur du pouvoir absolu, il déploie une force de raisonnement qui n'appartient qu'à lui; mais lorsqu'il veut établir des principes de législation, on croirait entendre le ministre d'un sultan, qui veut créer des hommes libres. Un jour on sera surpris qu'il se soit trouvé des peuples qui, n'étant privés ni d'intelligence ni de lumières, aient cherché des règles de conduite dans un système aussi incohérent, et, nous ne craignons pas de le dire, aussi insensé; mais lorsqu'on aura bien scruté les principes qu'ils prirent pour guide, on ne sera plus surpris de les voir marcher d'excès en excès, et finalement établir le plus violent despotisme en croyant fonder la liberté.

S'il est possible de justifier, par les prin-

cipes du Contrat social, tous les actes de
violence et de tyrannie, à plus forte raison
pourra-t-on justifier toutes les actions qui,
sans blesser ouvertement les lois, offensent
les mœurs. Les conventions n'entrent pour rien
dans la morale, puisque c'est principalement
dans les cas où il n'y a point de conventions,
que les règles de la morale nous servent de
guide. Suffira-t-il qu'en vertu d'une convention les citoyens ne se volent pas ou ne s'é-
gorgent pas les uns les autres? On ne fera pas
de faux serment en justice, si la loi punit
le parjure, mais on pourra mentir en toute
sûreté de conscience ; on ne poussera pas un
homme dans la rivière, mais s'il y tombe on
l'y laissera, pût-on le sauver en lui tendant
la main; on ne maltraitera pas son bienfaiteur,
mais s'il est atteint par l'infortune on ne lui
portera pas secours; il suffira, en un mot,
pour que tout soit bien dans l'ordre social,
que chacun ait une crainte suffisante de la
police, des gendarmes et du bourreau. Les
admirateurs du Contrat social croiront peut-
être échapper à ces conséquences, en disant
que tous les devoirs seront également réglés
par les lois; mais alors on tombera dans la

plus insupportable de toutes les tyrannies, dans celle qui poursuit les citoyens jusque dans les détails de la vie privée et des mœurs domestiques.

On voit donc qu'avec la doctrine du Contrat social, on arrive à établir le plus violent arbitraire, et à justifier l'immoralité. Rousseau cependant était un fervent apôtre de la liberté, et quand, dans ses écrits, il attaquait les mauvaises mœurs de ses contemporains, ce n'était point par hypocrisie. Comment donc est-il possible de tirer de ses principes des conséquences opposées à ses sentiments? C'est qu'il était parti d'un faux principe, et qu'un faux principe conduit toujours à de funestes conséquences. En partant d'une fausse supposition, un médecin, s'il n'est pas inconséquent, conduira son malade au tombeau; de même, l'écrivain moraliste qui fera reposer sa science sur une fiction ou sur un mensonge, mènera ses crédules sectateurs au crime et à la tyrannie, à moins qu'il ne cesse de bien raisonner et ne devienne infidèle à son propre système. Il est impossible qu'il en soit autrement, puisqu'on ne peut tirer d'une proposition que ce qu'elle renferme, et que la vérité ne saurait sortir de l'erreur.

Fonder le droit sur la convention, c'est commencer par une erreur de fait, qui consiste à donner à la société une base dont elle n'a pas besoin. La société a de tout temps existé sans convention; la sociabilité est un caractère essentiel de l'être humain. Mais supposons qu'en réalité la convention ait été nécessaire pour établir la société : faire sortir le droit de la convention, c'est tourner dans un cercle vicieux. D'où sort cette convention elle-même? voilà ce qu'il reste à savoir. Suivant l'hypothèse de Rousseau, tous les droits reposent sur les lois; les lois reposent sur le pacte social; mais le pacte social à son tour, sur quoi repose-t-il ? Ce système n'est-il pas comme celui des Indiens, qui font reposer la terre sur un éléphant, l'éléphant sur une tortue, et la tortue sur rien? Ne voit-on pas qu'il a fallu à la convention elle-même, pour l'inspirer, une direction supérieure, *non hominum ingeniis excogitata*, comme dit Cicéron ? et cette direction, que peut-elle être, sinon la raison humaine gouvernant les peuples de la terre, suivant une belle pensée de Montesquieu ? Faire reposer le droit sur la

convention, c'est donc reculer la difficulté,
ce n'est pas la résoudre. De deux choses l'une,
ou il faut reconnaître des lois antérieures à la
convention supposée, ou bien, s'il n'y a pas de
droit antérieur aux conventions, il ne saurait
y en avoir en vertu des conventions. Si la
nature a donné à chacun le droit de faire ce
qu'il veut, quel que soit le tort qui puisse en
résulter pour autrui, le traité par lequel on
renonce à ce droit est contraire à la nature,
par conséquent on est dispensé de l'observer.
Mais n'est-il pas évident qu'il existe des droits
et des devoirs fondés, non pas sur une convention qui aurait suivi cet état hypothétique
appelé l'état de nature, mais sur la nature
même de l'homme? Ces droits et ces devoirs,
la raison universelle les découvre, et la conscience universelle les déclare saints et sacrés.
La société civile les recueille, elle ne les crée
point : ce sont eux bien plutôt qui l'engendrent et qui la maintiennent, et constituent
sa beauté, sa grandeur et sa force.

En politique, la doctrine de Rousseau,
comme celle de Hobbes, conduit à la souveraineté ; les principes de ces deux publicistes
se confondent dans la même conclusion, et

l'on pourrait dire que le *Contrat social* du premier n'est que le *Traité du citoyen* du second retourné. Seulement, ils ne placent pas cette souveraineté dans les mêmes mains. L'État pour Hobbes, ce sera un roi absolu ; pour Rousseau, l'État est la collection des citoyens, qui sont considérés tour à tour comme sujets et comme gouvernants. Toute la différence entre les deux systèmes gît en ce point, qu'au lieu du despotisme d'un sur tous, on a le despotisme de tous sur chacun. Des deux côtés, la tyrannie sous des formes diverses. Dans le Traité du citoyen, le fondement du droit, c'est la force ; dans le Contrat social, ce sera la volonté générale, c'est-à-dire le nombre, c'est-à-dire encore la force. Or, la force toute seule ne saurait fonder le droit ; et ce qu'on refuse à une volonté particulière, on ne saurait l'accorder à la volonté générale, puisque cette dernière n'est, après tout, que la collection des volontés particulières, et qu'il n'y a pas plus dans l'une que dans les autres.

Mais alors, dira-t-on, que signifie le principe de la souveraineté nationale? Il signifie que la société n'appartient en droit à per-

sonne, pas plus à tel individu qu'à telle
famille; elle n'appartient qu'à elle-même.
La volonté du peuple est souveraine, en ce
sens qu'il a le droit de se donner la constitution et les lois qui lui conviennent. Mais cette
souveraineté est-elle sans limites? Pas plus
que la volonté individuelle, la volonté collec-
tive n'est sans règle, et elle ne peut s'exercer
légitimement que dans les limites du droit.
Quand on parle de la souveraineté nationale,
on énonce donc un principe incontestable,
mais qu'il faut bien entendre. Cela ne veut
pas dire que la nation pourra tout ce qu'elle
voudra; car le crime ne devient pas plus
légitime sous le talisman de la volonté du
peuple que sous celui de la volonté du monarque. Nul pouvoir ici-bas ne peut prétendre à l'absolu, ni monarque, ni peuple,
parce qu'aucun d'eux ne possède l'infaillibilité, et il ne saurait y avoir en ce monde
d'autre absolue souveraineté que celle de la
raison et de la justice.

Qu'on nous démontre que telle loi n'est ni
juste ni raisonnable, aussitôt elle perd le seul
titre qu'elle eût à notre respect : aussi donner pour seule base à la loi la volonté géné-

rale, est-ce lui enlever ce qui en fait toute la vertu. « Si la loi, dit M. Cousin dont nous aimons particulièrement le langage, si la loi n'exprime que la volonté générale, elle n'exprime qu'un fait, ce fait seulement que tant d'hommes ont voulu ceci ou cela. Soit; ils l'ont voulu, mais avaient-ils raison de le vouloir, et ce qu'ils ont voulu est-il juste? La volonté en elle-même, ni la mienne ni la vôtre, ni celle de beaucoup, ni même celle de tous, n'est un principe ni une règle; elle n'exprime par elle-même ni la raison ni la justice. Je dis par elle-même; car elle peut, par sa conformité avec la raison et la justice, leur emprunter leur autorité et devenir ainsi un principe de loi. Montesquieu a bien autrement que Rousseau compris la grandeur et la sainteté de la loi, quand, l'arrachant à la volonté arbitraire des peuples et des rois, il la tire de la nature même des choses et des rapports nécessaires qui en dérivent. »

Il est certains droits imprescriptibles, inviolables, supérieurs à toute forme politique, et sur lesquels l'État n'a aucune prise : voilà ce que n'ont compris ni Hobbes ni Rousseau. Ils ont tous deux confondu la société avec le

gouvernement, la fin avec le moyen, l'ordre
civil avec l'ordre politique. Le but que poursuit la société est partout et toujours le même,
puisque la nature de l'homme ne change pas :
l'ordre civil est donc immuable et universel.
Les moyens, au contraire, varient suivant
les lieux, les temps, les circonstances : l'ordre
politique est donc arbitraire en une certaine
mesure, et le vrai publiciste n'enferme point
ses espérances dans telle ou telle forme exclusive de gouvernement, parce que le bien est
également possible sous des régimes différents. Les deux systèmes que nous discutons
en ce moment ont eu le tort de sacrifier le
fond à la forme, ce qui dure à ce qui passe;
ce n'est pas la forme du gouvernement qui
est absolue, c'est l'essence même de la société.
Dans les deux systèmes, l'État est tout et les
individus ne sont rien; tandis que, dans la
vérité des choses, l'État n'a été institué que
pour garantir aux individus leurs droits et
leur liberté.

Le gouvernement de Hobbes, c'est la monarchie absolue, sans contre-poids et sans
contrôle. « Il est certain, dit-il, que notre
condition est meilleure quand nous sommes

sujets d'une personne à qui il importe de nous bien conserver. Or, cela arrive quand les sujets font partie du patrimoine et de l'héritage du souverain; car chacun est porté naturellement à bien conserver ce dont il hérite. » Une pareille doctrine devait soulever la réprobation universelle, et avoir pour effet certain de pousser à la 'octrine contraire, parce que les extrêmes se touchent. Mais la doctrine de Rousseau, tout aussi fausse que l'autre, est plus dangereuse parce qu'elle affiche de plus nobles apparences. C'est le charme et le danger de ses écrits; rarement l'erreur y paraît dans sa nudité. La souveraineté n'est pas plus absolue entre les mains d'un peuple qu'entre celles d'un roi, et l'autorité du nombre toute seule, sans un titre qui la légitime, est sans valeur. La logique sublime de Bossuet adorait et ne blasphémait pas, lorsqu'il disait : Dieu lui-même doit avoir raison; et si l'absolue souveraineté ne réside qu'en Dieu, c'est que lui-même, et lui seul, est la raison et la justice. La volonté générale ne saurait donc rendre juste ce qui ne l'est pas; l'union fait la force, dit le proverbe, mais elle ne peut jamais donner

à un peuple la puissance d'anéantir le Droit.
Toute violence contraire au Droit, fût-elle
exercée par une nation tout entière, moins
le citoyen qui en est l'objet, s'appelle tyrannie; et la tyrannie populaire est la plus
redoutable, parce qu'elle est irrésistible.
Contre la tyrannie d'un roi, la liberté peut
en appeler au peuple; mais, contre un peuple en délire, quel asile reste-t-il à la liberté?

Telle nous apparaît cette théorie de la souveraineté absolue du peuple, que Rousseau
peut-être n'avait point faite pour la France,
et que la *Convention nationale* s'applaudit
d'y appliquer, comme si c'était de sa part un
acte de génie, tandis que c'était tout simplement un acte de despotisme révolutionnaire.
L'anéantissement de l'individu au profit de
l'État, voilà le principe fatal qui fait du Contrat
social le code du despotisme démocratique,
comme il avait fait du livre de Hobbes le code
du despotisme monarchique. Peu importe
d'ailleurs que le gouvernement passe du
Palais de Versailles au Club des Jacobins, le
principe reste le même. Ce qui est grave, c'est
que, devant l'État une fois créé et reconnu,
l'individu n'ait plus un seul droit qu'il puisse

revendiquer. C'en est fait alors de la liberté
dans le monde, non-seulement de la liberté
politique, mais de la liberté civile et de la
liberté religieuse. De même que la monarchie
de Louis XIV fut l'apogée de la théorie de
l'État identifié dans la royauté, de même la
Convention nationale et le Comité de salut
public représentent l'apogée du pouvoir
absolu de l'État procédant de la souveraineté
du peuple. Or, il n'y a pas plus de place
pour les droits de la conscience individuelle
sous le second de ces régimes que sous le premier. C'est là le signe caractéristique de la
théorie. « Craignons donc, dit un judicieux
écrivain (1), cette doctrine fatale de la souveraineté sur la terre, qui, selon les temps,
descend des cieux à Reims avec la sainte
ampoule et qui finit par se loger dans je ne
sais quels faubourgs ameutés, portant d'a-
bord la tiare, puis le bonnet rouge, mais qui
ne renonce jamais à la massue avec laquelle
elle écrase les droits, les sentiments et les pensées de l'individu. Cette massue sauvage,
Rousseau l'a rendue plus pernicieuse encore

(1) M. Saint-Marc Girardin.

en l'enveloppant pour ainsi dire dans la métaphysique du *Contrat social;* il a donné à la
brutalité le sacrement du sophisme. »

Le contrat social eut une terrible influence
sur la Révolution française. Il fut pour les ter-
roristes ce que la Bible avait été pour les puri-
tains anglais du dix-septième siècle. Danton,
Robespierre, Saint-Just et les autres disciples
de Rousseau, veulent que l'individu s'anéan-
tisse dans l'État; mais ils ne demandent pas
cet anéantissement à la volonté même de
l'individu, ils l'exigent par la terreur. On doit
donc condamner, et condamner sévèrement,
les erreurs et les exagérations de Rousseau;
mais lui-même n'avait-il pas déclaré que la
révolution même la plus juste serait trop chè-
rement achetée par le sang d'un seul citoyen?
Il avait inexactement défini et laissé sans limites la souveraineté populaire; mais peut-
on assurer qu'en la voyant usurpée par une
force démagogique, il n'en eût pas alors dé-
testé les égarements et les violences; et, sans
renoncer aux droits des peuples, n'eût-il pas
vu qu'on ne doit pas placer l'infaillibilité dans
la foule? Ce qu'il faut blâmer dans Rousseau,
ce n'est pas d'avoir relevé le principe de la

souveraineté populaire, c'est de n'avoir pas
su en limiter l'usage; c'est de n'avoir pas
prévu le moment où la victoire devient
oppression, et de n'avoir pas réclamé,
comme avant lui Sidney et Locke l'avaient
fait en Angleterre, certains principes antérieurs de liberté, de justice, de morale politique qui doivent exister toujours, et dont le
maintien est nécessaire pour légitimer la souveraineté même du peuple.

Sous le beau langage de Rousseau perce
l'irritation d'un homme supérieur tenu longtemps en dehors de la société; sous cette
forme éloquente et pathétique circule partout
le souffle d'une rancune démocratique. Les
peines et les mécomptes de sa jeunesse
avaient aigri son âme, et éclatèrent dans ses
écrits comme un blâme amer. De telles déclamations devaient trouver plus tard un écho
sinistre dans des passions que la société d'a-
lors ignorait peut-être ou feignait d'ignorer,
mais qui déjà bouillonnaient dans son sein.
Justice donc et pitié pour le malheureux
Rousseau, que son génie même rendit plus
malheureux encore! S'il se montra plein de
fiel et de haine contre l'ordre social, rap-

pelons-nous ce qu'était la monarchie de
Louis XV; n'oublions pas d'ailleurs que
Rousseau ne parvint jamais à soulever le
poids de la misère, et qu'au milieu de ce
Paris si élégant et si raffiné, le pauvre Jean-
Jacques, envoyant un faible présent à son
ancienne bienfaitrice, lui écrivait ces mots
significatifs : « Je voudrais vous en envoyer
davantage; mais tout est si cher ici, et surtout le pain! » La condition de Rousseau
pesa donc beaucoup sur ses idées, il faut le
reconnaître, et le jeta souvent dans l'excès
et l'abus de sa propre opinion.

Mais il est une phrase du Contrat social
qu'on ne saurait flétrir avec assez d'indignation, et que la postérité ne pardonnera jamais.
« Il y a, dit Rousseau, une profession de foi
purement civile, dont il appartient au souverain de fixer les articles..... Il peut bannir de
l'État quiconque ne les croit pas..... Que si
quelqu'un, après avoir reconnu ces dogmes,
se conduit comme ne les croyant pas, *qu'il soit
puni de mort :* il a commis le plus grand des
crimes; il a menti devant les lois. » Si cette
farouche et sombre pensée n'est pas le fruit
d'une raison troublée jusqu'à la folie, n'est-

11

elle pas elle-même un crime abominable ?
« Tandis que la sagesse moderne proclame,
par la bouche de Montesquieu, qu'il faut
honorer la Divinité et ne la venger jamais, et
que le sentiment religieux, obligatoire devant
la conscience, ne l'est pas devant la loi,
Rousseau veut une *religion de l'État*, impé-
rative pour chacun, sous prétexte qu'elle est
décrétée par tous. Il reconnaît au souverain le
pouvoir d'infliger pour ce motif le bannisse-
ment et même la mort : oui, la mort, comme
Calvin avait fait pour Michel Servet (1) ! »

Il nous est impossible de ne pas remarquer
ici la contradiction flagrante qui existe entre
l'*Émile* et le *Contrat social*, l'*Émile* dans
lequel Rousseau refait l'homme, et le Contrat social dans lequel il refait l'État. Dans
l'un, il veut que la personnalité de l'homme
ait toute la force et toute l'indépendance possible, et pour fortifier l'âme d'Émile, il lui
révèle le Dieu vivant et personnel du vicaire
savoyard. Dans l'autre, au contraire, il ôte
à l'homme son indépendance; il le fait abdiquer au profit de l'État; il lui retire l'un

_____

(1) M. Villemain.

après l'autre tous ses droits individuels, celui
de la famille, celui de la propriété, et pour
achever son asservissement, il lui ôte, par
sa théorie de la religion civile ou de la religion de l'État, jusqu'au droit d'établir un
rapport direct entre Dieu et lui.

Aux contradictions fréquentes qu'il est
facile de relever dans ses écrits, se joignent
dans la vie de Rousseau des fautes déplora-
bles; et l'on peut dire qu'aucun écrivain
n'offre un pareil mélange de grandeur et de
bassesse. Cet homme qui écrivit des pages
admirables sur les affections de la famille,
sur l'amitié, sur la reconnaissance, mit ses
enfants à l'hôpital, et se montra souvent
ingrat envers ses amis et ses bienfaiteurs.
C'est que Rousseau, rejetant l'idée positive
du devoir, ne prit jamais pour guide que
la sensibilité. « Le cœur est bon, dit-il, écou-
tez-le; laissez-vous conduire par la sensibilité, et vous ne vous égarerez jamais,
ou vous n'aurez que d'honnêtes égarements. » Grave erreur, que son exemple
suffirait à réfuter, puisque sa sensibilité le
conduisit à l'ingratitude et ne l'empêcha pas
d'être père dénaturé. Que de contrastes frap-

pants dans cette orageuse existence! Ennemi
de la règle, il l'impose en despote dans la
religion et dans la politique. Il cultive les
lettres toute sa vie, et il les dénonce comme
la source de la corruption des mœurs. Il fait
des opéras sur des paroles françaises, et il
soutient qu'il est impossible de mettre en
musique des paroles françaises, et que les
Français n'auront jamais de musique. Il compose de mauvaises comédies, et il écrit sa
fameuse Lettre sur les spectacles, qu'il accuse
d'amollir le cœur et de le préparer à la séduction des passions. C'est cette opposition per-
pétuelle non-seulement entre ses différents
écrits, mais entre la théorie et la pratique,
cet amalgame de bien et de mal, de vérités
et d'erreurs, qui font porter sur Rousseau
des jugements si contradictoires, qui lui atti-
rent tant d'adorations et tant d'outrages, et
qui en font un monstre pour les uns, un dieu
pour les autres.

Finissons par quelques mots sur le style de
Rousseau, qui régénéra notre prose, tout
en y apportant peut-être autant de mal que
de bien. Depuis longtemps, sauf dans les ouvrages de Montesquieu, de Voltaire, de Buf-

fon, de d'Alembert, la prose française s'appauvrit et s'alanguit dans une molle élégance; les phrases sont maigres, courtes et mal liées. Rousseau arrêta sa décadence. Doué d'une imagination ardente, il sut retrouver une langue pleine de vigueur, de passion, de couleur et de mouvement, et il lui rendit ces périodes amples, dont tous les membres, fortement liés entre eux, forment un ensemble solide et puissant. Quant aux défauts du style de Rousseau, ils peuvent se résumer dans un mot, la déclamation. Ce qui domine en effet dans ses œuvres, c'est la déclamation, c'est-à-dire l'affectation d'en dire plus qu'il n'en pense, de montrer plus de sensibilité qu'il n'en a. Sauf certains morceaux, où il a été vrai avec lui-même et avec les autres, et où il a été simple parce qu'il était sincère, c'est en cherchant toujours l'effet par la déclamation qu'il a rencontré souvent, on doit le dire, la grande éloquence. Toujours est-il que son influence sur notre langue fut immense, aussi grande peut-être que celle de Pascal au dix-septième siècle, et qu'elle dure encore. Il faudrait n'avoir pas le sentiment littéraire bien développé, pour ne pas voir, par exemple, que Châteaubriand, Lamennais, Georges Sand, procèdent directement de Rousseau.

« Nous ne comparons point Rousseau à Pascal. Ils appartiennent à deux siècles entièrement différents. Le dix-septième siècle est l'âge classique de la prose française : il connaît l'art sans le pousser jusqu'au raffinement, et la naïveté y subsiste à côté de la grandeur. Dans le siècle qui suit, l'art domine, la manière commence, et avec elle déjà la décadence. Un seul écrivain au dix-huitième siècle est exempt de toute affectation, c'est Voltaire. Il est simple, c'est là sa gloire. Il est net, rapide, varié, abondant, étincelant, toujours vrai; mais comme la vérité qu'il exprime est un peu subalterne, son style est, comme sa pensée, d'une qualité parfaite sans atteindre à la grandeur. Il ne déclame jamais, mais presque jamais non plus il ne s'élève au sublime, au naïf, au pathétique, tandis que ces trois choses abondent dans Corneille, dans Pascal, dans Bossuet. Jean-Jacques Rousseau est juste l'opposé de Voltaire. Il n'en a pas le bon sens et la simplicité; il rêve et il déclame; il a un système ab-

surde, et il l'expose avec un art excessif.
Voilà le mauvais côté, et qui suffit à gâter
tout le reste. Mais le bon sens à part, Rousseau a des endroits par lesquels il est très-su-
périeur à Voltaire. C'est bien un autre raisonneur : quand il est dans le vrai, sa dialectique
est irrésistible. Toutes les grandes idées, tous
les grands sentiments que l'auteur de la Pu-
celle et de Candide a pris à tâche de vouer
au ridicule, celui d'Émile les a souvent ex-
primés avec une force, une magnificence, et
un charme de langage inconnu à Voltaire et
à tout le dix-huitième siècle. Il a l'éloquence
vraie de la logique et de la passion ; malheureusement il y mêle un art qui paraît trop,
et donne encore un air de rhétorique aux
pages les plus vives et les plus fortes. Par ses
défauts comme par ses qualités, Rousseau est
donc un excellent sujet d'études (1). »

Si le Droit ne peut avoir pour base ni l'intérêt avec Hobbes et Bentham, ni le pacte

----

(1) M. Cousin, *Fragments et Souvenirs.* — Qu'il s'agisse
de philosophie ou de littérature, c'est toujours à ce grand
maître qu'il faut revenir.

social avec Rousseau, faudra-t-il, comme l'école théologique, le faire descendre de l'autorité divine, sous le prétexte que la raison humaine est sujette à l'erreur, et que Dieu seul étant la raison parfaite, lui seul aussi peut tracer à l'homme la route qu'il doit tenir, lui seul peut lui donner l'idée du juste et de l'injuste, du crime et de la vertu ? Si le système précédent était l'anéantissement complet de la volonté individuelle devant la volonté générale, celui que nous proposons serait l'anéantissement de la raison humaine devant la volonté divine. L'homme n'aurait-il donc reçu de Dieu lui-même la plus noble de ses facultés que pour en répudier l'usage, et faudra-t-il à la raison détrônée substituer une révélation? Dirons-nous avec M. de Bonald que « la loi est la volonté de Dieu et la règle de l'homme ? »

Certes la religion n'est point indifférente à la morale; elle en est au contraire la sanction puissante et le couronnement nécessaire, mais elle n'en est pas le fondement. La volonté de Dieu ne fait pas plus la justice en morale et en droit que la volonté du souverain ne fait la justice en politique. Et qu'on

ne dise pas que nous rabaissons Dieu; non,
nous voulons seulement qu'on n'élève pas sa
puissance aux dépens de sa sagesse. Dieu ne
peut faire que deux et deux fassent cinq; il
ne peut pas faire davantage que le juste soit
l'injuste. Il ne pouvait, en nous créant, nous
imposer des lois injustes sans renier sa propre nature. La justice n'est pas l'ouvrage
arbitraire de Dieu; elle est bien plutôt un de
ses attributs. « On ne peut pas plus soutenir
que la justice et la bonté dépendent de la
volonté divine, qu'on ne peut dire que la
vérité en dépend aussi : paradoxe inouï qui
est échappé à Descartes! Comme si la raison
pourquoi un triangle a trois côtés, ou pourquoi deux choses contradictoires sont incom-
patibles, ou enfin pourquoi Dieu lui-même
existe, c'était parce que Dieu l'a ainsi voulu!
Exemple remarquable qui prouve que les
plus grands hommes peuvent tomber dans de
grandes erreurs (1). »

Nous sommes de l'avis de Grotius croyant
que Dieu lui-même n'aurait pas pu faire que
ce qui est bien fût mal et réciproquement,

(1) Leibnitz, *Monita quædam ad Puffendorffii principia.*

contre Puffendorff soutenant que, si Dieu l'avait voulu, ce qui nous paraît criminel aurait pu être vertueux, et que Dieu peut sans injustice condamner un innocent, puisque, dans cette supposition, il pourrait par sa volonté rendre telle chose juste. Et si l'on nous reprochait de créer une sorte de fatalité du bien, identique à Dieu lui-même, nous répondrions qu'outre Grotius et Leibnitz nous avons encore, pour nous autoriser, Pascal et Malebranche. Le bien n'est pas tel parce que Dieu le veut; il le veut au contraire parce qu'il est bien. Et quand Socrate demande à Eutyphron si le saint est aimé des dieux parce qu'il est saint, ou s'il est saint parce qu'il est aimé des dieux, la réponse du sage Athénien vient encore corroborer notre sentiment.

Mais, dira-t-on, la volonté divine nous oblige en ce sens que, suivant que nous lui obéirons ou non, nous serons récompensés ou punis dans une autre vie. Nous répondons qu'on rentre ainsi dans le système de l'intérêt : quelles que soient les récompenses et les punitions, terrestres ou célestes, peu importe, tout système qui nous commande d'agir uniquement en vue d'obtenir des récompenses et d'éviter des châtiments, est un système intéressé. Si l'on veut dire que la volonté divine oblige, non pas comme volonté toute-puissante, mais comme volonté essentiellement juste, on fait un cercle vicieux; ce qui nous oblige alors, ce n'est plus la volonté suprême, c'est la justice elle-même inséparable de cette volonté, et l'on se rapproche de notre opinion. Aussi, au mysticisme de Scot et d'Occam qui fait résulter le bien de la volonté de Dieu, préférons-nous encore le mysticisme de saint Thomas qui fait résulter le bien de la sainteté et de la justice essentielle de Dieu.

Il est faux d'ailleurs que sans la connaissance de Dieu et de sa volonté il n'y ait point d'obligation morale; la connaissance de la justice et l'obligation qu'elle nous impose sont antérieures à celle de Dieu et de sa volonté. Otez-moi l'idée de la justice, et jamais je ne concevrai la justice divine. C'est parce que je me reconnais soumis à la sainte loi de la justice que, m'élevant à Dieu, je me dis que celui qui m'a donné ma nature morale doit nécessairement posséder dans un degré infini la justice qui est en moi. C'est là la meilleure démonstration de la divine Providence; elle est meilleure même que celle résultant du spectacle de la nature. « Lorsque je rentre dans le sanctuaire de mon âme, la conscience éclatante de la loi morale qui m'est imposée me révèle l'auteur de cette loi : trouvant en moi la notion sacrée de la justice, je la rapporte à son principe, à l'être juste par excellence. Ce n'est donc pas la connaissance de la volonté et des desseins de Dieu qui introduit dans l'esprit de l'homme celle de la justice, c'est bien plutôt celle-ci qui sert de degré pour parvenir à l'intelligence du secret de la création, de la fin de l'homme et de la volonté de Dieu (1). »

En admettant même le motif religieux dans toute sa force, et en partant de ce point, que l'homme doit faire le bien pour obéir à la volonté de Dieu, c'est toujours par l'exercice de sa raison et par l'étude de sa propre nature que l'homme arrivera à la connaissance de ce qui est bien et de ce qui est mal. Sans doute l'idée de bien et par conséquent

---

(1) M. Cousin.

l'idée de juste qui en dérive, ont leur source
en Dieu, qui est l'être par essence et la cause
première de toutes choses. Mais si c'est Dieu
lui-même qui a établi les lois de la nature
humaine et posé les fondements de l'ordre
social, la main du Créateur se repose et
laisse agir les causes secondes, après avoir
donné le mouvement et la vie à tout ce
qui existe. Il ne faut donc pas chercher
hors de l'homme et hors de la société,
c'est-à-dire hors des lois générales qui régis-
sent l'univers moral, les principes des insti
tutions humaines. Le jurisconsulte qui s'ob-
stinerait à fonder le Droit sur l'autorité
divine, raisonnerait aussi mal qu'un physi-
cien qui, sans égard pour les causes secondes,
prétendrait expliquer tous les phénomènes
de l'univers par l'intervention de la volonté
suprême.

« L'humiliation systématique de la raison humaine est au fond de cette doctrine,
qui supposerait que Dieu a créé l'homme
bien imparfait, puisqu'il lui aurait donné la
puissance de distinguer les couleurs, de comparer les quantités, d'évaluer les distances,
et qu'il lui aurait refusé les facultés néces-

saires pour diriger sa conduite conformément
à la loi morale. On ne peut que repousser
une théorie aussi injurieuse pour l'homme
que pour son créateur (1). » Toutefois,
comme ce système a pour lui des noms
célèbres, nous allons le soumettre à un examen plus approfondi.

Si l'école théologique n'avait eu pour but
que de ramener la notion du Droit au principe suprême de toutes choses, d'indiquer les
rapports qui existent entre l'action divine et
la vie de tous les êtres, et de faire connaître
ainsi le but providentiel qui s'accomplit dans
l'histoire de toutes les institutions, elle aurait
acquis les sympathies de tout homme religieux et intelligent. Sans les idées religieuses,
en effet, la vie humaine est une énigme inso-
luble, l'histoire une suite d'accidents, un
développement abandonné au hasard, et
dépourvu d'une direction supérieure qui le
guide vers la fin de l'humanité. Mais l'école
théologique, loin de comprendre le gouvernement de la Providence dans toutes les
grandes évolutions de l'histoire, tend à im-

(1) M. Belime.

mobiliser la société, ou la fait même rétro-
grader vers un type d'organisation qui ne
trouve plus dans le présent sa raison d'être;
elle identifie la législation avec la religion, et
confond ainsi deux ordres sociaux qui, pour
le bien de l'humanité, doivent toujours être
soigneusement distingués.

Saint Augustin (1) prétendait que les gouvernements ne s'étaient emparés de la religion
que pour disposer plus facilement des peuples; et il est certain, en effet, qu'il n'y a
pas de despotisme plus terrible que celui
d'un gouvernement qui joint au pouvoir civil
et militaire l'autorité religieuse. Mais ne peut-
on pas dire des prêtres qui envahissent le
pouvoir civil, ce que saint Augustin dit des
chefs des gouvernements qui se font un instrument de la religion? Que le magistrat s'arroge l'autorité du prêtre, ou que le prêtre
s'arroge l'autorité du magistrat, n'est-ce pas
exactement la même chose pour le public?
Ne sont-ce pas toujours des hommes qui réu-
nissent les deux pouvoirs dans leurs personnes?

(1) *De civitate Dei*, cap. 32.

Dans ce système, on n'a jamais à considérer les conséquences d'une action, d'une
habitude ou d'une loi, relativement aux biens
et aux maux qui peuvent en résulter dans
cette vie; on n'a pas non plus à en rechercher les causes, soit dans les choses, soit dans
les hommes. Le principe et la fin des actions
humaines se trouvent exclusivement dans un
être surnaturel, invisible, que l'imagination
ne peut se figurer, ni l'intelligence concevoir;
il n'y a rien de moral ni de légitime que ce
qui est conforme à la volonté de cet être, et
cette volonté ne peut être connue que par les
préceptes contenus dans tel ou tel livre, et
par les décisions des hommes qui se disent
ses ministres. Il est évident que les préceptes
d'une religion, étant jugés bons par cela seul
qu'ils sont considérés comme l'expression
d'une volonté supérieure, ne peuvent être
ébranlés ni par les conséquences qui résultent
de la pratique, ni par les progrès des lumières. Il suit de là qu'un peuple reste station-
naire sur tous les points que sa religion a
décidés : nulle des vérités qu'elle exclut ne
peut plus être reconnue; aucune des erreurs
qu'elle consacre ne peut être détruite.

Une religion qui réglerait tous les rapports sociaux, qui renfermerait un code de morale et un code de législation, et qui déterminerait jusqu'aux usages et aux professions de la vie civile, ferait de la nation qui l'aurait adoptée l'esclave de ses prêtres. Le raisonnement serait considéré chez elle comme séditieux et comme impie; toute tentative pour établir des mœurs plus pures, ou de meilleures lois, serait à la fois un outrage à la Divinité, et un acte de révolte envers le gouvernement. Les habitudes sociales et les lois étant considérées uniquement dans leurs rapports avec l'immuable volonté d'un être suprême, au lieu de l'être dans leurs rapports avec le bien et la prospérité de la nation, cette nation ne serait pas plus éclairée par l'expérience que par le raisonnement; ses souffrances même seraient improfitables, et ne l'autoriseraient pas à se plaindre. Pour faire quelques progrès, il lui faudrait, avant tout, détruire ses idées religieuses, sa législation, son gouvernement, et jusqu'à ses habitudes privées. La difficulté, pour ne pas dire l'impossibilité, d'une pareille tâche serait d'autant plus grande, que les idées et les mœurs

12

de cette nation auraient été formées depuis
longtemps et façonnées par ceux-là mêmes
qui la gouverneraient, et que les ministres de
la religion, gardiens des lois dans cette hypothèse, joindraient à l'ignorance et aux préjugés de la multitude l'intérêt qui naîtrait chez
eux de l'esprit de corps et de la possession
du pouvoir. On voit dès lors quelle fatale influence aurait sur la civilisation le système
qui fait de la religion le fondement à la fois de
la morale et des lois.

Un système qui, tout en fondant la morale sur les préceptes de la religion, laisse
rait la législation soumise au raisonnement et
à l'expérience, serait certainement moins
contraire que le précédent aux progrès d'une
nation. Mais la morale se trouve tellement
liée à la législation, qu'un pareil système
serait une source de querelles, et serait toujours un obstacle à son développement et à
son bonheur. Si le gouvernement conserve
son indépendance, il peut sans doute modifier les mœurs par la force des lois et par le
progrès des lumières; mais s'il n'est pas assez
puissant pour tenir tête aux ministres de la
religion, ceux-ci prendront bientôt sur les

lois une autorité souveraine, puisque dans
ce système ils disposent déjà des idées et des
mœurs. Si le gouvernement et les ministres
de la religion s'associent pour l'oppression,
on aura tous les vices d'un gouvernement
théocratique : les prêtres offriront l'appui de
la religion à des lois tyranniques; les auto-
rités civiles, de leur côté, prêteront l'appui des lois aux prétentions sacerdotales.
S'ils se divisent enfin avec des forces à
peu près égales, on verra renaître les querelles entre le sacerdoce et l'empire, et
les peuples se feront la guerre pour savoir
s'ils doivent obéir à leurs magistrats ou à
leurs prêtres. Telles seront les conséquences
funestes de tout système qui fondera la
morale sur la religion, au lieu de donner la
religion à la morale comme son couronnement et sa sanction.

Cette doctrine a trouvé des partisans chez
les théologiens et chez les politiques du droit
divin. Ces derniers surtout devaient singulièrement rétrécir la notion du droit, en la
faisant dériver du péché ou de la chute de
l'homme, et en plaçant le principe de justice dans la seule punition. D'après eux, le

droit de punir serait comme une délégation mystique de la Divinité, comme un organe moins encore de la justice que de la vengeance de Dieu, comme un pouvoir terrible et impénétrable, dont les hommes, quelque rang qu'ils occupent en ce monde, ne sont que les instruments aveugles. Cette opinion extravagante allait trouver, au commencement du siècle, d'audacieux interprètes; mais Joseph de Maistre, par la vigueur et l'originalité de son style, par l'éloquence formidable qu'il a déployée pour la défendre, en a fait en quelque façon sa propriété; on peut dire qu'elle s'est identifiée avec sa personne. Quoique tous ses ouvrages en soient pénétrés, c'est dans les *Soirées de Saint-Pétersbourg* qu'il en faut chercher la plus haute et la plus complète expression. Afin de persuader aux peuples qu'ils n'ont rien de mieux à faire que de se laisser mener, comme de vils troupeaux, par la main sous laquelle ils sont courbés; qu'ils n'ont le droit ni de juger, ni de contrôler, ni de modifier, et. moins encore de changer, même d'un consentement unanime, leurs lois, leurs institutions, leur gouvernement, on soutient que c'est Dieu lui-même qui, dès ce monde, s'est chargé de leurs affaires, dans l'ordre temporel comme dans l'ordre spirituel, dans l'ordre politique comme dans l'ordre religieux ; que c'est lui qui les a faits tout ce qu'ils sont, ne leur permettant pas d'être autre chose; lui qui est leur législateur, leur instituteur, leur souverain et leur juge. Voilà ce que de Maistre appelle le *gouvernement temporel de la Providence.* D'après lui, l'intervention de Dieu dans les affaires de ce monde, nous voulons dire dans l'ordre civil et politique, est tout à fait directe et immédiate, et les hommes n'ont que l'alternative, ou de se soumettre aveuglément à sa volonté, ou de se consumer dans une complète impuissance.

Tous les hommes, pris en général, sont des coupables; ils ne souffrent que parce qu'ils le méritent, dit de Maistre ; et cette proposition est la pierre angulaire de l'édifice, c'est la base sur laquelle repose tout son système, c'est la source d'où nous allons voir découler toute une suite de maximes plus étranges les unes que les autres. Le gouvernement temporel de la Providence, ou l'intervention de Dieu dans les sociétés hu-

maines, se manifeste surtout par le châtiment
des coupables, au nombre desquels nous
sommes tous comptés à différents degrés. Et
comme les souverains sont les représentants
et les ministres de Dieu sur la terre, la première attribution de leur pouvoir doit con -
sister également à frapper les coupables, à
ordonner des supplices, à exercer dans toute
sa rigueur le droit de vie et de mort. Et
voyez comme Dieu est bon ! Afin de faciliter
aux princes leur mission, il crée tout exprès
pour eux un instrument vivant et surnaturel.
Cet instrument, c'est le bourreau, dont personne n'a parlé avec autant d'éloquence et
d'imagination que l'auteur des Soirées de
Saint-Pétersbourg.

« Qu'est-ce donc que cet être inexplicable,
dit-il, qui a préféré à tous les métiers agréa-
bles, lucratifs, honnêtes, et même hono-
rables, qui se présentent en foule à la force
ou à la dextérité humaine, celui de mettre
à mort ses semblables ? Cette tête, ce cœur,
sont-ils faits comme les nôtres ? ne con-
tiennent-ils rien de particulier et d'étrange
à notre nature? Pour moi, je n'en sais
pas douter; il est fait comme nous exté-

rieurement, et naît comme nous; mais c'est
un être extraordinaire, et pour qu'il existe
dans la famille humaine, il faut un décret
particulier, un *Fiat* de la puissance créatrice. Il est créé comme un monde. Voyez
ce qu'il est dans l'opinion des hommes, et
comprenez, si vous pouvez, comment il peut
ignorer cette opinion ou l'affronter. A peine
l'autorité a-t-elle désigné sa demeure, à
peine en a-t-il pris possession, que les autres
habitations reculent jusqu'à ce qu'elles ne
voient plus la sienne. C'est au milieu de cette
solitude et de cette espèce de vide formé
autour de lui qu'il vit seul avec sa femelle et
ses petits, qui lui font connaître les peines de
l'homme. Sans eux, il n'en connaîtrait que
les gémissements. Un signal lugubre est
donné, un ministre abject de la justice vient
frapper à sa porte et l'avertir qu'on a besoin
de lui : il part, il arrive sur une place publique couverte d'une foule pressée et palpi-
tante. On lui jette un empoisonneur, un parricide, un sacrilége; il le saisit, il l'étend, il le
lie......... Quand il a fait son office, il descend;
il tend sa main souillée de sang, et la justice
y jette de loin en loin quelques pièces d'or

qu'il emporte à travers une double haie
d'hommes écartés par l'horreur. Il se met à
table, et il mange; au lit ensuite, et il dort.
Et le lendemain, en s'éveillant, il songe à
toute autre chose qu'à ce qu'il a fait la veille.
Est-ce un homme? Oui! Dieu le reçoit dans
ses temples et lui permet de prier. Il n'est pas
criminel; cependant aucune langue ne con-
sent à dire, par exemple, qu'il est vertueux,
qu'il est honnête homme, qu'il est aimable.
Nul éloge moral ne peut lui convenir; car
tous supposent des rapports avec les hommes,
et il n'en a point. — Et cependant toute grandeur, toute puissance, toute subordination
repose sur l'exécuteur : il est l'horreur et le
lien de l'association humaine. Otez du monde
cet agent incompréhensible; à l'instant même
l'ordre fait place au chaos; les trônes s'abî-
ment, et la société disparaît. »

Après l'apothéose du bourreau, la justification de toutes les souffrances, l'apologie
de tous les supplices, même de ceux qui sont
infligés à des innocents, vient la glorification
mystique, ou, pour mieux dire, la sanctifi-
cation de la guerre. La guerre, selon de
Maistre, est un fait surnaturel, un miracle

permanent, par lequel Dieu lui-même assou-
vit sa vengeance et accomplit la loi d'expiation (1). De même qu'il se sert du bourreau
pour verser le sang coupable, il se sert du
soldat comme d'un instrument pour répan-
dre le sang innocent; la guerre est le plus formidable auxiliaire de la mort, elle est le plus
puissant moyen de destruction; l'effusion du
sang est la loi de l'humanité, et, à cause des
crimes de l'humanité, de toute la nature.
Dieu se plaît ainsi à torturer sa propre créature et à verser la coupe inépuisable de
sa colère sur l'œuvre de ses mains. Le couronnement du système est dans le petit écrit
intitulé : *Eclaircissement sur les sacrifices.*
Le dernier mot de cette composition, bien digne de servir d'appendice aux Soirées de Saint-

(1) Que devient alors la *Rédemption*, dans ce système?
Jésus-Christ n'est-il pas venu sur la terre pour racheter le
genre humain tout entier, et le sang de l'Homme-Dieu
n'aura donc pas suffi pour laver la tache originelle? Cette
idée de l'*expiation* n'est-elle pas en contradiction directe
avec la mission divine du Sauveur des hommes, et le chef
ardent de l'école théocratique est-il bien ici véritablement
chrétien? Dans tous les cas, il n'aurait pu s'inspirer que
des livres hébreux, et dans sa politique il se montre
l'homme de l'ancienne loi plutôt que de la nouvelle.

Pétersbourg, c'est que « la chair et le sang sont coupables, et que le ciel est irrité contre la chair et le sang; » que le sang répandu a une vertu réparatrice, et que le sang coupable peut être racheté par le sang innocent. De là le dogme de la réversibilité; de là l'usage des sacrifices sanglants et même des sacrifices humains, moins coupables qu'on ne pense; de là les échafauds et les chevalets de la justice, les fureurs de la guerre, les bûchers de l'inquisition. Cette dernière institution surtout est, de la part de Joseph de Maistre, un objet de respect et de pieuse tendresse (1). Ce qu'on appelle les crimes de l'inquisition, ce sont pour lui « quelques gouttes d'un sang coupable versé de loin en loin par la loi. » Peu s'en faut qu'il ne reproche, même à l'inquisition d'Espagne, d'avoir été trop loin dans les voies de la mansuétude. Toutes ces idées s'enchaînent et toutes dérivent d'une seule idée : celle de l'*expiation*. L'expiation étant la loi suprême hors de laquelle ce monde ne peut subsister, il faut absolument qu'elle s'accomplisse, soit

(1) Voir les *Lettres sur l'Inquisition*.

par la main des hommes, soit par la main de
Dieu. Mais pour avoir raison d'un pareil
principe, il suffit de faire justice des conséquences.

Pendant cette période de la Révolution
française qui s'étend de 1792 à 1794, il s'est
trouvé des hommes qui pensaient que la
France ne serait heureuse et libre que lorsqu'on aurait abattu un certain nombre de
têtes, et ces terribles faucheurs, se mettant
à l'œuvre, ne tardèrent pas à réaliser leur
horrible pensée. En quoi donc cette idée
parricide est-elle plus digne de notre exécra-
tion que celle que de Maistre nous a donnée
du gouvernement temporel de la Providence ? Je sais bien qu'entre la théorie et la
pratique la distance est énorme et que, tandis que Marat et Robespierre ont mis, autant
qu'ils l'ont pu, leurs desseins à exécution, de
Maist e, lui, n'est pas sorti des bornes de la
spéculation. Mais en nous plaçant à son point
de vue, tout le sang qui a été versé sous le
régime de la Terreur ne devait-il pas être
fatalement répandu ? Dieu lui-même n'a-
t-il pas créé par un miracle exprès ces instruments vivants destinés à faire jouer cet autre

instrument qui se dressait sur la place de la
Révolution ? Ceci n'est que de la logique ; et
même on peut dire que si de Maistre eût été
appelé, comme grand inquisiteur, à faire l'application de sa théorie, sa conduite aurait été
plus féroce encore que celle de Marat et de Robespierre, parce qu'à l'horreur du meurtre accompli en masse il aurait joint le raffinement
des supplices. Ce simple rapprochement
montre assez tout ce qu'il y a d'odieux dans
le système que nous combattons. Joseph de
Maistre se sert de la Providence comme d'une
machine faite pour étayer le pouvoir absolu
des rois et les privilèges héréditaires de la
noblesse. Cela seul est une profanation, mais
qui n'égale pas la pensée d'effacer de toute
la nature et du cœur de l'homme les traces
de la bonté divine, pour n'y laisser voir que
des preuves de sa colère et de sa vengeance.
Nous disons de la vengeance et non de la
justice, car il n'est pas juste celui qui frappe
sans distinction l'innocent et le coupable, et
qui pousse à la destruction de ses créatures
la main la plus généreuse comme la plus
vile, celle du soldat et celle du bourreau.

« Le système de Joseph de Maistre, de

quelque point de vue qu'on le considère, du côté de la religion, du côté de la morale, du côté de la politique ou du droit, ne peut soutenir un instant l'épreuve de la critique. Qu'est-ce donc qui a fait la fortune de son livre? Trois choses sans lesquelles, hors de la vérité, il ne peut se fonder aucune éclatante renommée, et dont le génie lui-même ne peut pas toujours se passer : l'à-propos, la passion, le style. De Maistre est venu dans un temps où le parti du pouvoir absolu et de l'intolérance religieuse était dispersé par le vent de la révolution et courbé jusqu'à terre. Du sein même de la tempête, au milieu des bruits de la foudre, il lui a montré l'avenir et a osé lui parler d'espérance. Il a fait plus, il lui a fourni des armes et s'est mis à sa tête; il a apporté à ses prétentions surannées une justification et un symbole qui leur manquaient, tout un système d'attaque et de défense qui, à défaut de vérité, frappe par sa hardiesse et sa nouveauté. Il a pris dans l'ordre moral le même rôle que le duc de Brunswick devait jouer dans l'ordre matériel. Il s'est fait le général en chef de tous les cœurs mécontents et de tous les esprits rétrogrades.

Cette tâche courageuse et chevaleresque, il l'a poursuivie pendant vingt-six ans, on sait avec quelle passion. Il n'en pouvait pas être autrement : il combattait *pro aris et focis;* il combattait pour sa patrie, pour sa famille, qu'il aimait d'un amour idolâtre. Il combattait pour sa caste et ses priviléges héréditaires. Cela suffisait pour l'entourer d'une autorité considérable et d'une reconnaissance sans bornes au sein de son parti ; cela ne suffisait pas pour lui assurer l'admiration publique. Ce dernier sentiment, il le doit tout entier, il le doit uniquement aux qualités incomparables de son style. De Maistre est un écrivain de premier ordre, mais dans un genre qui a ses défauts, parce qu'il ne compte pas toujours avec le bon sens et avec le goût; c'est un écrivain romantique. C'est à cette école, qui devrait le compter au nombre de ses fondateurs, qu'appartiennent à la fois et les sombres couleurs de son imagination et la chaleur outrée, les mouvements abruptes de son éloquence. Dans l'école romantique elle-même, il y a un groupe pour lequel il a une affinité particulière : c'est l'école fantastique. Il tient de Callot, de Rembrandt et de Hoff—

mann; ses plus belles pages sont celles qui
nous rappellent le dessin et la couleur de ces
deux artistes et les inventions terribles de ce
conteur (1). »

C'est une remarque affligeante que les
applications de la religion à la politique,
telles que les ont faites plusieurs grands
esprits chrétiens depuis le dix-septième siècle,
ont toujours eu quelque chose de peu favorable et de peu sympathique aux idées modernes de tolérance, de liberté, d'égalité.
Certainement Joseph de Maistre est un phé-
nomène exceptionnel comme écrivain politique religieux; mais plusieurs de ses théories,
que nous regardons comme monstrueuses,
celle sur les sacrifices sanglants, par exemple,
n'eussent peut-être pas trop scandalisé Bossuet. Les choses dures et blessantes pour
notre délicatesse moderne et philosophique
ne manquent pas non plus chez le grand
évêque; les *Méditations sur l'Évangile* et la
Politique tirée de l'Écriture sainte se ressen-
tent plus du souffle de Moïse que de celui de
Jésus. Et cet altier génie, s'il sortait de son
tombeau, ne reprocherait-il pas, lui aussi,

(1) M. Franck, professeur au Collége de France.

au siècle présent d'avoir beaucoup trop mis
en oubli le dogme de l'expiation, et de ne
plus voir dans la loi chrétienne qu'une inspiration trop attendrie de bienveillance mutuelle, de charité indulgente et de facile
pardon qui tend à rendre le séjour de la terre
trop commode et l'accès du ciel trop aisé?
Si l'on veut d'ailleurs expliquer de Maistre
au lieu de l'injurier, comme on l'a fait souvent, il faut se reporter à son époque et considérer que ce fougueux écrivain exprime
avec toute l'amertume de l'esprit de secte et
de parti une réaction devenue inévitable, la
réaction de l'esprit humain contre les erreurs
et les excès de la philosophie du dix-huitième
siècle, de cette philosophie qui de la liberté
fit l'anarchie, et de la tolérance l'indifférence
absolue.

Par le paradoxe, on l'a dit avec raison,
J. de Maistre est le Jean-Jacques Rousseau
de la réaction religieuse et politique. Écrivain
supérieur, penseur ingénieux et puissant, il
est, comme lui, un maître d'erreurs et un
artisan de sophismes. Il est montagnard à sa
manière; sa montagne est, si l'on veut, une
montagne sainte, mais elle n'en aime pas

moins les sacrifices humains, et comme l'autre elle demande à être abreuvée de sang.
Serait-ce se hasarder beaucoup de dire que
sa doctrine est plutôt d'un druide que d'un
disciple du Christ? Mais, nous le répétons,
les idées philosophiques du dernier siècle et
la Révolution qui en fut la suite poussèrent
à cette réaction. On était tombé du christianisme à la religion de l'Être suprême avec
Robespierre pour pontife, puis au culte de la
déesse Raison, figurée par une prostituée,
jusqu'à ce que l'esprit humain, redevenu plus
calme, aboutît aux niaiseries prétentieuses
de la théophilanthropie. Les folies de quelques années avaient égalé les folies de plusieurs siècles. On l'avait vu à l'œuvre l'homme
de la nature, le *sauvage*, tant célébré au
XVIIIe siècle. Danton, Hébert, Barras, c'est-
à-dire la force sans le frein de la conscience,
l'impiété stupide descendue dans le peuple,
la corruption succédant à l'atrocité, avaient
été les produits merveilleux de cette philosophie sensualiste et utopiste qui promettait
d'amener le paradis sur la terre. Ne pas comprendre qu'il devait y avoir une réaction nécessaire, et que cette réaction, par un excès

13

en sens inverse, devait être pour un temps la
calomnie de la liberté et la satire du progrès, ce serait méconnaître la triste mais
inévitable loi suivant laquelle marche l'esprit
humain.

Si nous avons tâché d'expliquer Joseph de
Maistre, nous n'avons pas entendu justifier
ses énormités, et il faut reconnaître que son
influence sur la direction qu'a prise le catholicisme a été désastreuse. Il en a fait un parti,
celui des *ultramontains*, dont il fut l'oracle,
et dont M. de Bonald, l'auteur subtil et artificiel de la *Législation primitive*, et le brillant
auteur de l'*Essai sur l'indifférence*, l'ancien
abbé de Lamennais (1), furent également les

(1) « Ame forte et esprit étroit, Lamennais ne conçut
le monde qu' d'une seule manière; les évolutions de sa
pensée ne semblèrent qu'un prétexte pour satisfaire l'éternel besoin de sa nature, le besoin de s'indigner pour ce
qu'il croyait le bien, aboutissant par une logique fatale au
besoin d'anathématiser et de damner. Un même système de
haine éloquente appliqué aux objets les plus divers, voilà
Lamennais. Les circonstances le portèrent successivement
dans des partis opposés; mais elles ne changèrent point le
tour de son imagination, ni les procédés de son style.
Les figures qu'il avait d'abord employées contre les idées
libérales et la philosophie, il les tourna ensuite contre
les rois et contre le pape. Sa rhétorique n'avait pas beau-

acharnés défenseurs. Il a contribué à l'isoler
du siècle, en lui prêtant des allures provo-
cantes qui ne conviennent ni à l'humilité du
chrétien, ni à la majesté de la religion. Publié
après les *Soirées de Saint-Pétersbourg*, son
livre du *Pape* eut presque autant de retentissement. C'est ici surtout que de Maistre
nuit plus à la cause religieuse qu'il ne la sert,
en lui attribuant un caractère tout politique.

coup de variété : l'enfer en faisait tous les frais. C'était
celle des prédicateurs, des apologistes, et en général celle
du clergé ; il dressait devant lui un fantôme qu'il appelait
Satan, il en faisait la représentation complète du mal;
puis il le frappait de coups terribles et retentissants. La
flamme vive et passagère de la passion méridionale n'a
rien de commun avec ce feu ardent et sombre, avec cette
colère profonde et obstinée qui ne veut pas être adoucie. Il
n'y a pas de plus mauvaise disposition pour un philosophe
et un critique; il n'y en a pas de meilleure pour un
artiste et un poète. L'art veut du parti pris, et ne s'ac-
commode pas de ces moyens termes où se complaît le
critique. Le tour absolu des opinions de Lamennais,
qui nous a valu tant de pauvres raisonnements, tant de
jugements défectueux, nous a valu aussi les *cinquante
pages de grand style* les plus belles de r tre siècle. Jamais
plus frappant exemple du partage des dons de l'esprit ne
fut offert aux méditations du penseur : Lamennais est inexplicable, si l'on n'accorde que le même homme peut être à
la fois un artiste supérieur, un philosophe médiocre et un
politique insensé. » ERNEST RENAN.

Un tel ouvrage justifie complètement le nom
de *prophète du passé* qui lui a été donné
par Ballanche; et encore ce passé, l'arrange-
t-il à sa manière et le colore-t-il au gré de
son imagination. Toute la thèse de ce livre
repose sur l'idée que l'auteur se fait de la
souveraineté. Il faut, dit-il que la souveraineté soit quelque part et qu'elle soit infaillible pour juger tous les conflits. Rousseau
avait placé l'infaillibilité dans le peuple; pour
de Maistre, le souverain infaillible, devant
lequel les rois et les peuples videront leurs
démêlés, c'est le pape. Là est le secret de la
pacification générale, et de l'abolition de
l'état révolutionnaire. Pure utopie dont le
passé lui-même est bien loin d'être la preuve!
L'auteur a beau répéter que c'est dans l'intérêt de la liberté et du bonheur des peuples
qu'il demande cette universelle soumission à
la papauté, on ne saurait le croire, et le bon
sens persiste à ranger sa théorie parmi les
plus rétrogrades. De Maistre a laissé après
lui toute une école de pamphlétaires, qui
semble avoir pris à tâche de défier la raison
et de la diffamer. Hautaine et amère, elle se
sert de Dieu qui la désavoue contre l'homme

qu'elle insulte; elle affirme sans preuves, surtout elle est prodigue d'anathèmes. Le principe d'autorité n'a cessé de s'exagérer, de
s'exalter pour ainsi dire au sein de l'Église, et
l'alliance du catholicisme et de l'absolutisme,
regrettée et combattue par d'éloquents catholiques (1), a plus d'une fois paru se res-
serrer. Un langage de plus en plus irritant a
été tenu contre la philosophie, le progrès et
la liberté.

Si les peuples sont naturellement portés
vers leur prospérité, s'ils ont une invincible
tendance à détruire ce qui leur est funeste ou

(1) C'est aujourd'hui l'effort des catholiques les plus
éclairés de prouver que la religion de l'Évangile est com-
patible avec toutes les libertés publiques et civiles, y
compris celle des cultes. Le gouvernement constitutionnel,
qui eût paru une hérésie à Bossuet, sera présenté par tel
orateur catholique de notre temps comme le gouvernement
le plus favorable au développement de la dignité humaine
et des vertus chrétiennes, tandis que l'absolutisme sera
traité comme un obstacle impie à la liberté des âmes. « La
liberté est une des forces vitales de l'humanité : elle existe
toujours et partout, à l'état de regret ou d'espérance, là
où elle n'est pas en réalité. Elle a deux ennemis, la révolution et le despotisme; ou plutôt elle n'en a qu'un sous
deux formes différentes. La religion est sa sauvegarde, son
contre-poids naturel et légitime. Ceux qui font pencher la
religion outre mesure vers l'une ou l'autre des forces enne-

à renverser les obstacles qui s'opposent à leurs progrès; si cette tendance est un mal, si elle est le résultat d'une nature corrompue et déchue, ce n'est pas aux philosophes qu'il faut l'imputer; si telles opinions, telles habitudes, telles institutions produisent pour les nations telles conséquences, ce n'est pas à eux qu'il faut s'en prendre; ils ne peuvent pas faire que les choses changent de nature. Ce peut être un malheur que le pouvoir absolu soit pour les peuples une cause de misère et de ruine, au lieu d'être une cause de prospérité. Si les exactions, les violences et l'igno-

mies lui infligent un irréparable dommage. Quand elle semble bénir le despotisme, elle refoule la liberté vers la révolution, et le monde consterné perd son équilibre. Mais, de tous les despotismes, le plus intolérable aux nations de nos jours est celui qui s'exerce ou semble s'exercer avec le concours de la religion. Il révolte les meilleurs sentiments de notre âme, parce qu'on y sent l'exploitation d'une chose sainte au profit d'un intérêt profane. D'une part, il fomente au sein du sacerdoce les plus incurables infirmités de la nature humaine, l'orgueil et la mollesse; de l'autre, il fournit aux éternels ennemis de la vérité le prétexte le plus commode et le plus fécond. Ils s'en prévalent avec un infaillible succès, et l'Église perd graduellement l'empire des âmes. » M. DE MONTA-LEMBERT, tome V de ses Œuvres, pages 93 et 94.

rance, rendaient les nations florissantes, les choses en iraient sans doute beaucoup mieux; tout le monde en serait plus heureux, les maîtres comme les esclaves. Mais l'auteur de notre nature en a décidé autrement : il a attaché le malheur à l'ignorance, à l'erreur, à la servitude; il a fait dépendre la prospérité des lumières et de la liberté. S'il est au monde une doctrine généreuse et pure de toute impiété, c'est bien assurément celle du progrès : elle honore l'homme et glorifie Dieu. Elle est la clef de l'histoire, et, en donnant au genre humain le secret de ses misères et de ses agitations à travers les âges écoulés, elle lui découvre vers l'avenir des perspectives infinies. Quelle inspiration fatale pousse donc certains esprits à heurter de front les instincts les plus vivaces de notre temps, et à se consumer en regrets inutiles pour un passé disparu sans retour?

Nul doute que la théorie du progrès ne soit point de mise en pure et stricte théologie. Une religion n'existe en effet qu'à la condition d'avoir un symbole de foi immuable. Quel catholique pourrait concevoir la folle pensée d'ajouter, de retrancher, de changer un seul article au symbole des apôtres ? Toucher au symbole, c'est toucher à Dieu; modifier le symbole, c'est corriger Dieu. Le théologien par excellencce, l'Ange de l'école, ce vaste et pénétrant génie, cet Aristote du treizième siècle, capable de tout comprendre et de tout oser, mit sa gloire à n'être que l'exact et fidèle interprète de la doctrine chrétienne, *expositor et definitor*. Mais si la doctrine du progrès est en un sens inadmissible en théologie, est-il possible de la proscrire dans l'ordre des vérités philosophiques et sociales? De ce qu'on croit que Dieu a révélé aux hommes un certain nombre de vérités essentielles, est-ce à dire qu'il ait condamné le genre humain à l'immobilité, et que, pour éclairer notre raison, il ait dû la pétrifier? Nous retrouvons ici ces deux puissances rivales qui se partagent le monde, la raison et la foi, la liberté et l'autorité. Est-ce le principe rationnel, est-ce le principe d'autorité qu'on devra suivre? Telle est la question préjudicielle qui se dresse au seuil de toutes les sciences morales, et qui les domine. La vérité doit avoir, en effet, une mesure différente, selon qu'on la fera résul-

ter d'un enseignement surnaturel, ou qu'on
en placera la source dans l'esprit humain. La
règle de Bellarmin (1) et de Joseph de Maistre n'est pas celle de Descartes et de Leibnitz : d'un côté est l'autorité régissant tous les
actes de la vie humaine, enveloppant le
monde moral comme d'un réseau et assujet-
tissant à son empire l'homme tout entier avec
sa conscience et sa raison; de l'autre côté est
la raison, la conscience, centre et point de
départ de toute vérité, et s'arrogeant le pouvoir de juger même les vérités surnatu-
relles (2). Quelle est, de ces deux voies conduisant à des résultats opposés, celle qui
convient à la science du Droit ?

Quand on va au fond des mots et des
choses, on trouve que l'autorité, telle que le

(1) Bellarmin (Robert), savant théologien et controver-
siste, de l'ordre des Jésuites, né en Toscane en 1542, mort
en 1621, fut cardinal et bibliothécaire du Vatican. Il fut
plusieurs fois sur le point d'être nommé pape. Il écrivit
avec force en faveur du pouvoir temporel de la papauté.
On a de lui un *Catéchisme*, qui est très-estimé et très-ré-
pandu, et l'*Histoire de sa vie*, adressée au jésuite Eudémon.

(2) Saint Augustin dit quelque part, à propos de l'autorité en matière de religion, que l'autorité elle-même n'est
pas sans raison, et que quand la raison cède à l'autorité,
c'est la raison elle-même qui juge qu'elle doit se soumettre.

sens commun l'a toujours comprise, est une puissance qu'on ne discute pas; elle est de toute nécessité un dogme, et elle cesserait d'être l'autorité s'il lui fallait s'expliquer au tribunal de la raison. Un pouvoir n'est indiscutable qu'à la condition de se croire ou de se dire investi d'un mandat divin. Il doit dès lors renoncer à user de la contrainte, et s'en tenir à l'enseignement; il ne saurait rendre matériellement obligatoires les préceptes qui découlent d'une vérité surnaturelle dont il se dit le dépositaire. Voilà le principe d'autorité dans son essence et avec les conséquences qu'il recèle. Le Droit, qui n'est en définitive qu'un appel à la force au nom de la raison, ne saurait donc reposer sur le principe d'autorité. Il a sa racine dans l'homme même; il ne peut se concevoir que comme principe rationnel, humain, purement subjectif. Le Droit, quelque idée qu'on s'en fasse d'ailleurs, est une faculté qui nous est personnelle; cette faculté est inhérente à notre nature d'être intelligent et libre. L'autorité, au contraire, vient du dehors; elle est objective, elle a ainsi une source directement opposée à celle du Droit. Il faut donc recon-

naître que le principe d'autorité ne peut
donner la mesure du Droit, et que tout ce
qu'il peut répondre, si on l'interroge, c'est
que le Droit n'est pas. Autorité et droit sont
deux termes qui se contredisent, comme révélation et raison, deux puissances qui se
combattent, deux idées qui s'excluent et sont
la négation l'une de l'autre. C'est donc de la
conscience, de la raison, qu'il faut tirer la
notion du Droit. Et ce n'est pas seulement la
raison qui se soumet, qui doit être le principe du Droit; c'est la raison vraie, celle qui
juge et prononce.

Il n'a pas manqué de docteurs dans les
deux camps, pour annoncer fastueusement
la conciliation de l'autorité et de la raison.
Mais qu'est-il arrivé jusque-là? Chacun, selon
sa tendance, confisquait le principe contraire à son profit. La conciliation annoncée,
le partage promis, aboutissaient à une spoliation. Aussi quand les rationalistes, soumettant les dogmes au jugement de la raison,
professent en paroles un certain respect pour
l'autorité, nous sommes presque tenté de
crier à la trahison; mais quand les absolu-
tistes à leur tour feignent un soin touchant

pour le Droit, qu'ils ne ruinent pas moins
partout où ils le rencontrent, nous ne pouvons voir dans leur langage que l'expression
d'une tendresse trompeuse, comme celle
dont certaine fausse grand'mère d'un conte
d'enfant nous offre dans son discours le naïf
et parfait modèle.

Le principe rationnel ne suffit pas sans
doute à tout expliquer, et ne saurait avoir
partout des conséquences acceptables : aussi
n'en faut-il pas étendre l'application au-delà
du cercle qui le renferme. De même que le
principe d'autorité est essentiellement théocratique et implique, une fois reconnu, la négation de la conscience, du devoir moral, du
droit; de même aussi le principe rationnel,
hors de sa sphère, vient heurter à tous les
problèmes de la destinée humaine, sans qu'il
lui soit donné d'en résoudre aucun. Il est des
vérités révélées qui demeurent au-dessus de
notre intelligence et qu'il n'est pas besoin de
démontrer, a dit Descartes (1); mais l'homme
a aussi une raison, dont apparemment Dieu
ne l'a pas doué pour lui en interdire l'usage,

(1) Discours de la Méthode, part. I et III.

et dont il faut reconnaître l'empire dans le
domaine du Droit. Que cela nous suffise;
le reste ne nous appartient pas.

Ce qu'indique le raisonnement, l'histoire
ici le justifie, et l'expérience vient confirmer
sur ce point les déductions solitaires du philosophe. Qu'est-ce, par exemple, que ce
grand fait historique de la Révolution française, le plus grand que l'histoire universelle
ait encore enregistré, sinon l'émancipation
de la raison dans l'ordre politique, et son
autorité souveraine reconnue dans tous les
rapports que crée l'état social, aussi bien
dans ceux des gouvernés avec les gouvernants
que dans ceux des gouvernés entre eux ? C'est
le principe de Descartes qui triomphe alors
dans l'ordre civil et politique, et le principe
de Bellarmin est proscrit. Plus de priviléges,
c'est-à-dire plus de dogmes civils! Plus de
droit divin, c'est-à-dire plus de dogmes politiques!

Les législations primitives, surtout en
Orient, nous apparaissent tout empreintes
du caractère religieux. Des hommes de génie,
s'annonçant comme les envoyés de Dieu,

rédigent par écrit des codes tout à la fois religieux et civils, les promulguent au nom du
ciel, et les imposent aux nations éblouies et
subjuguées. C'est ainsi que Manou, Zoroastre,
Moïse, Mahomet, ont civilisé leurs peuples,
en leur révélant des dogmes, en leur donnant
un culte, en leur imposant des lois. Dans tout
l'Orient, les fondateurs de religions sont en
même temps les législateurs des peuples. Les
jurisconsultes sont les prêtres, interprètes de
la parole divine, dépositaires des écritures
sacrées. De là l'immuabilité des législations
orientales et le respect religieux qu'elles in-
spirent. Ces lois, aux yeux des peuples, ne
sont pas l'œuvre de l'homme, œuvre imparfaite comme toutes les œuvres humaines; c'est
Dieu lui-même qui les a dictées; il est aussi
impie de les modifier qu'il est impie de les
enfreindre; elles durent enfin autant que les
religions, dont elles font partie intégrante et
avec lesquelles elles s'identifient. Elles em-
brassent la vie humaine tout entière, la vie
individuelle comme la vie sociale; elles ont
pour but le salut de l'homme aussi bien que
le bon ordre des sociétés; elles règlent les
mœurs privées comme les mœurs publiques,

le spirituel comme le temporel. Il s'ensuit que
le Droit n'a pas, en Orient, d'histoire spéciale et distincte; l'histoire du droit oriental
se confond nécessairement avec l'histoire des
religions orientales.

En Occident, dans le monde gréco-
romain, même confusion à l'origine, même
mélange du droit, de la religion et des
mœurs, et par suite même unité de gouvernement. Il n'existe pas encore deux sociétés,
l'une religieuse, l'autre civile; il n'y a pas encore deux législations différentes, la spirituelle et la temporelle. Ces deux sociétés,
ces deux législations ne datent que du christianisme. Mais ici, l'élément qui prévaut, ce
n'est plus l'élément religieux, c'est l'élément
civil et politique. Pour faire adopter ses institutions, le roi Numa pourra bien encore
avoir recours à une intervention mystérieuse,
et faire croire à son peuple qu'il reçoit les
révélations de la nymphe Égérie. Mais la loi
civile n'est plus, comme en Orient, l'humble
sujette de la religion; elle revendique et con-
quiert son indépendance, elle se sécularise,
et le temporel va l'emporter ici sur le spirituel, sans qu'il y ait encore entre les deux

éléments une complète séparation. Les peuples de l'Orient se sont civilisés sous l'influence exclusive de la religion; ceux de l'Occident se sont civilisés en dehors de cette
influence. C'est qu'en Orient il y eut de bonne
heure des religions monothéistes, des religions
puissantes, ayant leurs dogmes, leur culte,
leurs livres sacrés, leurs castes sacerdotales,
tandis qu'en Occident le polythéisme s'est
maintenu jusqu'à l'avènement du christianisme. Or, le polythéisme n'avait pas, comme
le monothéisme de l'Orient, l'autorité nécessaire pour s'emparer de la société naissante,
pour la dominer, pour la transformer, pour
lui imposer des lois. Aussi les législations
n'offrent plus, en Europe, ce caractère d'immuabilité que la religion leur imprimait en
Orient; elles changent avec le temps, et leur
mobilité se prête merveilleusement à la marche progressive de l'esprit humain; elles deviennent, dans leurs modifications successives,
l'expression la plus fidèle de la civilisation.
Pour la première fois, elles ont une histoire.

Que si, après avoir lu la Bible et assisté à
la promulgation de la loi de Moïse, nous nous
transportons par la pensée sur la place publi-

que d'Athènes ou de Rome, si nous nous mê-
lons aux flots tumultueux du peuple ; ou bien, si
descendant le cours des âges, nous venons
nous asseoir au sein de nos assemblées parle-
mentaires d'Angleterre ou de France; si nous
prêtons l'oreille à la voix de Démosthène ou
de Cicéron, de Pitt ou de Mirabeau, quel
nouveau spectacle va s'offrir à notre étonnement! Les orages de l'agora et du forum, les
luttes de la tribune, ont remplacé la foudre
et les éclairs du Sinaï; ce n'est plus un législateur inspiré, parlant au nom du ciel aux
nations prosternées ; ce ne sont plus des pro-
phètes rendant des oracles; ce sont de simples citoyens gouvernant leurs égaux par le
prestige de l'éloquence et l'ascendant de la
raison; ce sont des orateurs qui, dans l'antiquité, ne pouvaient parler qu'à un petit
groupe de citoyens, qui aujourd'hui, grâce
à la presse, s'adressent à l'Europe attentive,
et qui demain auront le monde pour audi-
toire. Ce sera l'Assemblée constituante pro-
clamant les droits de l'homme et du citoyen,
et donnant à tous les peuples le signal de leur
émancipation. Qu'on mette en regard de
cette Déclaration des droits de l'homme le pas-

14

sage de la Bible (1) où il est parlé de la pro
mulgation de la loi de Moïse, et ce simple
rapprochement en dira plus que toutes nos
paroles sur le caractère qui distingue les législations occidentales des législations orientales.

Si l'Occident avait été civilisé par une de
ces grandes religions qui ont surgi en Orient,
le gouvernement aurait été nécessairement
théocratique ou absolu, et tout régime libéral serait devenu impossible. La philosophie
non plus ne s'y serait pas développée, par
deux raisons. D'abord personne n'en eût
senti le besoin. La philosophie, en effet, c'est
la recherche de la vérité, l'effort de la raison pour résoudre le grand problème de la
destinée humaine. Or, quel besoin de chercher la vérité, quand on la possède ? La religion ne résout-elle pas tous les problèmes ?
En second lieu, lorsqu'une religion domine,
elle ne supporte pas la contradiction ; elle
commande la foi, elle n'admet pas l'examen ;
tout au plus tolère-t-elle la *scolastique*, c'està-dire cette philosophie docile et secondaire
qui se meut dans un champ limité, qui se

(1) Exode, ch. 19 et 20, trad. de Lemaistre de Sacy.

borne à appliquer, à développer des prin
cipes qu'elle n'a pas le droit de discuter, philosophie qui régnait au moyen-âge et qu'on
retrouve en Orient. Une législation séculière
et temporelle, comme celle de l'empire
romain, aurait été non moins impossible, et
cela par les mêmes raisons. On n'en eût pas
senti la nécessité, la loi religieuse suffisant
au maintien de l'ordre social; et la religion
n'en eût pas toléré le développement. Lorsqu'il existe un code religieux, comme la Bible
ou le Coran, la religion permet bien d'en
commenter les dispositions, de faire des régle-
ments pour en assurer l'exécution; mais elle
ne souffre pas que, par de dangereuses innovations, on essaie d'en abroger le texte, d'en
altérer l'esprit ou d'en modifier les préceptes.
Si donc les Grecs et les Romains avaient eu,
comme les peuples de l'Orient, une religion
puissante, non-seulement ils ne nous auraient
pas donné le spectacle de gouvernements
libres, mais nous n'aurions ni Platon ni
Aristote, ni le Droit romain, ce grandiose
monument, chef-d'œuvre de la science juridique, dont les principes et la substance ont
passé dans nos législations modernes.

Toutefois, quelle que soit, dans le monde
gréco-romain, la prédominance de l'élément
temporel sur l'élément spirituel, de l'élément séculier sur l'élément sacerdotal, il n'y
a pas encore entre eux une complète séparation. L'unité de société, de législation, de gouvernement, subsiste toujours. Avec le christianisme seul se produit ce dualisme ; c'est le
christianisme qui, pour la première fois, a
proclamé dans le monde cette distinction.
*Rendre à César ce qui est à César, à Dieu
ce qui est à Dieu,* fut la maxime constante
de la primitive Église. Il est vrai qu'après
avoir séparé les deux pouvoirs, l'Église chrétienne s'est efforcée de les réunir; il est vrai
qu'au moyen-âge elle a tenté de rétablir à
son profit l'unité primitive ; mais il faut dire
aussi qu'elle y fut poussée par la force des
choses. La société temporelle, plongée dans
l'ignorance, livrée aux caprices et aux guerres
continuelles d'une multitude de petits tyrans,
retranchés dans leurs châteaux, offrait un
spectacle lamentable. L'Église seule alors
pouvait sauver la société, l'Église seule était
en état de lutter contre les désordres de la
féodalité; mais pour cela, il fallait que le

pouvoir temporel fût soumis, comme en
Orient, au pouvoir spirituel ; il fallait, pour
sortir de l'anarchie féodale, passer momen-
tanément par la théocratie.

De là les juridictions ecclésiastiques, s'appliquant aux matières temporelles comme
aux matières spirituelles ; de là l'extension du
droit canonique au moyen-âge ; de là l'appel
au pape et, en cas de désobéissance à ses
décisions, les excommunications et les inter-
dits ; de là enfin les prétentions des papes à
la souveraineté temporelle comme à la souveraineté spirituelle, le droit de disposer des
couronnes et de délier les peuples de leur
serment de fidélité.

Mais la théocratie ne pouvait prendre
racine en Occident ; le genre humain ne pouvait revenir à la civilisation sacerdotale de
l'Orient. C'est que dans notre Europe ancienne ou moderne, on trouve profondément
enraciné, comprimé par moments mais toujours renaissant, le même esprit, l'esprit
d'indépendance et de liberté, dans l'ordre
intellectuel comme dans l'ordre politique.
« Le principe de la liberté de penser, le principe de toute philosophie, la raison se pré-

nant elle-même pour point de départ et pour
guide, est une idée que la société moderne
tient de la Grèce et de Rome ; c'est le legs le
plus précieux qu'ait fait l'antiquité au monde
moderne (1). » Ainsi se présente à nos yeux
cette civilisation occidentale, caractérisée
par l'esprit d'examen, en face de cette civilisation orientale dont l'unité et l'originalité tiennent précisément à l'esprit contraire,
à l'esprit d'absolutisme.

Ce qui avait donné naissance à la théocratie pontificale, ce qui l'avait légitimée, c'était
l'absence d'un pouvoir temporel capable de
régir la société. Mais, avec le temps, la
royauté avait fini par surgir du sein de l'a-
narchie féodale. Les rois avaient maintenant
la volonté et le pouvoir de gouverner, de
protéger les faibles et le bon droit, de réprimer la violence, de rendre la justice. Une
lutte nouvelle devenait donc inévitable, non
plus entre la papauté et la féodalité, mais
entre la papauté et la royauté. La lutte a été
longue et acharnée, mais la victoire ne pouvait être douteuse. Elle a eu pour résultat

(1) M. Guizot, *Histoire de la civilisation en France.*

de séparer de nouveau les deux pouvoirs, l'Église et l'État, de les déclarer réciproquement indépendants, en sécularisant la législation et le gouvernement de la société civile. La Réforme du seizième siècle a puissamment contribué à cette émancipation du pouvoir temporel, et l'Église gallicane elle-même a proclamé, par l'organe de Bossuet, le principe de la distinction du spirituel et du temporel. Toutefois, il est juste de reconnaître qu'à la Révolution seule nous sommes redevables de la séparation absolue et définitive entre l'Église et l'État, entre la religion et la législation. Ces deux sœurs, si longtemps unies, sont appelées à se mouvoir aujourd'hui dans des sphères distinctes, et le principe d'autorité ne saurait empiéter désormais sur le domaine de la raison.

« La religion et le Droit n'ont pas le même champ d'action. La religion règne dans la conscience; le Droit pose des limites aux actes extérieurs de l'homme. La religion doit persuader; la loi ne persuade pas, elle contraint. La religion puise ses consolations, ses espérances, ses récompenses et ses peines dans un monde étranger à celui-ci; l'empire

de la loi, au contraire, est essentiellement de
ce monde. La religion veut que l'on croie;
le Droit, sans se préoccuper des croyances,
exige que l'on obéisse. — Que faut-il conclure de là? Que la religion et le Droit doivent poursuivre leur œuvre à côté l'un de
l'autre, mais indépendamment l'un de l'autre; que la loi ne doit point commander à la
religion, ni la religion à la loi; que l'État,
comme pouvoir politique, exerce sur les
actes extérieurs du culte et sur le gouvernement de l'Église une action légitime, mais
que, lorsqu'il fait la loi, il doit s'abstraire
des croyances religieuses, en décrétant ce
qui est juste au point de vue purement humain. C'est en ce sens que le législateur
doit être athée (1). »

Nous avons été entraîné à traiter des questions politiques et religieuses qui, à la première
vue, ne paraîtraient se rapporter au Droit
que d'une façon éloignée. C'est que dans le
monde intellectuel et moral comme dans la
nature tout se tient, et qu'il n'y a pas plus

(1) M. Belime.

de vérités ou d'erreurs isolées que de faits physiques sans conséquences et sans cause. On ne peut approfondir aucune question fondamentale de morale, de droit, de philosophie politique, de religion, sans remonter aux principes supérieurs d'où la religion, la politique, le droit et la morale dérivent comme d'une source commune. Toucher à l'une de ces matières, c'est entreprendre de toucher à toutes; car nul ne peut se flatter de trouver la vérité, s'il la recherche en dehors de l'accord des différentes puissances de l'âme humaine. La vérité partielle n'est pas la lumière, mais une faible lueur; et, pour avoir la vérité tout entière, on est obligé de l'envisager sous ses différents aspects. Il serait difficile, au surplus, de limiter à sa fantaisie la portée d'une doctrine, et de n'en prendre qu'un seul côté, l'engrenage des idées dans les sciences morales n'étant pas moins irrésistible que ne l'est, dans la construction des machines industrielles, un ensemble de rouages disposés suivant les lois de la mécanique. Il ne faut donc pas méconnaître la connexion qui existe entre toutes les vérités morales, ni briser le lien qui les ratta-

che et les enchaîne ; et vouloir simplifier
des problèmes qui sont composés de leur
nature, ce serait fausser, par des dénombre-
ments incomplets, les données de la science.

Nous avons examiné successivement et
discuté les doctrines utilitaire, démocratique,
théologique; nous avons réfuté l'un après
l'autre Hobbes, Bentham, Rousseau, Joseph
de Maistre. Si nous n'avons encore rien dit
des systèmes de Grotius et de Spinosa, c'est
qu'ils nous ont paru d'un intérêt secondaire.
Nous voulons seulement, pour les signa-
ler au lecteur, en présenter ici une rapide
esquisse.

D'après Grotius il faudrait considérer
comme juste tout ce qui serait convenable à
l'état de société, et le droit individuel serait
de faire tout ce qui ne serait pas contraire aux
conditions d'existence de la société (1). Cette
doctrine a le défaut de ne pas donner au
Droit une base fixe, et de le soumettre à
toutes les fluctuations qui peuvent résulter
des nécessités bien ou mal comprises de l'état

---

(1) *De Jure belli ac pacis*, lib. 1, cap. 1, § 12.

de société. Dans un tel système, le droit individuel n'existe pas par lui-même; il n'est point
un principe d'action, il n'est plus qu'une faculté pure, dont l'exercice et l'étendue sont
subordonnés à des exigences, qui, par leur
nature, varient sans cesse; ces exigences
d'ailleurs, fussent-elles toujours les mêmes,
peuvent être appréciées diversement. Cela
suffit pour qu'elles ne puissent servir à fonder
le Droit, car la société n'est pas pour l'homme
un but, mais un moyen, et ses nécessités doivent venir après, non avant le droit de l'individu. Grotius, comme on voit, prend le
fait pour le droit, ce qui est pour ce qui doit
être. Il procède en sens inverse de la logique,
il entreprend de tracer un cercle sans s'occuper du point central. Il a été conduit à mettre
le Droit dans l'histoire; mais on ne peut subordonner ainsi le Droit éternel à une expérience qui naturellement a eu un commencement. Le Droit existait avant qu'on pût
invoquer aucun fait historique pour ou contre
le Droit. N'accepter pour légitime que ce qui
a été, c'est s'exposer à manquer de raison
pour justifier le commencement de chaque
chose. De plus, c'est absoudre tous les abus

de la force. Aussi est-ce de la doctrine de
Grotius que sont partis tous les publicistes
qui ont entrepris la justification des œuvres
législatives empiétant sur les mœurs et portant atteinte à la liberté.

Quant à Spinosa, il part de ce point que
la nature c'est Dieu même, qui possède un
droit souverain sur toutes choses, et il en tire
ce principe matérialiste que le droit individuel n'est autre chose que la puissance même
de l'individu. Les forts, dit-il, sont faits pour
asservir les faibles, au même titre que les
poissons pour nager et les plus gros pour
manger les petits (1). On comprendra que
nous ne nous attachions pas à cette doctrine
pour la réfuter dans son principe. Les rêve-
ries panthéistiques ne sont guère dangereuses
quand on en fait de telles applications. La
doctrine juridique de Spinosa blesse trop
ouvertement le sens commun pour qu'il soit
nécessaire d'aller la chercher dans son point
de départ. Jamais la force ne s'est abandonnée
à elle-même sans soulever la réprobation universelle. Il y a dans un pareil principe quel-

(1) *Tractatus theologico-politicus*, cap. 16.

que chose qui répugne au sentiment de tout
le monde, même de l'être le plus perverti,
et la conscience du genre humain proteste
contre un système qui aboutit à de pareilles
conséquences. Le droit du plus fort, c'est l'instinct de la brute, comme Spinosa le dit naïve-
ment. Or, l'homme se sent une créature douée
de raison, sinon toujours raisonnable; il sent
que la loi de la bête n'est pas la sienne, et
qu'il a une conscience que la bête n'a pas.
Aussi quelque idée qu'on se fasse de Dieu et
de la création, du fini et de l'infini, on n'arrivera jamais à rendre acceptable cette proposition, que l'homme, être intelligent et
libre, n'a d'autres limites à sa liberté d'action
que l'étendue de sa puissance.

Les théories du Droit, on le voit, n'ont
pas manqué; et comme en de telles matières on ne saurait se résumer trop souvent,
nous allons reprendre sommairement les résultats de nos recherches. Kant déduit le
droit de l'égalité et pose cette règle : « Agis
de telle sorte que l'usage de ta liberté puisse
concorder avec la liberté de tous. » — Hobbes et Bentham ont placé le principe du

droit dans l'intérêt, de telle sorte que l'individu peut faire licitement tout ce que son
utilité propre lui commande. — Rousseau fait
dériver le droit d'un pacte social et le soumet
à la volonté générale. — De Maistre le fait
descendre de l'autorité divine. — Grotius
fait consister le droit dans la faculté de faire
tout ce qui n'aurait pas pour résultat de
rendre impossible l'état social.— Enfin, pour
Spinosa, le droit c'est la force.—Nous ne par-
lerons pas des autres théories qui se rattachent
toutes à quelqu'une de celles-ci et n'en dif-
fèrent que par des nuances. Parmi les différents systèmes que nous venons d'indiquer,
il en est, comme celui de Kant, qui fournissent des préceptes dont il faudra toujours
tenir grand compte ; mais, quels qu'ils soient,
nous ne saurions en admettre aucun comme
complètement vrai et satisfaisant.

D'abord ils offrent tous un défaut commun, en ce qu'ils posent une règle d'action
à laquelle toute idée de devoir paraît étrangère. Ensuite ils n'établissent pas le Droit sur
une base fixe et invariable, ou ils lui donnent
un fondement erroné. L'égalité de Kant
n'explique pas le droit suffisamment; car elle

est un résultat plutôt qu'un principe, et elle
ne dispenserait pas de dire pourquoi tel droit
est légitime, après qu'on aurait assigné à l'activité de l'homme des limites telles que chacun eût une part également mesurée. L'intérêt évidemment ne peut être un principe
de droit, un principe d'action, sans armer
les hommes les uns contre les autres. Le contrat social est une fable, et l'autorité du
nombre, c'est la force déguisée. L'autorité
divine à son tour serait l'anéantissement total
de l'activité humaine, c'est la Providence substituée à la conscience individuelle, c'est le fatalisme. Le maintien de l'état social, la *sociali-*
tas de Grotius, ne saurait davantage fonder
le Droit, attendu que la société est un fait, un
résultat de la sympathie humaine, et que
l'homme ne peut se créer des droits et imposer des devoirs à ses semblables en obéis-
sant à un penchant de sa nature. Quant au
droit du plus fort formellement avoué, il fait
horreur.

Si tous ces principes sont erronés ou insuffisants, on se trouve amené par voie d'ex-
clusion au seul principe supérieur au Droit
et qui puisse lui servir de base, nous voulons

dire à l'idée du *Devoir*, à cette loi morale imposée également à tous, et que l'homme ne pratique complètement qu'à la condition d'en faire respecter le principe dans sa personne. Le droit, en effet, c'est la faculté de faire librement ce que le devoir prescrit, en employant la force au besoin pour écarter toute entrave. Hors de là, toute contrainte n'est plus qu'un acte sans moralité. Je ne puis agir contre mon semblable, en d'autres termes je n'ai de droit, que pour surmonter ce qui serait un obstacle à la pratique de la loi morale, à l'exécution d'un commandement de ma conscience. Droit et devoir sont la même idée sous deux aspects différents. Tout devoir vis-à-vis de moi-même me crée un droit contre autrui. En un mot, il n'est pas un droit qui ne se rattache à un devoir comme une conséquence à un fait. Pour supprimer le droit ou la liberté, une seule et même chose sous deux noms, il faudrait anéantir la conscience; car c'est seulement en se sentant libre que l'homme est lui-même, et l'on peut douter que sans le sentiment de son droit, il eût pleinement le sentiment de la responsabilité morale qui pèse sur lui.

Nous disons que les mots *droit* et *liberté*
sont synonymes; car la liberté ne peut être,
comme nous l'avons fait voir en son lieu,
que la faculté de faire ce que l'on doit vouloir, et le droit n'est que cela. Le régime
politique de la liberté n'est autre que celui
du droit. Toutes les réclamations faites au
nom de la liberté auraient pu l'être au nom
du droit. Tous les abus corrigés par les livres
ou les révolutions étaient des atteintes à un
droit, par cela même qu'ils portaient atteinte
à une liberté. Les persécutions religieuses
touchaient au droit d'adorer librement la
Divinité; les abus de la presse au droit de
bonne réputation ou tout autre; et les peines
d'une rigueur excessive, ou appliquées pour
un mal ne constituant pas un délit social,
portaient atteinte à la liberté personnelle. Le
droit, nous le répétons, réalise le devoir;
c'est la pratique de la loi morale, à l'encon-
tre de toute volonté qui tenterait de s'y
opposer; c'est le devoir continué (1). Et

(1) Nous devons ici prévenir une objection qu'on serait
tenté de faire. Mesurer le droit sur le devoir, dira-t-on,
c'est tyrannie; si le droit naît du devoir, il suit de là que
nous n'en pouvons jamais rien retrancher : renoncer à son

15

comme le devoir est identique dans son principe, l'égalité du droit s'ensuit. Les hommes
naissant tous avec les mêmes devoirs, il en résulte nécessairement qu'ils sont tous égaux en
droits; la conscience ne peut proclamer l'i-
dentité du devoir sans affirmer en même
temps l'égalité du droit.

C'est dans la raison, c'est-à-dire dans cette
faculté supérieure qui relie l'homme aux
vérités éternelles, que la règle du droit nous
apparaît, bien au-dessus de la région des
phénomènes et de tout ce qui tombe sous
l'expérience. L'idée du droit a des caractères
qui lui sont communs avec toutes les idées
de la raison; elle est *nécessaire*, c'est-à-dire
qu'il est impossible qu'elle ne se produise pas
en nous aussitôt que nous pensons; elle est

droit, ce serait par là même renoncer à son devoir, et l'on
ne doit pas renoncer à son devoir. Nous répondons que
chez l'homme les devoirs se combattent. C'est ainsi qu'au-
dessus du devoir de conserver la libre disposition de sa
personne, s'élève la loi de la charité, de l'abnégation, du
dévouement. Mais l'abnégation ne se commande pas; elle
cesse d'être en cessant d'être volontaire. C'est la liberté du
choix qui fait seule la beauté du sacrifice, dans ce conflit.
L'homme doit accomplir ce qui est pour lui un devoir;
mais, quand il y a collision des devoirs, le choix lui appartient.

universelle, c'est-à-dire qu'il n'y a pas d'esprit qui ne la conçoive, ou, si l'on veut, qui ne la subisse; elle est *absolue*, c'est-à-dire que nous ne pouvons la considérer comme dépendant des lois mêmes du monde, et que nous nous sentons obligés de croire que si le monde renaissait après avoir été détruit, la justice n'en resterait pas moins immuable au milieu de ces bouleversements. Le droit est un principe indéfectible, une pure lumière qui brille au fond de la conscience humaine, et qui ne saurait s'éclipser. La *loi* n'est qu'un simple fait : elle peut être l'expression infidèle du droit, elle peut même être contraire au droit; c'est alors une loi injuste, *lex contrà jus*. « Nous avons traversé des temps, dit M. Royer–Collard en parlant de 93, où l'autorité de la loi ayant été usurpée par la tyrannie, le mal fut appelé bien et la vertu crime. Dans cette douloureuse épreuve, nous n'avons pas cherché la règle de nos actions dans la loi, mais dans nos consciences; nous avons obéi à Dieu plutôt qu'aux hommes (1). »

(1) Discours prononcé, en 1827, à la Chambre des Députés, dans la discussion du projet de loi de M. de Peyronnet sur la presse.

L'idée du juste ne change point : astre im-
mobile au milieu des révolutions que les
sociétés poursuivent dans leurs incertaines
orbites, on peut l'apercevoir de différents
points de vue : ce n'est pas lui qui se déplace.
Les lois humaines s'améliorent et se perfectionnent; mais le droit ne progresse pas plus
que la morale, par la raison que la vérité
mobile ne serait plus elle-même. Le droit,
dit Confucius, ne saurait varier de l'épaisseur
d'un cheveu; autrement, ce ne serait plus
le droit. Répétons donc que le droit eût été
aussi bien violé, il y a vingt siècles, par ce
qui serait de nos jours une violation du droit,
et que ce qu'il est à l'heure présente , il l'a
toujours été.

Mais, dira-t-on, l'humanité marche toujours; elle se développe comme l'individu,
et les philosophes, en ce point bien différents des poètes, qui considèrent que l'espèce
humaine va se pervertissant sans cesse, représentent tous le progrès comme une loi. Pourquoi le droit ne progresserait-il pas? Nous
répondons que la vérité, si elle se découvre
par degrés, n'en reste pas moins au fond toujours la même. Il ne faut pas prendre la for-

mule d'une vérité préexistante à l'homme pour
la vérité elle-même, et s'imaginer que cette
vérité a avancé parce que nous sommes arrivés
à nous en faire une idée plus claire. Ce serait
la même erreur que de croire que les bornes
du chemin ont marché quand le voyageur les
a atteintes. Le droit n'a pas changé parce
que la liberté des cultes et de l'enseignement,
méconnue il y a deux siècles, est écrite
aujourd'hui dans la loi. De même, la liberté
de la presse était un droit avant de naître.
C'est la manifestation nouvelle d'un droit
inné, une force inconnue au service de
facultés qui ne changent pas. Le moyen est
nouveau, le droit ne l'est pas. Le droit est
aujourd'hui ce qu'il était alors; l'esprit humain
a progressé, mais non pas la vérité, qui ne
fait pas un pas nouveau dans la voie du progrès toutes les fois qu'un préjugé disparaît.
Ce qu'il y a de variable dans le droit, c'est
l'apparence, c'est la manifestation, c'est la
forme. Mais le droit change-t-il parce qu'il
s'exerce différemment? S'il est vrai, comme
on le raconte, qu'aux premiers âges du
monde l'homme ait vécu de glands, croit-on
qu'après la découverte de Triptolème, au

lieu de continuer l'exercice du droit de vivre,
il ait acquis un droit nouveau, celui de
manger du pain? Si à un fait mythologique
l'on préfère un fait actuel et positif, qu'importe qu'en France, par exemple, les dona-
tions ne soient valables que faites en la
forme authentique, tandis que chez tel peuple voisin un écrit quelconque suffira? La
vérité, le droit est partout que la volonté du
donateur doit être certaine, et le législateur
apprécie diversement cette certitude, selon
les temps, selon les lieux, sans contredire
le principe ; car des lois contraires à la
première vue peuvent, selon la remarque
de Montesquieu, avoir absolument le même
fondement (1). Il faudra toujours ainsi chercher le mobile derrière la manifestation,
écarter l'apparence et percer jusqu'à la réalité toutes les fois qu'il y aura à s'interroger

(1) Montesquieu a consacré tout un livre de son grand
ouvrage à établir cette vérité, que le même esprit peut
dicter des lois contraires. (*Esprit des lois*, livre 29.) Nous
croyons qu'on eût pu faire quelque chose de mieux ; mais
enfin, tels qu'ils sont, les tout petits chapitres de Montesquieu n'en sont pas moins une réfutation des raille-
ries de Montaigne et de Pascal sur *cette plaisante justice*,
qu'une rivière ou une montagne borne.

sur la légitimité de tel ou tel fait nouveau.

Voilà le droit dans son essence, dans toute sa pureté rationnelle et métaphysique. Mais le droit, bien qu'il soit un principe éternel et absolu, est soumis à un développement successif : il prend des formes diverses en rapport avec les mœurs et avec les degrés de la civilisation. Il en est de l'idée du droit comme de l'âme humaine, qui, pour se manifester dans le monde, doit se revêtir d'un corps et d'un ensemble d'organes nécessaires à l'existence réelle. Les deux formes originaires du droit sont la *coutume* et la *loi;* ce sont là les deux modes principaux de sa manifestation. C'est du droit que la coutume et la loi doivent tirer leur force; il faut, à cet effet, qu'elles soient l'expression aussi exacte que possible de ce qui est juste. Les coutumes expriment les besoins immédiats de la raison naturelle dans le domaine du droit. Mais lorsque les coutumes se sont multipliées outre mesure, que le corps social se sent gêné dans ses mouvements et éprouve plus fortement le besoin de l'unité, un législateur appuyé ou suscité peut-être par les circonstances, se présente pour formuler les besoins actuels de

la nation, et pour lui indiquer plus nette-
ment les voies de perfectionnement conformes
à son génie. A l'instar du peintre qui saisit
exactement les traits, tout en les idéalisant
d'après un type supérieur, le vrai législateur
saisit la vie nationale dans ses tendances les
plus élevées, la dégage de ce qu'il y a de
grossier dans son état coutumier, regarde
l'avenir en tenant compte du passé, et tend
à élever la nation à un état plus parfait de
culture. Le législateur qui se bornerait simplement à rédiger des coutumes serait comme
le littérateur qui s'imaginerait fonder l'unité
d'une langue par la collection de tous les
patois. De même que, dans le développement des langues, la pensée n'est réellement
fixée que par l'expression, de même la législation détermine l'état du droit chez un peuple et indique le degré de son développement. C'est ainsi que le droit arrive à sortir
de l'état coutumier pour se traduire en lois.
Le droit réside comme une force interne
dans la nature humaine; il agit et se développe dans la vie des peuples, avant d'être
formulé par la raison sociale. On pourrait
dire que le droit se trouve, par les coutumes,

dans un état latent de gestation au sein d'une nation; le législateur n'accomplit, dans la plupart des cas, qu'une œuvre de délivrance. Il en est de l'ordre moral comme de l'ordre physique, où la loi d'attraction existait et régissait les rapports des êtres de la nature, avant qu'elle eût été découverte par Newton et déterminée par la science.

Il ne faut donc pas confondre le droit lui-même avec la législation, qui n'est que la formule sociale du droit, mais qui ne le constitue pas. Au-dessus de tous les codes changeants et des constitutions particulières, planent des règles fixes, qui, loin de tirer leur valeur de quelque législation écrite, fournissent à chacune son type et son critérium : ce sont les lois qui dérivent de la raison, c'est le droit naturel, ainsi nommé parce qu'il est conforme à la nature de l'homme et à sa destination. Loin de croire avec Bentham que le droit, à proprement parler, ne soit que « la créature de la loi, » il faut le considérer au contraire comme un principe antérieur et supérieur à la loi. Platon disait que le temps est l'image mobile de l'éternité; nous pourrions dire de même que la loi est

le reflet ou l'évolution progressive du droit
absolu. Le droit naturel, c'est le type de la
justice suprême, immuable, universelle, auquel l'homme aspire, comme il aspire à celui
de la souveraine beauté dans les arts et la
littérature. Viennent ensuite les lois; mais
tout ce qu'elles peuvent faire, c'est de proclamer le droit qui existait avant elles dans la
conscience du genre humain : elles ne le fondent pas, elles le garantissent. « Ce n'est pas
la loi qui a fait la liberté, l'égalité, la famille,
la propriété. Elle peut sans doute organiser
toutes ces choses, mais elle ne fait alors que
travailler sur le fonds que la nature lui a
donné, et elle est d'autant plus parfaite
qu'elle se rapproche davantage de ce droit
éternel, immuable, inné, que le Créateur a
gravé dans nos cœurs (1). » Le droit naturel
est la source de toutes les lois positives; celles-
ci n'en doivent être que la consécration et la
garantie. Le droit, comme la justice, a existé
avant l'État, et « dire qu'il n'y a rien de juste
ni d'injuste que ce qu'ordonnent ou défen-
dent les lois positives, c'est dire qu'avant
qu'on eût tracé le cercle, les rayons n'étaient

(1) M. Troplong, *Préface du Commentaire de la Vente.*

pas égaux (1). » Ainsi autour de l'idée du
juste et de l'injuste, comme autour d'un
point milieu, rayonnent les cercles concentriques, de plus en plus vastes, du droit
positif, du droit naturel, et de la morale.

Des considérations que nous avons pré-
sentées sur la Morale et le Droit, il résulte
avec évidence qu'il n'y a point d'opposition
entre ces deux sciences. Il ne peut pas y
avoir une morale injuste, ni un droit im-
moral; leurs domaines, tout en étant distincts,
se trouvent dans des rapports nombreux et
intimes. La Morale et le Droit concourent au
même but : le perfectionnement de l'homme
et de la société; mais leurs voies sont diverses.
L'une s'attache à améliorer l'homme intérieur, la source de tous ses actes, la volonté;
l'autre, pour assurer à la vie ses moyens de
développement, les rend indépendants de la
bonne ou mauvaise volonté des individus,
comme garantie de la marche régulière de la
société. La Morale, en un mot, mène à la
réalisation du bien par la persuasion, c'est là

(1) Montesquieu.

son rôle, *illa se jactet in aula;* le Droit y
mène par la contrainte. Le droit n'est point
une vaine abstraction destinée à rester dans le
domaine de la pure spéculation; pour être
une règle efficace, obligatoire de fait et respectée, il lui faut une garantie, une sanction
que la puissance publique seule peut donner
légitimement, et cette sanction, c'est la force.
La force légitimement employée complète le
droit; il est trop évident que si je ne pouvais
pas faire respecter mon droit par la force, ce
que j'appelle mon droit ne serait que le sentiment de l'injustice que je devrais subir en
silence, ou dont je devrais demeurer, après
quelque inutile protestation, la victime rési-
gnée. Le Droit et la Morale se prêtent ainsi
un mutuel appui; séparés ou confondus, ils
jetteraient le désordre dans la société; mais
distincts et unis, ils deviennent deux puis-
sants leviers de tout véritable progrès. En
montrant le danger qui résulte de la confusion de ces deux sciences, il ne faut donc pas
insister avec moins de force sur la nécessité
de leur accord. Il n'est aucune loi, aucune
institution qui puisse se maintenir ni produire
un bien social, si elle est contraire aux lois de

la morale et de la conscience; et les moyens qui peuvent être employés pour agir sur les hommes, tout en étant légaux et juridiques, doivent encore être moraux.

Le juste, le bien, le vrai sont trois termes d'une même proposition; Platon, Cicéron et saint Thomas l'ont proclamé il y a long-temps. Ce qui est juste, c'est ce qui est vrai en Droit. Aussi les deux sciences les plus importantes pour le jurisconsulte, celles qui pourront l'éclairer à chaque pas, pour ainsi dire, dans ses investigations, c'est la Morale, science des devoirs, et c'est la Logique, science et art tout à la fois, sans laquelle nul raisonnement ne peut aboutir qu'à des contradictions où à des erreurs, la Logique, qui « est la géométrie des idées, comme la géométrie est la logique des corps (1). » Il est des règles auxquelles est attachée la découverte de la vérité, et qu'il n'est pas permis d'ignorer sans marcher à l'aventure et, par conséquent, sans s'exposer à s'égarer. L'étude des lois du raisonnement, il faut bien le dire, a été trop délaissée par les jurisconsultes, même par ceux qui n'ont fait

----

(1) Lamennais, *Esquisse d'une philosophie nouvelle.*

du Droit que l'objet d'une étude purement
spéculative, et l'on ne trouve plus chez eux
cette méthode sévère, rigoureuse, qui rend si
admirables, par exemple, les dissertations de
Merlin et surtout de Dumoulin. La première
condition pour découvrir la vérité, c'est de
partir d'un principe exact; et, quand nous
disions, au commencement, que la méthode
de déduction était la vraie méthode du Droit,
nous voulions parler du Droit positif, et nous
en supposions les principes reconnus et ac-
ceptés. Autrement, quand on veut s'assurer
du point de départ, quand on veut avoir la
raison du Droit pris d'une manière générale, quand on veut en trouver la source et
en déterminer l'origine, comme nous l'avons
fait nous-même dans tout le cours de cet
écrit, il n'y a pas d'autre méthode à employer
que l'analyse, suivie de l'induction. C'est là
la vraie méthode philosophique, celle qui
conduit à la découverte des principes. Par
conséquent, c'est la méthode qui convient au
Droit naturel. C'est l'opération préalable et
indispensable de toute intelligence qui, faisant table rase de ses idées, veut trouver la
science et la créer en quelque sorte, comme

si elle n'avait jamais existé. En un mot, c'est la méthode de Descartes appliquée à la jurisprudence, c'est la philosophie du Droit. Mais, quand il s'agit du Droit positif, du Droit tel qu'on l'enseigne aux écoles, il est permis au jurisconsulte de profiter des travaux qui se sont faits avant lui, et la science du Droit n'est pas à recommencer sans cesse. Il est de ces vérités incontestées, devenues claires par l'habitude, reconnues depuis longtemps, et où il est permis à l'esprit de se reposer. S'il s'agit enfin d'un de ces principes qu'on ne discute plus, naturellement alors l'analyse finit, et la déduction commence.

La forme de la méthode de déduction, méthode applicable aux sciences morales et mathématiques, mais à ces sciences seulement, c'est le syllogisme, et le syllogisme n'est rien autre chose que le procédé servant à extraire d'une proposition générale une proposition particulière à l'aide d'une proposition moyenne, qui fait sentir l'identité des deux autres. Deux quantités égales à une troisième sont égales entre elles, disent les mathématiciens : voilà la raison du syllogisme. Dans le syllogisme le terme moyen fait sentir l'iden-

tité, la mesure de la majeure et de la mineure.
C'est la troisième quantité·à laquelle les deux
autres sont égales. Quant à descendre dans
l'examen du mécanisme du syllogisme et des
quatorze combinaisons dont la philosophie
scolastique a reconnu qu'il était susceptible,
cela serait aussi long qu'inutile pour l'objet
que nous nous proposons. Nous dirons seulement que le syllogisme fait en règle ou
mentalement, peu importe, est la seule
forme possible de tout raisonnement qui
conclut ; mais que c'est l'analyse préalable
qui garantit l'exactitude des principes.

Maintenant, est-ce à dire qu'en Droit tout
raisonnement devra revêtir les formes scolastiques dont autrefois on a tant abusé, et cela
à peine de n'être qu'un raisonnement vicieux?
A soutenir une pareille thèse, assurément on
perdrait son temps, et l'on ne convaincrait
personne. Quand on raisonne toujours selon
les règles, on se fatigue promptement, et, ce
qui est pis, on fatigue les autres. L'esprit se
rebuté par une manière trop uniformément
tendue. Il est des idées assez évidemment
justes pour n'avoir pas besoin d'être resser-
rées dans les cadres étroits d'un syllogisme

en règle, et la forme du raisonnement peut varier à l'infini. Mais tout raisonnement exact, il ne faut pas l'oublier, ne renferme pas moins un syllogisme apparent ou caché. Dans ce dernier cas, l'esprit subit, sans le savoir, l'influence d'une logique sévère, quoiqu'elle ne se montre pas. Certes on ne conclut plus aujourd'hui en *baralipton*, même au palais; Gargantua a entendu le dernier plaidoyer de ce genre. Mais tout raisonneur, qu'il le sache ou l'ignore, fait des syllogismes bons ou mauvais. Il peut ne pas se rendre compte de ce qu'il fait; mais, qu'il se tienne alors, car on ne lui pardonnera d'ignorer, comme monsieur Jourdain, qu'il fait de la prose, qu'à la condition de la faire correcte. Il faut étudier les lois du raisonnement, les connaître, s'en pénétrer et ne les laisser voir que le moins possible. Au reste, si la forme syllogistique devait être bannie de partout, c'est bien du palais qu'elle devrait l'être en dernier lieu. Que l'on prenne un jugement ou un arrêt, au hasard; qu'est-ce que cette longue phrase, unique, qui le compose tout entier, sinon un syllogisme, tel à peu près qu'on en faisait dans l'école? Quand

16

le syllogisme est bien fait, la sentence est
bien rendue; quand il est mal fait, la Cour de
cassation casse la sentence et son arrêt indique l'endroit où le raisonnement a failli.

De tout cela, il faut conclure que l'étude
de la Logique est pour le jurisconsulte une
étude de première nécessité. Il serait oppor-
tun de rendre à la science d'Aristote, appliquée à la jurisprudence, quelque chose de
l'importance, exagérée sans doute, qu'elle
avait jadis. On s'en moquait, non sans raison,
quand, opérant dans le vide et avec un appareil pédantesque et barbare, elle bannissait,
selon l'expression de Molière, la raison du
raisonnement. Mais aujourd'hui les tendances
sont autres; et quand, dans les sciences
naturelles, il se fait tous les jours l'emploi le
plus heureux du perfectionnement des mé-
thodes, il serait regrettable que les sciences
morales appliquées restassent en arrière et
que la science du Droit particulièrement se
développât en sens divers, sans autre règle
qu'un sentiment irréfléchi chez celui qui la
cultive.

C'est ainsi que la Morale et la Logique
réunies seront d'un grand secours au juris-

consulte; et comme ces deux sciences pré-
supposent une bonne psychologie, il s'ensuit
qu'un cours de philosophie est une excellente
préparation à l'étude du Droit. On voit
ainsi comment il faut comprendre la philosophie du Droit, dont le domaine, jusqu'à nos jours, a été tracé d'une façon
si peu précise. La philosophie est la science
des causes premières, des principes fondamentaux de toutes choses. Or, quelques déclamations dont les idées abstraites
et générales aient été l'objet, il est impossible d'en répudier complètement l'usage.
C'est dans la nature abstraite du droit de propriété, du droit d'obligation, que le praticien lui-même puise à son insu la raison de
ses décisions; et s'il raisonne bien, c'est conformément aux règles de la logique. Nul n'a
véritablement le *sens* du Droit, sans en avoir
au moins par intuition, sentiment ou habitude, la philosophie. Mais le jurisconsulte-
philosophe se connaît lui-même; il sait ce
qu'il peut, ce qu'il veut, ce qu'il cherche;
c'est ce qui le place à une immense distance
au-dessus du philosophe sans le savoir, qui
ne rencontre la vérité que par occasion.

Et pourtant tout enchaînement de vérités
générales et particulières est encore, aux
yeux de beaucoup de gens, quelque chose de
si vain et même dangereux, qu'il n'est jamais
inutile de justifier ce qu'il faut appeler les
principes. Qu'est-ce donc qu'un principe ?
Tout le monde répondra que c'est une vérité
première. On ne peut prononcer sur un cas
particulier qu'en vertu d'une vérité supérieure,
régissant d'autres cas semblables. Or, si l'on
remonte de degré en degré aussi haut qu'il
se pourra, on finira par arriver à une vérité
générale, éternelle, et le principe sera trouvé.
Tels sont les principes et telle est leur nature,
qu'ils sont inflexibles, et qu'ils cesseraient
d'être s'ils pouvaient varier. De même qu'ils
sont invariables en eux-mêmes, ils le sont
aussi dans leurs conséquences les plus éloignées; en d'autres termes, les principes se
retrouvent partout, et l'homme ne peut faire
un seul raisonnement sans s'appuyer sur une
vérité éternelle. On peut donc sans crainte
poser cette alternative : ou bien il faut renoncer à raisonner, ou bien il faut admettre
des principes, c'est-à-dire des règles d'appréciation qui seront nécessairement géné-

rales, règles qu'on pourra bien définir ou
circonscrire, mais dont on ne devra pas s'affranchir, une fois qu'on les aura reconnues.

Les principes de droit ont une certaine
classe d'adversaires qui, sans les nier, en
rejettent les conséquences; ils ne s'élèvent
pas contre la vérité absolue, mais ils la tiennent dans une région inaccessible à la raison
pratique, *involuta veritas in alto latens.* Il
y aurait ainsi une sorte de scission entre les
vérités pures et les vérités d'application : les
premières bonnes seulement pour les rêveurs,
et les secondes variables, temporaires, com-
plaisantes, se prêtant à toutes les prétendues
nécessités du moment. Ces hommes pratiques, comme ils s'appellent, traitent de chi-
mères les déductions les plus irréfutables d'un
principe incontesté. Avec eux, la vérité applicable se subordonne aux faits; elle n'est
légitime que dans la mesure du possible tel
qu'ils le conçoivent; les principes, en un
mot, seraient les satellites du fait, comme
ces chefs sans autorité qui obéissent aux sol-
dats indisciplinés qu'ils ont mission de commander.

Un pareil système est insoutenable de tous

points. Un principe est vrai ou faux; s'il est vrai, il l'est partout et dans toutes ses conséquences. Repousser des conséquences rigoureusement déduites d'un point de départ accepté, c'est évidemment un non-sens. Toute conséquence résulte nécessairement de son principe; elle est vraie si le principe est vrai, fausse si le principe est faux. Or, rejeter la conséquence en admettant le principe, c'est admettre qu'une chose peut tout à la fois être fausse et vraie, ce qui est absurde. On dit trop communément que la pratique doit adoucir le caractère exclusif de la théorie; que la vérité n'est tout entière nulle part; qu'elle admet des tempéraments; et l'on rappelle le mot rapporté par Térence et par Cicéron : *summum jus, summa injuria*. Cela ne saurait être vrai sans explication. Oui, la pratique éprouve la théorie, en ce sens que l'application peut servir à faire découvrir la fausseté d'un principe. Notre intelligence est souvent le jouet d'un mirage; l'erreur a des lueurs trompeuses; pour reconnaître la vérité, il nous est nécessaire de l'envisager de tous ses côtés, et nous avons besoin quelquefois que l'application nous rassure sur la réa-

lité du point de départ de nos raisonnements
et sur la valeur de nos déductions. Mais l'application n'est là que comme moyen indicatif
et non pour corriger. Une conséquence inadmissible révèle un principe faux ou un raisonnement erroné; il faut alors chercher le vice
du principe ou du raisonnement; mais la
vérité n'en est pas moins une, immuable, indépendante des temps et des lieux ; et quand
elle brille aux yeux sous toutes ses faces, il
n'est pas permis de l'admettre et de la rejeter
en partie.

Maintenant que nous avons déterminé l'i-
dée du Droit, c'est-à-dire le cercle dans
lequel l'individu peut faire respecter sa volonté, il conviendrait d'examiner les différents droits en particulier. L'étude du Droit
dans ses applications vient naturellement
après l'étude du Droit dans son essence. Tel
doit être l'objet de la deuxième partie de
notre travail, à laquelle nous donnerons le
nom de *Partie spéciale*. Il serait donc préma-
turé d'entrer, dès à présent, dans les détails

du sujet; nous allons seulement en donner
à l'avance un simple aperçu.

Après le Droit viennent les droits, comme
après le Devoir viennent les devoirs. Du
devoir que j'ai de vivre, de veiller à la conservation des organes qui servent mon intelligence, dérive, comme nous l'avons déjà
dit, le droit d'acquérir. La liberté du culte,
le droit d'enseigner par la parole ou l'écriture, l'intégrité de la réputation, la liberté
individuelle, qui comprend la sécurité pe -
sonnelle et la liberté de locomotion, ont
également leur source dans le devoir. Mais si
tous les droits ont ce caractère commun
d'avoir pour principe la loi du devoir, ils ne
doivent pas moins être distingués quant à
leur cause. L'homme peut avoir d'autres
droits que ceux qu'il tient de sa seule qualité
d'être intelligent et libre. Ce peut être un
devoir pour moi que d'acquérir de nouvelles
facultés ou d'en conférer de plus étendues à
mon semblable. Je ne nais pas propriétaire,
créancier ou débiteur, mais je puis le devenir. Là se trouve le principe d'une distinction fondamentale : tous les droits que

l'homme peut avoir à exercer seront *innés* ou *acquis*. Les uns ont leur titre dans la nature de l'homme; ils sont comme le cercle au milieu duquel chacun se trouve en naissant, ils sont les mêmes pour tous. Les autres, au contraire, supposent un fait extérieur, un acte qui les produit; ils sont divers pour chaque individu. Si un objet quelconque, meuble ou immeuble, m'est livré, ou si j'en prends possession comme premier occupant, j'acquiers un droit. Si je stipule d'un autre homme qu'il fera ou donnera quelque chose, j'acquiers un autre droit, mais un droit différent du premier par son objet. Nous placerons là le principe d'une sous-distinction, et nous dirons : tous les droits sans exception sont innés ou acquis, et tous les droits acquis seront *réels* ou *personnels*.

Un droit réel ou droit de propriété peut avoir été transmis par un précédent détenteur, et il y a dès lors une acquisition dérivée. Mais si de degré en degré on remonte jusqu'à l'origine du droit, on trouvera un fait primordial, un acte matériel, le fait de l'appropriation, dont la légitimité peut

seule fonder une propriété légitime. Que faut-
il donc penser de ce fait de l'appropriation? L'homme est tenu de pourvoir à sa vie
physique, il a le devoir de se conserver;
c'est de ce devoir que découle pour lui le
droit de s'approprier les objets du monde
extérieur nécessaires à son existence. L'appropriation des objets matériels est une manifestation de la liberté humaine; la propriété
en est le résultat.

Relevé à ses propres yeux par le sentiment de sa liberté, l'homme se juge supérieur aux choses qui l'environnent; il estime
qu'elles n'ont d'autre prix que celui qu'il
leur donne, parce qu'elles ne s'appartiennent point à elles-mêmes. Il se reconnaît le
droit de les occuper, de les appliquer à son
usage, de changer leur forme, d'altérer leur
arrangement naturel, d'en faire, en un mot,
ce qu'il lui plaît. « Tout ce qui n'est pas une
personne, c'est-à-dire tout ce qui n'est pas
doué d'une activité intelligente et libre, c'est-
à-dire encore tout ce qui n'est pas doué
de conscience, est une chose. Le droit
est dans la personne et non dans les choses
quelles qu'elles soient. Les personnes ne peu-

vent posséder d'autres personnes et en user à leur gré; les choses, au contraire, étant sans droit, les personnes peuvent en user et même en abuser. J'ai donc le droit d'occuper les choses, et, en les occupant, je me les approprie, je les fais miennes : dès lors, assimilées à moi-même, marquées du sceau de ma personnalité, elles cessent d'être de simples choses à l'égard des autres, et, par conséquent, elles ne tombent plus sous leur occupation et sous leur appropriation. Ma propriété participe, en quelque sorte, de ma personne; elle a des droits par moi, si je puis m'exprimer ainsi, ou, pour mieux dire, mes droits me suivent en elle, et ce sont ces droits qui sont dignes de respect (1).»

Lorsque j'exerce la faculté d'aller, de venir, d'enseigner, tout finit avec l'exercice de ce droit naturel; il n'en est pas ainsi quand j'use du droit d'appropriation, car le droit de m'approprier les objets entraîne pour moi le droit de les conserver. Le fait seul d'avoir usé de ce droit a créé entre moi et l'objet acquis un rapport en vertu duquel il m'est soumis d'une manière absolue, et ce droit nouveau

(1) M. Cousin.

d'en disposer après l'appropriation, c'est le droit de propriété, *in re plena potestas;* c'est un droit qui a pénétré jusque dans les entrailles de la chose, c'est un *jus in re,* comme disent les jurisconsultes romains, et la définition que les interprètes ont donnée du droit de propriété nous paraît excellente : *Dominium est jus utendi, fruendi et abutendi re, quatenus juris ratio patitur.* La propriété n'est pas un droit d'un instant et une jouissance précaire; elle est un droit permanent et exclusif de l'homme sur la matière. Ce n'est pas la loi, ce n'est pas un contrat social qui ont créé la propriété; elle dérive des sources les plus pures du droit naturel; elle est naturelle à l'homme comme la liberté et l'activité de ses facultés.

Puisque le droit de propriété est absolu, il s'ensuit qu'on peut échanger ou vendre, suivant sa volonté, la chose qu'on s'est appropriée. Autrement il n'y aurait ni commerce, ni industrie. Si l'on peut vendre sa chose, on peut aussi la louer; car qui peut le plus, peut le moins. Comme le droit de vendre et de louer est attaché au droit de propriété, le droit de donner gratuitement est aussi

l'un de ses plus beaux et de ses plus doux
priviléges. De là la donation, la succession et
le testament, par lesquels la propriété se communique et se déplace, à titre de libéralité.
Tout cela est une suite naturelle et nécessaire
de la fixité du droit de propriété. Voilà
comme tout se coordonne dans l'ordre essentiel du droit naturel sur la propriété. Le
devoir et la liberté fondent le droit; le droit
engendre la fixité; la fixité, par un nouvel
accord avec la liberté, engendre l'échange,
la vente, le louage, la donation, la succession, le testament. On ne peut briser un an-
neau de cette chaîne sans ébranler le droit
de propriété, fondement de la société, et
source de l'activité humaine.

On a souvent contesté au propriétaire le
droit de transmettre par testament, quoique
cet attribut caractérise particulièrement la
propriété. Des publicistes ont vu dans l'hérédité une cause d'inégalité que la législation positive ne pouvait consacrer. Mais la restriction
qu'ils voudraient mettre en ce point au droit
de disposer, ne serait qu'une inconséquence.
Quand l'homme, en quittant la place qu'il
s'est faite sur la terre, dispose de sa propriété

envers l'objet de son affection, il ne fait
qu'user du même droit dont il a joui pendant
sa vie. Ou bien le droit de disposer n'existe
pas, ou bien il emporte avec lui le droit
de transmettre par testament. On ne saurait
sans inconséquence, nous le répétons, reconnaître au propriétaire la faculté de disposer
durant sa vie et la lui dénier au moment de sa
mort. La transmission par testament ne diffère du don gratuit que par l'époque où elle
doit s'accomplir, c'est-à-dire qu'au point de
vue du droit il n'y a aucune différence.

On sait que Mirabeau a développé, dans
un écrit posthume (1), la doctrine que nous
combattons. Dans sa pensée, comme dans
celle de Puffendorff, comme dans celle de
Montesquieu, comme dans celle de Rousseau, la propriété n'était qu'une faveur
résultant d'une convention sociale. Or,
cette faveur ne pouvait être garantie au
propriétaire que pendant sa vie, et le droit
de tester n'en était pas une conséquence.
Comme l'exercice de ce droit devait, en ou-

(1) Discours sur l'égalité des partages dans les successions en ligne directe, lu par Talleyrand à l'Assemblée
constituante, après la mort de Mirabeau.

tre, avoir pour effet de détruire l'égalité dans
la famille et par suite dans l'État, Mirabeau
concluait qu'il n'était pas légitime en soi, et
que politiquement il devait être interdit. La
seule transmission que Mirabeau reconnaissait
comme une faveur raisonnable, était celle
qui s'opère par égales portions entre tous les
membres d'une même famille. Mais si la propriété est un droit, non un privilége; si ce
droit existe indépendamment de toute convention sociale, et si enfin il n'appartient pas
à la loi de sacrifier le droit de propriété au
principe d'égalité ni à nul autre, il est évident
que la doctrine de Mirabeau est sans valeur.
C'est d'ailleurs chez lui une doctrine *ab irato*.
Blessé dans ses sentiments, irrité dans ses
passions, froissé dans ses instincts de liberté
et dans ce besoin d'indépendance dont l'abus
de l'autorité paternelle ne servit qu'à rendre
l'explosion plus terrible, Mirabeau ne songea
qu'aux garanties à prendre contre le despotisme domestique, qui n'est lui-même qu'une
partie de l'autre, mais qui est plus dur, parce
qu'il ne s'exerce pas au grand jour de la
publicité. La métaphysique du droit ne se
prête pas ainsi aux excès de la passion, et

tous les efforts qu'on peut faire pour redresser
en un sens opposé une institution dont les
mauvais effets se sont fait sentir, ne dépla-
cent ni n'ébranlent la vérité, qui doit en être
la pierre d'assise.

Quant au droit personnel ou droit d'obligation, nous avons encore ici l'excellente définition du Droit romain : *Obligatio est juris*
vinculum, quo necessitate adstringimur ali-
cujus solvendæ rei. L'obligation astreint à
faire ou à donner, et, à l'inverse, le droit
personnel que j'ai contre quelqu'un, c'est la
faculté de le contraindre à accomplir tel acte
de ma volonté. Exemple : *Primus* s'est en-
gagé à me bâtir une maison; j'ai le droit
d'exiger qu'il me la construise, même quand
sa détermination serait changée. Dans cette
limite, sa volonté m'est acquise; elle ne lui
appartient plus. Mais toute obligation étant
une modification du cercle d'activité où
l'homme se trouve en naissant, il faut pouvoir
invoquer un fait qui l'ait produite. L'arbitre
de chacun n'appartient qu'à lui-même, et nul
n'a un droit inné sur son semblable. Tout
droit personnel suppose donc un acte anté-

rieur, soit un concours de volontés, c'est-à-
dire un contrat, ou l'un de ces mille faits que
les jurisconsultes appellent des quasi-contrats,
soit un fait coupable ou une imprudence,
c'est-à-dire un délit ou un quasi-délit. Dans
tous les cas, le droit aura une cause, ou
bien il n'existera pas. Mais, de plus, cette
cause du droit personnel devra être légitime
en soi, en ce sens qu'il n'y aura pas chez
l'obligé l'abdication d'un devoir. Le devoir,
en effet, ne s'abdique pas. En d'autres termes, la cause de tout contrat devra être
honnête et licite. On ne saurait exiger comme
un droit l'accomplissement d'un acte qui serait pour autrui une violation de la loi morale, et qui donnerait ainsi au contrat une
cause honteuse et réprouvée. Le cercle
de la liberté naturelle de chacun peut être
élargi ou rétréci, et le fait générateur du
droit nouveau être parfaitement légitime ;
mais c'est à la condition que le créancier ne
pourra jamais exiger une chose qui serait
pour l'obligé et pour lui-même une infrac-
tion à la loi du devoir. Le principe de toute
obligation doit être légitime en soi ; un fait
injuste ne peut pas être le fondement d'un

17

droit personnel, et une obligation de faire le mal serait contraire à l'idée du Droit. Telle est en dernière analyse la théorie des obligations en Droit romain et en Droit français. Les titres légaux des droits personnels sont variés comme les mille accidents de la vie, et il n'a jamais pu entrer dans la pensée d'aucun législateur de les embrasser tous dans ses prévisions. Le titre légal d'un droit personnel est toujours un fait ou une convention ; mais ces faits, ces conventions, qui donnent naissance aux obligations, revêtent mille formes diverses. Ils peuvent bien être classés, mais non décrits. Nous ne voulons pas d'ailleurs entreprendre ici de les examiner.

Outre les deux espèces de droit privé dont nous venons de parler sous les dénominations de droit réel et de droit personnel, Kant en distingue une troisième qui tient à la fois de l'une et de l'autre, et qu'il appelle pour cette raison *droit personnel d'espèce réelle* ou *droit domestique*, qu'il subdivise en trois branches : le droit conjugal, le droit des parents et celui du maître de maison. Kant a-t-il raison de détacher ainsi du droit personnel le

droit domestique, et ne vaudrait-il pas mieux
conserver la division du droit généralement
admise en deux membres, droit réel et droit
personnel? Ce qu'il y a de certain, c'est que
le droit domestique est une espèce de droit
personnel essentiellement distincte de toute
autre. Il est personnel en ce sens qu'il n'a
pour objet que des personnes ; mais il est
réel aussi en ce sens que nous possédons ces
personnes. Non certes que nous puissions
désormais les regarder et les traiter comme
des choses : elles ont toujours droit au respect qu'exige la personne humaine; mais,
sous la réserve de ce respect, ces personnes
nous appartiennent. C'est ce que Kant ex
prime en désignant cette sorte de droit sous
le titre de droit personnel d'espèce réelle.
Peut-être cette expression par laquelle notre
philosophe veut caractériser le droit domestique n'est-elle pas irréprochable : il y a toujours quelque inconvénient à appliquer aux
personnes des dénominations faites pour désigner les choses ; on ne saurait nier cependant que le droit conjugal et le droit des
parents, sinon le droit du maître sur ses serviteurs, ne forment une espèce de droit per-

sonnel tout à fait particulière. Cette nouvelle division du Droit, au surplus, nous paraît ingénieuse, et nous voulons ici même en discuter la valeur.

En première ligne se présente le mariage, c'est-à-dire ce lien intime qui unit deux êtres de sexe différent et qui fonde la famille. Le mariage est la plus complète des aliénations licites. Dans le mariage, dit Pothier (1), chacun des époux a un droit sur le corps de l'autre. Le premier doute qui se présente à l'esprit est celui de la légitimité même du droit personnel auquel prétend chacun des époux. L'homme et la femme peuvent-ils ainsi s'aliéner réciproquement ? Kant a répondu à cette question : il serait contraire, dit-il, à la dignité de l'être moral de soumettre complètement sa personne à la volonté d'autrui ; mais comme dans le mariage les époux ont un droit semblable et que chacun est à la fois sujet et objet du droit, il suit qu'en y trouvant son propre avantage, chacun d'eux retrouve ainsi sa personnalité. La réciprocité du droit, telle est donc la justifica-

(1) *Traité du Contrat de mariage*, part. I, ch. 1.

tion de la société conjugale. Cette réciprocité d'ailleurs n'est point particulière aux droits résultant du mariage; c'est elle qui légitime tous les contrats quels qu'ils soient. L'esclavage volontaire serait honteux, parce que l'esclave est sans droits, tandis que la société entre mari et femme est sainte, parce que les droits sont égaux.

Et ces droits que confère le mariage sont déterminés d'une manière telle qu'ils ne sauraient être modifiés par des promesses ou des renonciations. Le contrat de mariage emporte l'obligation pour les époux de se prêter mutuellement secours et assistance. Le mariage n'est pas seulement le rapprochement physique de l'homme et de la femme, mais aussi l'union de deux êtres moraux. Si les époux ne mettaient pas en commun leurs personnes morales, le mariage cesserait d'être légitime, et l'union des sexes ne serait plus qu'un fait sans conséquences légales, étant un fait sans moralité. Enfin, de la nature du mariage il suit qu'il ne peut être contracté pour un temps, ou résoluble sous condition. La femme qui se donne perd plus qu'elle ne reçoit, et il y a dans sa pureté un charme mystérieux qui ne se goûte qu'une fois (1). Or, la pérennité du lien conjugal peut seule établir une compensation et remettre l'équilibre dérangé. *Nuptiæ sunt conjunctio maris et feminæ, consortium omnis vitæ, divini et humani juris communicatio*, avait dit Modestinus, et les Institutes de Justinien diront à leur tour : *Matrimonium est viri et mulieris conjunctio, individuam vitæ consuetudinem continens.* Le mariage mérite une place à part ; car le droit dont il s'agit ici n'est ni un droit purement réel, ni un droit purement personnel : c'est un droit personnel tenant du droit réel, puisque, sans pouvoir user de la personne comme d'une chose, ce qui serait contraire aux droits de l'humanité, nous l'avons cependant en notre possession, et que même nous sommes fondés à la revendiquer comme nôtre partout où elle se trouve.

L'homme et la femme, acquis l'un à l'au-

(1) La vergine che il fior, di che più zelo
Che de' begli occhi et della vita aver de
Lascia altrui corre, il pregio ch'avea innanti
Perde nel cor di tutti gli altri amanti.

(*Orlando furioso*, I, 43.)

tre par le mariage, donnent l'existence à des
enfants, que leur devoir est d'élever et d'entretenir jusqu'à ce qu'ils soient en âge de se
suffire à eux-mêmes. Ils ne peuvent pas aban-
donner au hasard le fruit de leur union,
ainsi qu'ils pourraient faire d'une œuvre mécanique ou d'une chose indifférente; ils doivent faire, au contraire, tout ce qui dépend
d'eux pour lui rendre aussi facile et même
aussi agréable que possible l'existence qu'ils lui
ont donnée sans son consentement. Du devoir
qu'ont les parents vis-à-vis de leur enfant,
ils tirent à leur tour un droit : celui de le
former et de le diriger, au physique comme
au moral. Ce droit, qui implique celui de
commander, cesse, dès que l'enfant a atteint
l'âge où l'homme est naturellement en état
de se diriger soi-même, c'est-à-dire l'âge de
la majorité. Alors aussi cesse pour les parents
le devoir de l'entretenir, puisqu'il est désormais en état de se suffire à lui-même. Ainsi,
du même coup, l'enfant est affranchi de toute
dépendance vis-à-vis de ses parents, et les
parents sont affranchis pour l'avenir de toute
obligation à l'égard de leur enfant. Et ici,
il n'est besoin d'aucun acte de droit : cet af-

franchissement réciproque résulte, suivant les
lois de la raison, de l'émancipation naturelle
de l'individu. Avant ce temps-là, les enfants
ne peuvent sans doute être considérés comme
la propriété de leurs parents, car ce ne sont
point des choses dont on puisse disposer à son
gré, et c'est pourquoi le droit de leurs parents à leur égard n'est point un droit purement réel; mais, s'ils ne doivent point être
traités comme des choses, ils sont du moins
en la possession de leurs parents, en ce sens
que ceux-ci ont le droit de les retenir auprès
d'eux, et même de les faire rentrer sous leur
domination, s'ils venaient à s'y soustraire.
On peut donc dire que c'est encore là un
droit personnel d'espèce réelle, et la nouvelle
division du droit introduite par Kant se
trouve dans ce cas également justifiée.

Quant au droit du maître de maison,
comme l'appelle Kant, ce n'est pas non plus
un droit purement réel, comme celui qui
concerne les choses. Les domestiques se distinguent ainsi des esclaves, et les maîtres n'ont
jamais le droit de les traiter comme s'ils en
étaient propriétaires. En ce sens, le droit du
maître sur ses serviteurs est un droit person-

nel. Mais il a aussi quelque chose du droit
réel : car le domestique fait partie de la
maison ; et il est, à certains égards, en la possession et à la disposition de son maître. Il
diffère ainsi du simple ouvrier que l'on engage pour un certain travail déterminé, mais
qui, pour tout le reste, n'est point du tout
aux ordres du maître, et qui, alors même
qu'il occuperait sa maison, n'en fait point
partie. Il est tenu de faire toutes les choses
que son maître lui commande, pourvu que
ces choses, bien entendu, ne portent pas
atteinte à sa qualité d'être libre et ne tendent
pas à en faire un instrument passif au service
d'autrui. Le droit qui règle les rapports du
maître et des serviteurs n'est donc pas davantage un simple droit personnel ; mais, comme
le droit conjugal et le droit paternel, c'est
un droit personnel d'espèce réelle.

Toutefois, si la pensée de Kant est juste
en ce qui concerne les deux premières branches du droit domestique, ne cesse-t-elle
point de l'être quand il range dans la même
classe ce qu'il appelle le droit du maître de
maison? Ici en effet nous rentrons dans le
droit personnel ordinaire, dans celui qui

résulte d'un simple contrat et non d'une loi
supérieure. En aucun sens le serviteur ne
peut être regardé comme appartenant au
maître, encore qu'il habite sa maison; il est
toujours libre de le quitter, comme celui-ci
de le congédier, sauf les dommages-intérêts
qui peuvent résulter de la rupture du contrat
stipulé entre eux. Au point de vue juridique,
il n'y a point de différence essentielle entre
le domestique que j'engage à mon service et
l'ouvrier qui me promet une journée de travail. En fait seulement, celui qu'on appelle
vulgairement un ouvrier exécute un certain
travail à la tâche ou à la journée, tandis que
la nature ou la somme du travail que doit
fournir un domestique n'est pas toujours aussi
bien déterminée. Mais qu'importe? je ne puis
pas contraindre et retenir un serviteur autrement que je ne puis retenir et contraindre
un ouvrier qui m'a promis une journée de
travail. Mon droit sur le premier ne diffère
donc pas au fond de mon droit sur le second;
et c'est donc bien à tort que Kant assimile le
droit des maîtres sur leurs serviteurs au droit
des parents sur leurs enfants ou au droit
conjugal, et qu'il le rattache à cette espèce

particulière de droit personnel qu'il désigne
sous le titre de droit personnel d'espèce
réelle. Il s'agit tout simplement ici d'un
louage de services, et d'un droit personnel
qui en dérive. Il n'y a certainement rien de
comparable entre le droit qui résulte d'un
contrat de louage et celui qui résulte du
mariage ou de la puissance paternelle. Dans
le premier cas, j'ai le droit d'exiger d'autrui
une prestation quelconque; dans le second,
c'est la personne elle-même qui m'appartient.

Telle est, en quelques mots rapides, la
physionomie générale du Droit naturel ou
Droit de la raison. Il comprend tous les principes qui, en l'absence de lois positives,
apparaissent comme vérité juridique universelle. On a distingué quelquefois (1) un Droit

(1) On est surpris de trouver ceci chez M. Belime,
lui d'ordinaire si judicieux et si ferme sur les principes.
Il n'a pas remarqué qu'en admettant cette distinction, il
reconnaissait par là même un état extra-social et tom-
bait ainsi dans l'erreur de Rousseau. —M. de Rotteck, l'un
des historiens les plus distingués de l'Allemagne, ne s'y
est point trompé dans son livre du *Droit de la raison*. Par le
mot de Droit naturel, il entend le Droit rationnel, qu'il
n'en distingue pas, et il emploie indifféremment ces deux
expressions l'une pour l'autre.

naturel, s'appliquant à l'état de nature , et un
Droit de la raison, plus étendu que le premier, en ce sens qu'il comprendrait d'abord
le Droit naturel, et de plus les principes qui
dérivent de la nature de l'homme considéré
en société. C'est une erreur. On n'a pas vu
que l'état de société est justement l'état naturel, et qu'il est impossible d'en concevoir
un autre. Ce n'est pas l'état social qui est
opposé à l'état de nature, mais l'état civil,
c'est-à-dire l'état d'une société régie par des
pouvoirs publics. Il est trop évident que l'état
social, nous ne disons pas l'état civil, est
l'état naturel des hommes. Comment pour-
raient-ils exister autrement qu'en société?
Pour feindre, avec l'auteur du *Discours sur*
l'origine de l'inégalité parmi les hommes (1),

(1) L'apothéose de la vie sauvage que faisait Rousseau
en face des salons du dix-huitième siècle ne choqua pas
moins l'esprit public que sa censure des lettres et des arts
en face des académies et des théâtres. Voltaire, que Rousseau ménageait encore beaucoup et à qui il avait envoyé
son discours, lui écrivit avec son suprême bon sens une
de ces lettres charmantes, mêlées de compliments et d'é-
pigrammes, dont il avait le secret. « Monsieur, lui dit-il,
j'ai reçu votre nouveau livre contre le genre humain; je vous
en remercie. Vous plaisez aux hommes à qui vous dites

un état de nature où ils auraient vécu épars
dans les bois parmi les animaux, n'ayant ni
domicile fixe ni aucun besoin l'un de l'autre,
et pour faire de cet état l'âge d'or du genre
humain, il faut pousser jusqu'à la manie
l'amour du paradoxe. Rousseau d'ailleurs,
en écrivant son discours, cédait à sa misanthropie et à son indignation contre les mœurs
de son siècle; en peignant les vertus de l'état
sauvage, il avait en vue les vices de ses contemporains, comme dans l'antiquité Tacite

leurs vérités, et vous ne les corrigerez pas. On ne peut
peindre avec des couleurs plus fortes les horreurs de la
société humaine, dont notre ignorance et notre faiblesse
se promettent tant de douceurs. On n'a jamais employé
tant d'esprit à vouloir nous rendre bêtes; il prend envie
de marcher à quatre pattes, quand on lit votre ouvrage.
Cependant, comme il y a bientôt soixante ans que j'en ai
perdu l'habitude, je sens malheureusement qu'il est impossible de la reprendre, et je laisse cette allure naturelle à
ceux qui en sont plus dignes que vous et moi. Je ne peux
pas non plus m'embarquer pour aller trouver les sauvages du Canada : premièrement, parce que les maladies
auxquelles je suis condamné me rendent un médecin d'Europe nécessaire; secondement, parce que la guerre est
portée dans ce pays-là, et que les exemples de nos nations
ont rendu les sauvages presque aussi méchants que nous.
Je me borne à être un sauvage paisible dans la solitude que
j'ai choisie auprès de votre patrie, où vous devriez être. »

avait peint les Germains dans un accès d'humeur contre sa patrie. Le livre de Tacite
est surtout une satire des mœurs romaines;
c'est l'éloquente boutade d'un philosophe qui
veut voir la vertu là où il ne rencontre pas
la mollesse honteuse et la dépravation sa-
vante d'une vieille société. Quoi qu'il en soit
des intentions de Rousseau, personne ne
croit plus aujourd'hui à l'état de nature, au
contrat social qui l'aurait suivi, à l'établissement volontaire et artificiel des sociétés.
Toutefois, si ce système de l'état de nature
est abandonné en théorie, quelques-unes de
ses conséquences lui ont survécu dans la pratique, et l'on regrette d'en trouver encore
des vestiges dans beaucoup de nos traités
modernes sur la propriété, les successions et
les testaments.

Ainsi, quand nous parlons du Droit naturel, nous n'entendons pas un Droit que prati-
quaient les hommes à une époque primitive;
vouloir reconstituer le Droit naturel comme
une réalité, ce serait se livrer à une vaine
recherche. Ce n'est, au contraire, qu'au milieu des sociétés les plus civilisées que des
penseurs ont pu trouver, dans le calme et le

silence de l'étude, ces grands principes d'é
galité et de justice qui doivent présider aux
relations des hommes ; c'est à la philosophie
seule qu'il appartient de déterminer le Droit
naturel, qui n'a jamais été pratiqué nulle
part et qui ne pouvait l'être, puisqu'il est plus
parfait que le Droit positif, et qu'il doit lui
servir de patron et de modèle. Aussi voit-on
que les législations positives se rapprochent
de plus en plus de l'uniformité, par l'ascendant que prend tous les jours la vraie philosophie. Le Droit naturel est l'ensemble des
règles déduites de la nature de l'homme et
de sa destinée; c'est le Droit même que se
donnerait un peuple de sages; en un mot,
c'est l'idéal que la raison nous propose. Le
Droit naturel, le Droit de la raison, la philosophie du Droit, c'est une seule et même
chose; ce sont trois termes identiques.

Mais, dira-t-on, est-il possible de ramener
ainsi à un type unique des lois que l'on voit
varier suivant les lieux et les temps? C'est
ici que les esprits se sont divisés pour former
deux écoles, l'école historique et l'école philosophique, dont les vives controverses eurent
au-delà du Rhin tant de retentissement. On

pourra traiter cette question de vieillerie, de thème usé et rebattu; nous ne voulons pas moins l'examiner encore, pour apporter de nouvelles preuves à l'appui de notre opinion.

En commençant cet examen par l'histoire, nous reconnaissons tout d'abord la grande utilité qu'elle présente, appliquée à la jurisprudence. Quand l'histoire serait inutile pour les autres sciences morales et politiques, ce qui n'est pas, il y aurait toujours une raison particulière qui rendrait l'histoire du Droit nécessaire pour l'intelligence du Droit actuel; cette raison se trouve dans le caractère même de la science du Droit. Le Droit, en effet, se développe au milieu de circonstances qui créent entre les hommes des relations différentes selon les temps et les lieux, et dont il faut tenir compte; c'est une science pratique. La justice ne varie pas, mais les conditions dans lesquelles elle se manifeste changent, et les mêmes principes reçoivent des applications diverses. Chaque peuple a ainsi son Droit, c'est-à-dire sa collection de règles de justice qui convient à ses mœurs, à ses usages, qui même quelquefois se plie à ses préjugés; et c'est parce que le Droit doit être national,

que l'histoire, en d'autres termes la tradition, devra toujours venir en aide au jurisconsulte dans l'interprétation de la loi. Sur
ce point, toutes les opinions sont d'accord;
mais voici l'endroit où les dissentiments com-
mencent.

De la nécessité pour l'interprète de la loi
de rechercher ce qui fut pour juger de ce
qui doit être, des esprits curieux à l'excès
ont conclu qu'il n'est pas de limites où les
investigations historiques dussent s'arrêter;
et ils ont accordé aux précédents une autorité souveraine. L'école historique est tombée
dans l'extrême; elle a rejeté tout principe
absolu de justice, soutenant que le Droit
change sans cesse avec la différence de culture et les mœurs d'un peuple; et, au lieu
d'instituer des recherches philosophiques sur
l'idée éternelle de la justice, elle n'a voulu
admettre que des déductions historiques,
c'est-à-dire prouver la bonté d'une loi en
faisant comprendre les causes et les circonstances qui l'avaient amenée. Mais comme les
peuples, ainsi que les individus, ne croissent
pas fatalement; comme ils sont soumis à l'erreur et capables de mal faire, la vie de tout

peuple présente, dans le tableau de son développement, certaines institutions mauvaises et injustes, même pour l'époque où elles ont existé, comme le témoigne entre autres la torture. Pour juger ce qui est bon et juste dans la vie actuelle et passée, il faut donc posséder un *criterium*, qui ne soit pas tiré du temps passé ou présent, mais de la nature humaine.

L'école historique est née de la nécessité d'une réaction contre les théories rêveuses d'un prétendu droit antisocial. Vico en Italie, Burke en Angleterre, Haubold et Hugo en Allemagne, en avaient été les précurseurs; M. de Savigny en devait être le Messie (1). D'après cette école, le législateur n'est rien de plus qu'un observateur attentif, chargé de recueillir les règles formulées par l'opinion publique; c'est l'écho qui répète ce qu'il

---

(1) M. de Savigny n'eut toute sa vie qu'un mobile, la science; qu'un intérêt, la science; qu'une idée, la science. Il fut en Allemagne pour le Droit romain, ce qu'en France ont été de nos jours Cuvier pour les sciences naturelles, Sylvestre de Sacy pour les études orientales, Cousin pour la philosophie. Cette forte direction l'éleva toujours au-dessus des misères d'un chef de parti, comme au-dessus des éblouissements de la fortune ; dans les hautes fonctions

entend, c'est le notaire docile écrivant ce
qu'on lui dicte. Le législateur ainsi compris,
c'est le fatalisme. Il n'intervient que pour
proclamer les changements déjà accomplis
dans l'ordre des faits. Étrange insouciance,
qui conclut de ce qui a été à ce qui doit être,
et nomme vérité l'erreur qui a fait le plus long
chemin ! Écoutons ici la puissante ironie de
Pascal : « Si l'antiquité, dit-il, est la règle de
la créance, les anciens étaient donc sans
règle ? » Pourquoi nous endormir ainsi sur la
foi de nos pères ? La durée d'une croyance
est sans doute une grave considération en sa
faveur; mais comment dispenscrait-elle d'en
remonter le cours, pour examiner à sa
source la valeur du principe dont elle a été
l'expression ? Accepter aveuglément la tradition, c'est admettre déjà un préjugé en faveur
des préjugés. Combien de fois, par des réfor-
mes dont la légitimité a été démontrée, le

où le porta son génie, M. de Savigny garda constamment
son caractère de jurisconsulte et de savant; jamais le ministre ne démentit le professeur : noble exemple dans un
siècle où tant de parvenus abandonnent la science comme
un manteau qui n'était bon qu'à faire la route, et dépouillés
de cette parure d'emprunt, ne laissent plus voir que le
hideux squelette de l orgueil et de l'ambition.

temps n'a-t-il pas protesté contre l'infaillibilité de ces traditions anciennes, « reçues d'une
résolution indubitable , comme dit Montaigne, et qui n'ont d'appui qu'en la barbe
chenue et les rides de l'usage ! »

La liberté humaine a pu s'égarer, et elle
s'est égarée en effet, dès les premiers jours du
monde. Ce n'est point dans le passé qu'il faut
chercher cet âge d'or dont parlent les poètes,
mais dans l'avenir. Le progrès déjà réalisé par
l'humanité nous fait espérer qu'il continuera,
et nous autorise à croire que la perfectibilité
n'a d'autres limites que celles de la nature
imparfaite de l'homme. Le passé! mais c'est
le bien comme le mal, c'est le crime comme
la justice, et bien plus le crime que la justice.
Nous trouvons dans le passé l'esclavage, le
despotisme, le pillage, les sacrifices humains,
confondus avec les plus belles institutions et
les plus nobles vertus civiques. Qu'allons-nous
faire de ce pêle-mêle que l'histoire étale à
nos yeux, et que nous apprendra l'étude du
passé, si nous ne le rapprochons pas d'un
criterium pour le juger? Les partisans de l'é-
cole historique ne s'aperçoivent pas qu'ainsi
le fond même de l'histoire leur échappe. S'il

n'y a pas de principes fixes, l'histoire des
législations n'est plus qu'une vaine fantasma-
gorie : il n'y a ni progrès ni déclin; il n'y a
pas de marche régulière, et l'histoire des
sociétés humaines n'est plus qu'un jeu capri-
cieux et inintelligible. Rien n'est vrai, rien
n'est faux; rien n'est bien, rien n'est mal, et
tout se résout en faits incertains et fugitifs,
que l'érudition a bien tort en vérité de dispu-
ter à l'oubli, puisque la raison n'en peut rien
faire. La tradition n'est donc pas la démonstration du bien, et ne saurait être la règle du
Droit. Une certaine probabilité de vérité peut
s'attacher à ce qu'elle recommande; mais
accepter cette probabilité pour certitude,
c'est prendre le fait pour sa raison d'être.

L'histoire, d'ailleurs, est pleine de contradictions. On trouve des lois et des institutions
diverses chez les différents peuples. Il n'y a
aucune matière de droit civil ou politique
qui soit réglée de la même manière, même
chez les nations civilisées. Pour que la notion
du Droit fût générale, elle devrait d'abord
embrasser la vie de tous les peuples; mais
par suite de la contradiction qui existe sur
les objets les plus importants, par exemple sur

l'organisation du mariage, de la propriété,
ou du gouvernement, il serait impossible de
déduire de ces données historiques un principe universel. Et si l'on voulait faire un choix,
il faudrait connaître déjà les principes géné-
raux d'après lesquels ont pût discerner, dans
les lois et les institutions existantes, ce qui
est bon ou mauvais. En outre, l'expérience
n'apprend jamais que ce qui a existé ou ce
qui existe, et non ce qui doit ou peut exister
à l'avenir. Pour résoudre cette question, il
faut de toute nécessité déterminer la nature
de l'homme, et baser sur la science de l'humanité la science du Droit. Or, ce problème
n'est pas *historique*, mais *philosophique*.

Certes, on ne saurait méconnaître la valeur des leçons de l'histoire. « *Historia testis
temporum, lux veritatis, vita memoriæ,
magistra vitæ, scientia vetustatis est* (1). »
Cette métaphore, que « le Droit doit s'éclairer
au flambeau de l'histoire, » se retrouve partout; elle est devenue un lieu commun; elle
est acceptée comme une vérité désormais
indiscutable, et la patrie de Cujas, en parti-

(1) Cicéron, *De Oratore*.

culier, ne peut renier les trésors que l'étude
des antiquités a fournis à ce grand romaniste,
qui appelait l'histoire du Droit son « hame-
çon d'or ». Mais Cujas, pour mener à fin son
immense entreprise d'expliquer les compilations de Justinien, fut obligé de reconstituer
chemin faisant la société romaine avec des
débris; et l'on ne voit pas comment l'exemple
de ce grand historien du Droit romain devrait
être suivi par ceux qui ont à interpréter un
Droit vivant, et qui n'ont point à reconstituer
l'histoire tout entière du passé, pour connaître l'état de la société où leurs décisions
doivent maintenir la justice. Cujas d'ailleurs
ne se servait de l'histoire que pour arriver à
mieux, tandis que de nos jours on se borne
à la fouiller avec curiosité. Aussi, en croyant
continuer Cujas, l'école historique s'écarte de
ce jurisconsulte. Trop courbée sur le passé,
elle conteste à la science sa mission dernière,
qui est d'indiquer l'avenir.

Enfin, pour juger en dernier ressort l'école
historique, il faut remonter jusqu'à son principe. Par l'importance extrême qu'elle accorde aux précédents, son principe est évidemment le principe d'autorité. Or, nous

avons déjà vu que le principe d'autorité ne
saurait être celui du Droit, qui en est l'anti-
thèse ou qui n'est pas. Soit qu'on place l'autorité dans le nombre, comme l'école, démocratique, aux yeux de laquelle l'assentiment
commun est le sceau de la vérité; soit qu'on
la place dans une révélation, comme l'école
théocratique, qui n'admet pas que la vérité
existe en dehors des enseignements de ceux
qui ont qualité pour la dispenser; soit qu'on
la place dans la tradition historique, jamais
on n'établira que le Droit humain, le seul
Droit qu'on puisse concevoir, doive emprunter à l'autorité sa règle. Le Droit, quelque
idée qu'on s'en fasse, c'est le Droit individuel,
c'est le cercle d'inviolabilité de la liberté personnelle de chacun, agissant soit pour l'accomplissement d'un devoir, selon la philosophie spiritualiste, soit pour la satisfaction
d'un intérêt ou d'un plaisir, selon la philosophie sensualiste, dont Hobbes et Bentham
ont suivi la doctrine. Nous ne voulons pas
dire, bien entendu, que l'intérêt et le plaisir
peuvent être indifféremment, avec le devoir,
le fondement du Droit; nous voulons dire
seulement qu'on ne peut se faire une idée

du Droit, même inexacte, sans le rapporter à l'individu et l'opposer ainsi à l'autorité.
Si le devoir et l'intérêt se règlent d'après
le sens individuel, comme on ne saurait le
contester, le Droit aussi, quelque principe
qu'on lui donne, se règle par le sens individuel et non par la tradition.

Si le principe de la certitude, comme le
veut Descartes, est dans l'individu, dans la
raison actuelle, et non dans la volonté des
autres ou dans la tradition, il faudra toujours
reconnaître que l'histoire, pour le Droit
comme pour toutes les sciences, peut fournir
des enseignements, mais qu'elle ne peut pas
donner des règles qui soient obligatoires,
autrement dit une méthode. C'est la conséquence à laquelle on arrive inévitablement.
Nous ne nous en prenons donc pas à l'histoire
qui enseigne, nous nous en prenons à l'histoire
qui commande. Tout ce que nous voulons
prouver, c'est l'inanité d'une méthode qui
serait en Droit absolument impraticable; car
l'école historique, pour rester fidèle à son
titre, doit renoncer à juger. Son principe,
quoi qu'on fasse, est toujours l'autorité. La
vraie méthode historique, telle qu'elle a été

exposée par ses adeptes, est donc fausse en Droit, et de plus impossible; quant à ne chercher dans l'histoire que ce qu'elle peut donner, c'est-à-dire des enseignements, cette méthode-là n'est pas nouvelle.

C'est Gustave Hugo, professeur à Gœttingue, qui a pour la première fois en Allemagne émis les principes de l'école historique; mais c'est M. de Savigny qui les a formulés en leur donnant un caractère systématique, dans son célèbre écrit publié en 1814 sous le titre de *Vocation de notre temps pour la Législation et la Jurisprudence*. La doctrine exposée dans cet ouvrage était dirigée principalement contre les tentatives d'une codification nouvelle et générale pour l'Allemagne. Il entrait sans doute dans ce système, qui remonte au temps de la plus forte réaction contre les innovations étrangères en Allemagne, une certaine hostilité aux idées françaises, qui put lui assurer une popularité momentanée. Mais cette doctrine de la non-codification n'a pas pris faveur en Europe, et le nombre des codes qui se publient vient lui donner un solennel démenti. L'exemple est contagieux : les États qui n'ont

pas de code en réclament, ceux qui en ont
de vieux veulent les refaire. « Et en effet,
dit M. Belime, la législation confuse des coutumes n'a pour séduire l'esprit que sa variété
même et son défaut d'harmonie, à peu près
comme ces vieux édifices gothiques repris à
vingt fois, qui séduisent l'amateur du pitto-
resque par leurs lignes capricieuses, par leurs
détails infinis. Mais les lois ne sont pas des
objets d'art, et il ne serait sans doute pas
plus commode de nous régir par les coutumes surannées du temps passé, que de
loger dans les manoirs du moyen-âge, qu'on
admire avec raison, mais auxquels on préfère les hôtels prosaïques de notre époque
pour en faire son habitation. »

L'école historique a produit une secte de
jurisconsultes antiquaires, qui traitent le
Droit en artistes, et qui, à ce titre, peuvent
nous donner des livres fort curieux sans doute
et pleins d'intérêt; mais leurs écrits, malgré
l'immense érudition qu'ils renferment, ne
sauraient suffire à l'avancement de la science.
Certes, tout ce qui relève de l'art a le don
de nous émouvoir, et l'idée du beau nous
subjugue; mais, sur le terrain du Droit, elle

doit céder le pas aux idées du bien et du
vrai, et l'esthétique est obligée de s'incli-
ner devant la morale et la logique. L'étude
de l'histoire est, sans contredit, nécessaire,
indispensable pour saisir le côté variable
et contingent de la science du Droit; mais
après tout, et quoi qu'on fasse, le Droit
sera toujours une science de raisonnement
bien plus qu'une science de tradition. « L'é-
cole historique, dit encore M. Belime, en
est arrivée à ce point où arrivent quelquefois
les hommes surchargés du faix de la science,
quand ils n'ont point pour se soutenir une
doctrine solide. Elle a fini par douter de tout.
Voyant cette grande diversité d'institutions
et de coutumes, cette opposition d'idées et de
croyances qui règnent chez les peuples, elle
en a conclu qu'il n'y avait rien d'absolument
bon, d'absolument vrai; que tout était relatif
aux mœurs et aux climats; qu'il n'y avait, en
un mot, que du droit positif variable, mais
aucun droit naturel universel. » C'est ainsi
que le scepticisme matérialiste n'envisage le
Droit que comme une conséquence arbitraire
de la volonté du législateur, tandis que la philosophie spiritualiste croit le Droit naturel

préexistant à la loi positive, et ne voit dans celle-ci qu'un essai de réalisation de ce Droit, essai toujours soumis aux méditations de la science progressive.

L'école historique revendique Montesquieu pour un de ses ancêtres. Mais cet homme célèbre, qui a été de nos jours l'objet d'un engouement peut-être excessif, fut avant tout un homme d'esprit. Il n'a fait que pénétrer au travers des formes extérieures des institutions ; il semble surtout prendre à tâche d'étonner et de dérouter à chaque pas le lecteur par ses saillies ; et le mot de Mme du Deffand « c'est de l'esprit sur les lois, » sans être complètement juste, n'est pas dénué de vérité. Le principal mérite de Montesquieu est d'avoir trouvé le titre même de son ouvrage, et d'avoir presque créé une science nouvelle, la législation comparée ; mais on ne peut s'empêcher de reconnaître que son livre, en exagérant l'influence des circonstances matérielles sur les lois, a eu ce résultat funeste de présenter la justice comme ayant, dans les institutions humaines, moins de part que la fatalité.

Ce qui frappe dans l'*Esprit des Lois*,

c'est le défaut d'unité ; l'auteur n'a pas su se placer au centre de son œuvre, qui pèche essentiellement par la conception de l'ensemble et l'ordonnance du sujet. « C'est un ouvrage de génie qui fait désirer la perfection, a dit Voltaire avec justesse. C'est un édifice mal fondé et construit irrégulièrement, dans lequel il y a beaucoup de beaux appartements vernis et dorés. » On y trouve une foule d'aperçus piquants, mais fort peu de raisonnements ; on y rencontre aussi beaucoup de préjugés, des erreurs d'histoire surprenantes chez un tel homme, des maximes de fausse vertu, comme celles que nous a laissées l'antiquité travestie dans les colléges, et des hérésies énormes sur la propriété et les successions.

Telles sont les taches qui déparent un ouvrage admirable à tant d'autres titres. A côté de nombreux défauts, se rencontrent des chapitres qui consolent de tout, comme ceux d'Alexandre et de Charlemagne ; on y sent une haute empreinte, le souffle inspirateur et comme le coup d'aile du génie. Ses chapitres sur la Constitution, et principalement celui qui traite des mœurs politiques de

l'Angleterre, sont des découvertes dans le
monde de l'histoire. Montesquieu est un artiste en style, sa plume est un burin, et l'écrivain chez lui dépasse, à notre avis, le penseur. Il se trompe souvent, mais son langage
est toujours plein de concision et de vivacité :
quand il a trouvé une pensée vraie et qu'il l'a
dite, nul ne la dira jamais mieux (1).

En rapportant toutes les questions de droit
et de législation à la forme du gouvernement,
ce qu'il fait dans tout le cours de son livre,
Montesquieu procède d'une façon irration-

(1) L'*Esprit des Lois* n'est pas le meilleur titre de gloire
de Montesquieu, il s'en faut bien. La science a marché
depuis l'*Esprit des Lois*, et chaque jour qui passe lui enlève
un fleuron de sa couronne. Ce fameux ouvrage est ainsi
destiné à s'en aller pièce à pièce avec le temps, comme
presque tous les livres qui ont fait avancer l'esprit humain;
tandis que les *Lettres Persanes*, par exemple, sont restées
intactes et conservent toujours leur réputation. Mais les
*Considérations sur les causes de la Grandeur et de la Déca-
dence des Romains*, suivies du fameux *Dialogue de Sylla et
d'Eucrate*, qu'on n'en sépare guère, sont restées le plus
classique et le plus parfait des ouvrages de Montesquieu,
le seul même qui nous paraisse aujourd'hui sorti tout
d'un jet comme une statue. « Ce n'est qu'à partir d'An-
nibal et des guerres puniques que la pensée de Montesquieu se déploie à l'aise et qu'il trouve toute sa matière, a
dit un attique français, M. Sainte-Beuve. Le chapitre qui

nelle. La forme politique d'une nation est le
résultat de ses mœurs, de ses croyances et de
son état de civilisation; elle est un effet, non
une cause. Elle est faite pour la nation, non
la nation pour la forme. Elle doit s'adapter
au caractère d'un peuple et concorder avec
ses institutions; mais elle ne fait plier ni les
institutions ni les mœurs. En subordonnant
tout à la forme des gouvernements, Montesquieu a fait comme le statuaire qui raisonne-

traite de la politique des Romains et de leur conduite dans
la soumission des peuples est un chef-d'œuvre où la prudence et la majesté se combinent; la grande manière
commence pour ne plus cesser. En parlant des Romains,
la langue de Montesquieu s'est faite comme latine; elle a
pris un caractère de fermeté et d'énergie qui la rapproche
de la langue de Salluste et de Tacite. Pour la forme, on
pourrait rapprocher du discours historique de Montesquieu le discours de Bossuet. Il faut reconnaître pourtant
que Montesquieu est inférieur comme écrivain à Bossuet,
en ce qu'il a une *manière*, une préméditation constante.
Chez Bossuet, la parole grande et simple sort et se répand
par un cours naturel et irrésistible, et en déroulant à
grands flots ses largeurs, ses audaces ou ses négligences :
chez Montesquieu, il y a eu étude, combinaison profonde,
effort, comme chez Salluste, pour revenir à une propriété
de termes et à une concision mémorables; comme chez
Tacite, pour faire l'image à la fois magnifique et brève,
et imprimer à toute sa diction je ne sais quoi de grave et
d'auguste. »

rait sur les formes du corps humain en prenant pour terme de rapport et point de départ la coupe différente des habits dont on peut le revêtir. Ce qu'il considère dans les lois, c'est moins leur valeur absolue que leur valeur relative ; c'est moins de la justice pure qu'il se préoccupe que de l'harmonie qui doit présider au mouvement de la machine politique, dont les rouages sont nécessairement si compliqués.

Montesquieu constate qu'il y a trois espèces de gouvernements, le républicain, le monarchique et le despotique. Or, les lois doivent différer dans ces trois gouvernements ; elles doivent se conformer à la nature de chacun. Pour suivre Montesquieu dans ses recherches sur l'esprit des lois civiles, il faudrait donc insister d'abord sur sa division des gouvernements et sur le principe différent qu'il donne à chacun d'eux. C'est par leur convenance avec ce principe que peut s'apprécier la bonté relative des lois. Tout est là : Montesquieu a fait de sa théorie des gouvernements la base de ses appréciations des lois et des institutions. C'est dans ce rapport de l'état civil avec

19

l'état politique qu'est sa doctrine tout entière.

Après les vues générales de Montesquieu
sur les caractères divers que peuvent revêtir
les lois civiles, nous allons le suivre dans l'application de ses principes à quelques institutions particulières, et notamment au droit de
propriété. Montesquieu est très-bref à cet endroit; à peine nous donne-t-il quelques lignes
sur cet important et vaste sujet. Et encore sa
doctrine, qui fonde le droit de propriété sur
la loi civile, est-elle erronée comme celle de
Locke, comme celle de Rousseau, comme
celle de Mirabeau, et comme celle des so-
cialistes de nos jours. Selon Montesquieu, la
propriété est née de la convention que les
hommes auraient faite de vivre en société;
avant cette convention, chacun avait droit à
tout : « Comme les hommes, dit-il, ont renoncé à leur indépendance naturelle pour
vivre sous des lois politiques, ils ont renoncé
à la communauté naturelle des biens pour
vivre sous des lois civiles. Ces premières lois
leur acquièrent la liberté, les secondes la
propriété (1). » Erreur évidente. Montes-

(1) *Esprit des Lois*, liv. 26, ch. 15.

quieu confond ici le droit lui-même avec la garantie du droit. Estimer que la propriété n'existe pas de par la loi de la nature, mais qu'elle est une création sociale, c'est ouvrir la porte au despotisme monarchique ou révolutionnaire, c'est justifier tous les abus de la force, c'est admettre que l'État pourra, quand il le voudra, dépouiller impunément un citoyen de ses biens; car, ce qu'une loi a créé, une autre loi peut le défaire.

Mais la propriété, dans son principe philosophique, est antérieure à toute législation. Et cette proposition est capitale; car il s'ensuit que, si les lois sociales peuvent et doivent même jusqu'à un certain point modifier le droit de propriété qui en soi est absolu, elles ne sauraient le détruire, par la raison qu'elles ne l'ont pas créé. Il faut que le législateur reconnaisse toujours dans la propriété la liberté humaine elle-même, et qu'à ce titre il l'aime et la protége, la développe et la perfectionne. La propriété est un droit naturel et sacré comme la liberté; elle est une manifestation légitime de la volonté humaine sur les objets du monde extérieur; elle n'a point d'autre origine que la constitution même de l'homme, qui n'a reçu ses facultés de la main de Dieu que pour les faire servir à la conservation et au développement de son individu. L'homme n'existe qu'à la condition d'être propriétaire; et dire que la propriété est uniquement l'œuvre des lois, c'est prétendre que l'homme n'avait pas le droit de vivre avant qu'un législateur lui en eût octroyé la permission. Ceux qui attaquent le principe de la propriété sont, à nos yeux, les plus grands ennemis de la liberté humaine.

Sur la matière des successions, Montesquieu est plus explicite, mais il n'est pas toujours à l'abri de l'erreur. Ainsi, partant de ce principe que « la loi naturelle ordonne aux pères de nourrir leurs enfants, mais n'oblige pas de les faire héritiers, » il conclut que c'est à la loi politique à régler l'ordre des successions, selon le principe et la constitution de l'État; c'est-à-dire que les enfants n'ayant pas un droit inné sur les biens du père, la loi politique ne fait rien que de légitime en enlevant à celui-ci la faculté d'en disposer. Mais qui ne touche du doigt l'erreur de Montesquieu, déniant au père de

famille mourant le plein exercice du droit de
propriété sous le prétexte que ses enfants n'y
participent pas? En admettant que les enfants
n'aient aucun droit sur les biens de leur père,
il n'en résultera jamais que ce père, lui, n'ait
pas le droit de disposer, en faveur de qui il
voudra, des biens qui lui appartiennent, et
l'État n'a rien à y voir. Une loi de succession
ne peut être légitimement, comme le disait
M. Treilhard, que le testament présumé de
toute personne qui meurt sans avoir testé.
Or, sur qui fera-t-on reposer l'affection présumée du défunt, sinon sur ses enfants?
L'État, en substituant sa volonté à la volonté
expresse ou présumée du défunt, commettrait
une odieuse spoliation, et Montesquieu, qui
la consacre, fait encore ici bon marché de la
justice et de la liberté.

Sur la constitution de la famille et le mariage, l'*Esprit des Lois* contient peu de choses d'un intérêt durable. Montesquieu débute
même par un paralogisme. « L'obligation
naturelle qu'a le père de nourrir ses enfants,
dit-il, a fait établir le mariage, qui déclare
celui qui doit remplir cette obligation (1). »

(1) *Esprit des Lois*, liv. 23, ch. 2.

Il eût paru plus rationnel de considérer cette obligation comme une conséquence du mariage, plutôt que de fonder le mariage sur une obligation qui n'en est elle-même que la suite et l'effet.

Montesquieu n'a d'ailleurs, en matière de lois et de politique, ni plan ni système : « Les lois, dit-il, doivent être relatives au physique du climat, au climat glacé, brûlant ou tempéré, à la qualité du terrain, à sa situation, à sa grandeur, au genre de vie des peuples, laboureurs, chasseurs ou pasteurs. » La science de Montesquieu est, comme on voit, une science de pure observation externe, et sa doctrine, s'il en a une, est une doctrine physiologique. Il matérialise complètement la législation. Nous pourrions multiplier les appréciations critiques; qu'il nous suffise d'en avoir fait quelques-unes.

Chez Montesquieu les idées ne s'enchaînent pas rigoureusement, et son livre n'est guère qu'une suite de pensées fines, ingénieuses, vraies quelquefois, mais de pensées détachées. Aussi, pour la force de la conception et la logique sévère, la grande œuvre politique du dix-huitième siècle, ce n'est pas l'*Esprit des Lois*, c'est le *Contrat social*, l'œuvre dangereuse, profonde et sophistique de Rousseau. Si l'on met de côté le point de départ, qui est faux, jamais morceau de philosophie ne fut plus habilement façonné que ce *Contrat social*, où le style tantôt éclate en mouvements de l'âme, tantôt se pose en formules et en déductions, mélange de passion et de dialectique. Machiavel, dans son *Prince*, n'a pas cette rigueur; Hobbes et Spinosa ont revêtu un fonds original d'une forme classique et latine; Kant et Fichte ont une langue à part; Hegel, qui sacrifie tout à la logique, en est opprimé, et substitue pour ainsi dire aux mouvements de la vie des ressorts mécaniques; mais Rousseau, logicien et poète, penseur et tribun, a laissé, dans son *Contrat social*, un fragment d'art politique, qui, pour la forme, ne serait pas indigne de figurer à côté de la prose d'Aristote et de Platon.

Les idées de l'école historique ont fait leur chemin depuis Montesquieu; elles ont trouvé de l'écho parmi nous après la querelle allemande de 1814, et, dans ces derniers temps, l'Institut a couronné, à différentes reprises, des mémoires imbus de ces idées, mémoires qui témoignent d'une certaine érudition, mais qui, à coup sûr, reposent sur des principes non-seulement faux, mais dangereux. C'est ainsi qu'on trouve dans un écrit qui a eu de la vogue le passage suivant : « Toutes les fois que la société, sans s'écarter de sa route providentielle, change de moyens, qu'elle déplace l'héritage ou la propriété, elle est dans son droit, et nul n'y peut trouver à redire en vertu d'un droit antérieur : car avant elle et hors d'elle, il n'y a rien; en elle est la source et l'origine du droit (1). » Voilà bien l'école historique dans toute sa pureté, voilà bien le fatalisme, c'est-à-dire un législateur qui, dans sa toute-puissance, fait le bien ou le mal à son gré, et un droit providentiel remplaçant le droit de la raison dont apparemment on ne veut plus. Et dans un autre mémoire, également couronné par l'Institut, on peut lire ce qui suit : « La propriété n'est pas un droit naturel; elle n'est pas un droit imprescriptible, absolu, pas plus que la liberté, l'égalité, la sûreté, ces droits si pré-

(1) *Histoire de la Propriété foncière en Occident*, par M. Laboulaye, page 61.

cieux qu'on lui a souvent comparés , et que
nous mettons sans hésiter sur la même ligne,
pour les déshériter tous également des pré-
rogatives dont à tort, selon nous, on les a
gratifiés. » Et plus loin : « Nous pouvons donc
établir que la propriété est d'institution humaine et de droit positif : les lois auxquelles
elle est soumise seront toujours justes, si,
égales pour tous, elles sont utiles ; toujours
utiles, si elles concourent d'une manière efficace au développement de la civilisation. La
loi civile a créé la propriété, elle a donc pu
la réglementer (1). » Peut-on rien voir de
plus. contraire à l'esprit général de nos lois,
aux principes mêmes de notre révolution inscrits en tête de la Déclaration des droits,
au spiritualisme qui vivifie notre Code civil
tout entier ; et n'est-il pas permis de s'étonner
que des hommes éclairés, comme le sont les
membres de l'Institut, aient pu couronner de
pareilles théories ?

Ces doctrines, nous le répétons, sont
dangereuses ; elles sont de nature à causer

---

(1) *Histoire de la Possession et des Actions Possessoires*, par
M. Alauzet, pages 5 et 17 de l'Introduction.

du ravage dans les masses, et l'on déplore
que tant de recherches et quelquefois tant de
science aboutissent en fin de compte à faire
regarder les lois comme n'ayant d'autre raison d'exister que leur existence même. Ces
erreurs proviennent de l'idée ordinairement
vague et confuse que la plupart des jurisconsultes se font du Droit naturel, et du discrédit
profond dans lequel est auprès d'eux cette
science philosophique. C'est pourtant, de
toutes les sciences, la plus essentielle à
l'homme, celle sur laquelle il lui importe le
plus d'avoir des notions exactes et précises,
des croyances fermes et arrêtées. Eh! sans
doute, nous ne reconnaissons pas plus que
l'école historique un état de pure nature
préexistant à l'état social. Mais est-ce à dire
qu'il n'y ait rien d'absolument vrai, rien
d'absolument juste? Est-ce à dire qu'on ne
puisse trouver aucun point fixe pour y ratta-
cher la science du Droit? Voilà ce qui répugne à l'esprit humain, et ce qu'il ne saurait
admettre. Cicéron avait bien reconnu l'existence d'une loi naturelle antérieure et supérieure aux lois positives, lorsqu'il en donna
cette belle définition : « *Est igitur hæc non*

*scripta sed nata lex; quam non didicimus,
accepimus, legimus, verùm ex natura ipsa
arripuimus, hausimus, expressimus ; ad
quam non docti sed facti; non instituti, sed
imbuti sumus* (1). »

Sans doute, la science du Droit naturel n'est
pas infaillible. La raison n'éclôt pas subite-
ment, instantanément, dans l'homme : comme
les autres facultés, elle se développe peu à
peu, graduellement; et si la raison se développe graduellement, il faut en conclure que
les notions qu'elle nous donne s'acquièrent
de la même manière. A mesure que notre
raison mûrit, les notions qui étaient vagues,
bornées, incomplètes, se fixent, se précisent
et s'étendent; telle vérité, que longtemps
nous n'avions entrevue que d'une manière
confuse, sort tout à coup du nuage qui nous
en dérobait l'éclat; et, insensiblement, nous
acquérons le discernement nécessaire pour
distinguer dans toutes leurs nuances le juste
de l'injuste, le bien du mal, la vérité de
l'erreur. — De même que le Droit naturel se révèle successivement et graduelle-

(1) *Pro Milone.* cap. IV.

ment à l'homme, dans le cours de sa vie individuelle, de même il se révèle au genre humain, dans le cours de son développement. Cette vérité ressort des enseignements de l'histoire. Mais faut-il en conclure que le Droit naturel n'a rien d'immuable, qu'il est essentiellement variable, que ce qui était bien hier devient mal aujourd'hui, que ce qui est légitime chez tel peuple ne l'est pas chez tel autre, et faut-il s'écrier avec Pascal : « Vérité en deçà des Pyrénées, erreur au delà? » Non assurément ; ce n'est pas le Droit naturel qui, considéré en lui-même, varie ainsi chez chaque peuple et à chaque siècle, comme on a pu le dire dans un esprit de scepticisme ; c'est la connaissance ou la science de ce Droit qui s'éclaircit et se complète, dans le cours de la vie du genre humain comme dans celui de la vie individuelle. « Le genre humain, dit Pascal lui-même dans un autre endroit, ressemble à un homme qui subsisterait toujours et qui apprendrait continuellement. »

Après avoir ainsi combattu l'école historique et après l'exposé des principes que nous avions déjà mis en relief précédem-

ment, il ne nous reste 'us qu'un mot à dire
de l'école philosophique.

C'est Thibault, professeur à l'université
de Heidelberg, qui, par son opuscule intitulé : *De la nécessité d'un Code civil général pour l'Allemagne*, avait provoqué l'ouvrage de Savigny, et qui est resté toujours
l'adversaire de l'école historique. Il n'admettait point l'influence du caractère national
sur le développement de la législation, et le
Droit lui semblait en quelque façon écrit
dans le cœur humain. C'était une règle à
laquelle s'élevait d'elle-même notre raison,
et qui n'avait nul besoin de se plier aux circonstances. Il appelait le Droit une *mathématique juridique* sur laquelle les siècles et
les lieux n'ont point de prise. Les études
historiques n'étaient pour lui que des recherches d'érudition oisive, et il disait volontiers
des jurisconsultes de l'école de Savigny ce
que Malebranche disait de certains savants :
« Les savants étudient plutôt pour acquérir
une grandeur chimérique dans l'imagination
des autres hommes, que pour donner à leur
esprit plus de force et d'étendue. Ils font de
leur tête une espèce de garde-meuble, dans

lequel ils entassent sans discernement et sans ordre tout ce qui porte un certain caractère d'érudition, je veux dire tout ce qui peut paraître rare et extraordinaire et exciter l'admiration des autres hommes. Ils font gloire de rassembler dans ce cabinet de curiosités, des antiques qui n'ont rien de riche et de solide, et dont le prix ne dépend que de la fantaisie, de la passion ou du hasard. »

Mais, si l'école historique ne s'est pas contentée de la gloire légitime qui lui revenait, l'école philosophique de son côté a aussi exagéré son importance, en regardant le Droit comme un produit de la raison pure pouvant se passer complètement des données de l'histoire. L'expérience, qui fait la base de la sagesse, ne saurait être étrangère à la science du Droit; et, tout en réservant la part principale à la raison, qui seule généralise les résultats, il faut accepter l'histoire comme auxiliaire. L'élément philosophique et l'élément historique forment la substance de la jurisprudence. Si l'on ne s'attache pas à la nature humaine, c'est-à-dire aux principes, aux règles absolues et fondamentales, les lé-

gislations diverses ne sont plus que des re-
présentations et des phraséologies dont on
ignore éternellement l'esprit. D'un autre côté,
sans la connaissance de l'histoire, de ce qui
a vécu et duré avant nous, nous resterions
toujours incomplets et injustes. L'homme,
comme on l'a dit, n'est ferme dans le présent
que l'œil sur l'avenir, et l'oreille attentive
au retentissement du passé. Or, dans le passé,
quel est le peuple qui n'a pas de rival pour
le sentiment du Droit et son mécanisme? C'est
le peuple romain. Outre son importance historique, le Droit romain, par le haut degré
de culture auquel il est parvenu, sert d'idéal
à la science moderne; il est surtout, par la
perfection de sa forme logique, un modèle
achevé de l'art du Droit.

Ainsi donc, du mélange de l'universel et
du contingent, de la philosophie et de l'histoire, naît chez chaque peuple un tout individuel et distinct qui participe de l'un et de
l'autre, sans ressembler uniquement soit à
l'un, soit à l'autre : c'est le *Droit positif.*
Combinaison de la justice absolue et de la
convenance nationale, le Droit, dans chaque
pays, doit être à la fois ce que veut la raison,

et ce qu'ont pratiqué les ancêtres. On l'écrit, et il devient législation; on l'enseigne, et il se développe en doctrine; on l'applique, et il s'appelle jurisprudence. Pour avoir l'intelligence entière de la science, il faut saisir dans leur mélange les deux éléments qui la constituent, c'est-à-dire l'élément philosophique et l'élément historique. Là comme ailleurs, être incomplet, c'est être faux. « Tandis que la philosophie, aventureuse courrière, travaille avec ardeur de découverte en découverte, de système en système, à expliquer et à gouverner le monde, le Droit, la suivant de bien loin dans chaque pays, long à pratiquer les vérités qu'elle lui transmet, les accepte enfin pour les faire tomber dans le domaine et les passions de l'histoire, qui les altère et les transforme. Jamais ce mélange, qui constitue le Droit, ne fut plus éclatant que dans le Droit romain. Là, ce qui est absolu et ce qui n'est qu'historique s'unissent et se confondent si bien, que rien ne se détache, que les combinaisons paraissent homogènes, tant l'étreinte est forte ! C'est pourquoi le Droit romain a été si différemment jugé. Grotius et son école l'ont

souvent considéré comme le Droit naturel
personnifié, uniquement frappés de la philosophie vigoureuse qui s'y était incorporée ;
l'école historique allemande, au contraire,
admire exclusivement ce qu'il a d'individuel
et de national. Tous ont raison : ce qu'ils
adorent dans le Droit romain s'y trouve, mais
ne s'y trouve pas seul (1). »

De la conscience humaine le Droit a passé
dans la réalité ; il s'y est montré d'abord
sous la forme des mœurs, puis sous les formules de la législation. Mais c'est la science
qui vient, après la législation, imprimer au
Droit sa méthode et sa logique ; les principes
étant posés, elle en déduit les conséquences,
et elle tire de l'idée du droit, en la réflé-
chissant, d'inépuisables développements. Sous
ce rapport, le Droit romain n'a pas d'égal ;
on peut contester plusieurs de ses principes,
mais son système scientifique en fera toujours
la véritable école du jurisconsulte. Ses textes
sont des chefs-d'œuvre de style juridique,
et le Droit ne saurait plus s'écrire comme il
se rédigeait jadis sous la plume des Gaïus et

(1) M. Lerminier.

des Papinien, des Paul et des Ulpien : on dirait la méthode géométrique appliquée dans toute sa rigueur à la pensée morale. Notre faiblesse moderne a perdu le secret de cette merveilleuse dialectique. C'est en poursuivant par le raisonnement et l'analogie les dernières conséquences d'un nombre assez restreint de principes abstraits, que les jurisconsultes romains sont parvenus à élever cet édifice majestueux et savant que Leibnitz admirait en ces termes : « *Dixi sæpiùs, post scripta geometrarum, nihil exstare quod vi ac simplicitate cum scriptis romanorum jurisconsultorum comparari possit; tantùm nervi inest, tantùm profunditatis !* »

Le Droit est l'expression la plus parfaite du génie romain. Rome fut initiée à la philosophie et à la poésie par la Grèce, mais cette importation étrangère conserva toujours un caractère d'emprunt; dans la jurisprudence seule les Romains ont de l'originalité (1).

(1) Leibnitz dit encore des jurisconsultes romains : « *Ego semper admiratus sum scripta veterum jurisconsultorum romanorum. Romani in omni genere doctrinæ Græcis cedunt ; in unâ jurisprudentiâ regnant, eâque in re unâ omnes populos, quod constet, vicerunt.* »

Leur Droit leur appartient en propre; c'est
une plante véritablement indigène, une production du sol italique. Les jurisconsultes
de l'empire sont pour la science du Droit,
ce que les poèmes d'Homère et les dialogues
de Platon sont pour la poésie et la philosophie. En Grèce, à Athènes, on pense plus
aux discussions de Protagoras et aux vers
d'Aristophane qu'à la guerre du Péloponèse;
mais à Rome se promènent au Forum des
hommes graves et austères, qui ne songent
qu'à maintenir leurs droits au dedans et au
dehors à conquérir le monde. Aussi Virgile
comprenait-il bien le génie de son peuple
quand il s'écriait dans l'*Énéide* :

Excudent alii spirantia molliùs æra ;
Credo equidem , vivos ducent de marmore vultus :
Orabunt causas meliùs, cœlique meatus
Describent radio , et surgentia sidera dicent.
Tu regere imperio populos, Romane, memento;
Hæ tibi erunt artes; pacisque imponere morem,
Parcere subjectis, et debellaro superbos.

Les Grecs sont un peuple d'artistes : pour
eux la vie est un banquet auquel ils assistent
couronnés de fleurs et chantant des hymnes
à la joie. Ils répugnent à l'unité, et ils se

disputent sans cesse, jusqu'à ce que leurs divisions mettent fin à leur indépendance. Les
Romains sont en tout le contre-pied des
Hellènes : chez eux la loi, l'idée de puissance et d'unité, règle toutes les relations de
la famille et de la société. La vie facile de la
Grèce fait place à une existence de spéculation et de travail; on dirait un peuple d'uti-
litaires. Pour le Romain, les plaisirs de la
pensée ne sont qu'un amusement frivole, ac-
cessoire, et une passagère distraction. Il a
l'esprit positif et calculateur, il est âpre au
gain, il est avare. D'après Caton, l'homme
admirable est celui qui acquiert le plus de
biens dans sa vie (1), et Brutus, le tyran-
nicide, prêtait à quarante-huit pour cent.
« L'usure, dit Tacite, a été un vice ancien
parmi nous, et la cause la plus commune de
nos discordes et de nos séditions : les lois
contre l'usure étaient violées par les sénateurs
eux-mêmes, dont aucun n'était exempt de
pareilles prévarications (2). »

« Les Romains n'avaient pas, comme les
Grecs, cette foule de jeux, d'exercices et de

(1) Plutarque, *Vie de Caton l'Ancien*, ch. 21.
(2) Tacite, *Annales*, VI, 16.

fêtes, établis pour développer les corps et les âmes de la jeunesse. Leurs exercices étaient uniquement bornés à la guerre. Ce n'était pas cette gymnastique élégante de la Grèce. C'était seulement un apprentissage militaire commencé dans le *Champ de Mars*, et continué sous le drapeau, pour se rendre plus capable de soutenir de longues marches, de porter de lourds fardeaux, et de manier adroitement les armes. Nulle image de ces danses pleines de poésie, où paraissaient les jeunes filles de l'Attique, le front ceint de laurier rose; point de ces chœurs de musique, où chantaient les vieillards, les jeunes hommes et les enfants; point de ces *théories* gracieuses qui parcouraient, au son de la lyre, les flots et les rivages de la Grèce; point de ces jeux olympiques, où l'on couronnait tour à tour la force de l'athlète, l'art du musicien et le génie du poète. Rome avait méprisé, dans l'instruction de ses enfants, tout ce qui ne servait pas immédiatement à la guerre : elle n'eût pas compris comment le plus habile général de la Grèce avait su danser et jouer de la flûte. La guerre continuelle, le besoin de la destruction ou de l'esclavage des autres peuples, renouvelaient sans cesse chez les Romains la férocité primitive. Les combats de gladiateurs avaient été d'abord, dans leurs usages religieux, une espèce d'hécatombe offerte à la mort, et par laquelle on honorait les funérailles des citoyens illustres. Le goût du sang inné dans ce peuple en fit bientôt une partie nécessaire de toutes les fêtes publiques, et des cérémonies consacrées à la foule des divinités que Rome adorait (1). »

La guerre, principale occupation des citoyens, leur tient lieu d'industrie et de commerce : elle est permanente pendant huit siècles. Dans les mains du sénat la conquête est un instrument à la fois de domination et de lucre ; dans les desseins de Dieu elle était un moyen d'unité. L'avénement du Christ est la justification providentielle de la politique conquérante du sénat. Les vues de la Providence ne justifient pas sans doute la violence ni la mauvaise foi des Romains. C'est le devoir de l'histoire de les flétrir, mais elle doit ajouter aussi que la guerre eut

(1) M. Villemain.

un autre résultat que de couvrir la terre de
sang et de ruines. Dire que la force seule a
régné dans le monde, ce serait en définitive
nier l'existence d'un ordre moral. La gloire
de Rome est d'avoir fait intervenir le Droit
dans l'œuvre de la force. La justice, il est
vrai, n'a été trop souvent qu'un prétexte
pour le sénat; mais c'est déjà un immense
progrès dans les relations internationales,
qu'un peuple conquérant sente le besoin d'invoquer la justice, ne fût-ce que comme un
prétexte. Ce qui importe, c'est que l'idée du
Droit pénètre dans la politique : à la longue
elle finira bien par triompher. Les Romains,
race juridique par excellence, étaient dignes
de la mission que Dieu leur donna d'unir le
monde sous la règle du Droit. Rome fut par là
supérieure à l'Orient et à la Grèce; elle accomplit l'unité du monde ancien, œuvre immense qu'avaient tentée en vain les conqué-
rants de l'Asie et le héros Macédonien. C'est
là son titre de gloire.

D'autres peuples de l'antiquité, les Grecs
notamment, ont bien eu des lois mémorables, des législateurs célèbres; mais le Droit
était loin d'être parvenu chez eux à ce degré

de développement scientifique auquel il s'est
élevé chez les Romains. C'est à Rome seulement que le Droit, travaillé, cultivé avec
zèle, avec ardeur, nous offre le caractère imposant d'une science. C'est là que les théories du Droit, succédant à des croyances et
à des traditions puériles, à des formules
nationales et instinctives, changent, s'agrandissent, ou plutôt prennent leur véritable
caractère, le signe de la réflexion et de la
philosophie; c'est là qu'elles vont s'écrire
d'un style abstrait et précis. Une législation
toute symbolique et matérialiste, venant de
l'Étrurie, ce sanctuaire de la vieille Italie,
comme dit Niebuhr, un formalisme étroit et
grossier fit place avec le temps à une science
profonde et d'un merveilleux enchaînement.
Les stoïciens, paraissant au sein de la République à son déclin, enseignèrent les jurisconsultes romains, et c'est à cette alliance du
Forum et du Portique qu'il faut attribuer
cette jurisprudence philosophique, ce style
juridique qui renferme, sous une forme sévère, les décisions de la justice et de la raison. Rome a vu, pour ainsi dire, naître le
Droit; elle l'a vu grandir, et prendre avec la

suite des temps une importance de premier ordre. C'est aussi de ce foyer qu'il s'est répandu sur l'Europe, dont toutes les parties en ont plus ou moins ressenti l'influence, et en portent encore aujourd'hui les marques plus ou moins profondes. Il est donc intéressant, pour quiconque veut se livrer à l'étude du Droit dans ce qu'elle a de grand et de noble, de l'envisager à son point de départ, d'en suivre la marche à travers les siècles, et d'en reconnaître l'influence jusque sur nos sociétés modernes. Pour nous, le seul point de vue que nous voulions ici mettre en lumière est celui-ci : quelle utilité tout à fait spéciale l'étude du Droit romain peut-elle offrir au jurisconsulte ?

On appelle communément le Droit romain la *raison écrite*, et Bossuet a dit dans son *Discours sur l'histoire universelle*, que « le bon sens, qui est le maître de la vie humaine, y règne partout, et qu'on ne voit nulle part une plus belle application de la loi naturelle.» Il y a du vrai dans ces paroles, mais il s'agit de s'entendre. Est-ce bien en effet la raison, est-ce le bon sens qui ont établi l'esclavage, le despotisme et l'inégalité dans la famille, et ces formes de procéder si rigides, si savantes et si compliquées ? Il nous semble que la raison et le bon sens agissent habituellement avec plus de simplicité. Cette loi naturelle dont parle Bossuet trouvait-elle bien son application dans la société romaine, au temps où la puissance maritale (1) était suprême, où la femme était considérée comme la propriété, comme la *chose* du mari; où, dès qu'elle était entrée dans la maison conjugale, il devenait son maître, son juge, pouvant la condamner à mort non-seulement pour adultère, mais encore pour avoir bu du vin ou dérobé des clefs; où la mère de famille était considérée comme la fille de son mari et la sœur de ses propres enfants; — au temps où la puissance paternelle était absolue, où l'enfant était assujetti depuis le jour de sa naissance jusqu'à la fin de sa vie, où le père pouvait le mettre à mort de son autorité privée, le vendre jusqu'à trois fois, l'enchaîner et le faire travailler avec les esclaves; où le fils de famille, même après avoir revêtu la robe virile, même après avoir été

(1) Chez les Romains, le père de famille est une *majesté :* « *Jus et majestas viri.* »

promu aux premiers emplois de la cité, ne
cessait jamais d'être mineur à l'égard de l'auteur de ses jours; où le consul Spurius Cassius était jugé et exécuté par son père aux
pieds des lares domestiques; où les enfants
difformes pouvaient être étouffés ou noyés;
— au temps où l'autorité du chef s'étendait
sur tous les membres inférieurs de la *gens*,
sur les clients et les colons qui s'étaient
groupés sous la protection de sa lance et de
ses pénates; où l'étranger, en quelque sorte
forcé de mendier une humble place au foyer
quiritaire, n'obtenait le patronage d'un *père*
qu'en se soumettant à sa sainte et imprescriptible autorité; où ce père pouvait frapper
tout membre de sa famille qu'il jugeait coupable; où il pouvait présider lui-même, suivant les rites sacrés, a l'exécution de ses
arrêts domestiques ?

La loi naturelle était-elle mieux observée,
quand la *question* était donnée à l'esclave
par le maître qui convoquait pour y assister
ses amis et ses hôtes; — quand les esclaves
d'un même maître, tous considérés comme
complices du crime dont l'auteur n'avait pas
été découvert, tous considérés comme soli-

daires les uns des autres, étaient tous mis à
mort; ainsi Pedanius Secundus, préfet de
Rome, ayant été victime d'un meurtre, ses
quatre cents esclaves furent envoyés au supplice sur la demande de Caïus Cassius; —
quand César-Auguste faisait crucifier sur
l'heure un de ses esclaves, parce qu'il avait
tué et mangé une caille du palais; — quand
Néron transformait des hommes en torches
enduites de résine pour éclairer les jardins
impériaux, aux applaudissements du peuple,
habitué à trouver tout simple que pour le ré-
créer on livrât de pieuses jeunes filles, d'héroïques martyrs aux bêtes de l'amphithéâtre;
— quand Pline le Jeune écrivait à Trajan, le
meilleur des princes : « Voici la règle que j'ai
suivie à l'égard des chrétiens que l'on a défé-
rés à mon tribunal. Je leur ai demandé s'ils
étaient chrétiens. Ceux qui l'ont avoué, je
leur ai fait la même demande une seconde
et une troisième fois, et je les ai menacés du
supplice. Ceux qui ont persisté, je les y ai
envoyés; car de quelque nature que fût l'a-
veu qu'ils faisaient, j'ai pensé qu'on devait
punir au moins leur inflexible obstination : »
et quand Trajan répondait à Pline : « Vous

avez fait ce que vous deviez faire, mon cher
Pline; » — quand enfin ce qui nous paraît
maintenant d'incroyables atrocités était alors
considéré comme de justes punitions, comme
de légitimes nécessités par des philosophes
tels que Cicéron et Tacite, par des jurisconsultes tels que Paul et Ulpien ?

Le Droit Romain était-il bien la raison
écrite au temps où le débiteur, vaincu judi-
ciairement, appartenait au vainqueur conformément à ces termes de la *loi des Douze-
Tables* : « Que le riche réponde pour le
riche; pour le pauvre, qui voudra. L'affaire
jugée, trente jours de délai. S'il ne satisfait
au jugement, si personne ne répond pour
lui, vous l'emmènerez avec des chaînes qui
pèseront quinze livres. S'il ne s'arrange point,
tenez-le dans les liens soixante jours; cependant produisez-le en justice par trois jours de
marché, et là publiez quelle est la quotité de
la somme due. Au troisième jour de marché,
il sera mis à mort, ou bien on pourra l'aller
vendre à l'étranger au delà du Tibre. Si plusieurs ont gagné le procès contre lui, ils
peuvent couper et se partager son corps; s'ils
coupent plus ou moins, sans fraude, qu'ils

n'en soient pas responsables? » — Voilà la
puissance maritale, la puissance paternelle,
la puissance domestique, la puissance publique, la pénalité, telles qu'elles apparaissent
au premier abord chez le peuple-roi. Voilà,
quant au passif, le bilan social des Romains.

Si nous ouvrons les textes de la jurisprudence classique de cette époque vantée qu'on
appelle le siècle des Antonins, nous voyons
que tous ces grands jurisconsultes, dont Théodose II et Valentinien III ont pour ainsi dire
canonisé les écrits par la *loi des citations*,
reconnaissent encore, bien loin derrière eux,
mais comme permanente et souveraine, l'antique loi des Douze-Tables. Ils la citent, ils la
commentent, ils l'éludent le plus souvent,
mais alors même lui rendent hommage, car
ils se refusent à la méconnaître et à la violer;
jamais ils n'ont osé abjurer cette loi gravée
sur le bronze par la main de fer des Décem-
virs; elle est pour eux comme le maître inexorable à la verge duquel on s'efforce en vain
d'échapper. Ce vieux Droit païen, dont les
jurisconsultes romains respectent toujours
l'autorité séculaire, est dans le principe un
livre à moitié scellé, un recueil de traditions,

de formules sacramentelles, de rites sacrés qui enveloppent le Droit comme on voile un culte ; c'est un ensemble de mystères dont les patriciens seuls ont le secret. C'est un temple, séjour d'un génie inconnu qui a ses autels et dont les initiés seuls savent le nom. Le Droit primitif, voilà la religion dominante des Romains. Nous allons retracer en peu de mots non ses dispositions, mais son caractère.

Dans le Droit civil, comme dans les relations internationales, le point de départ de Rome est l'esprit le plus exclusif. La famille, comme nous l'avons déjà vu, ne repose pas sur l'affection, sur les liens du sang ; c'est la force, représentée par l'homme mari et père, qui y domine. Chez les Romains, on peut dire que le droit du *paterfamilias* sur sa femme et sur ses enfants est bien véritablement, dans le principe, un droit réel ; ce sont des choses dont il peut disposer à son gré, il a sur ces choses le *dominium*, c'est-à-dire le *jus utendi, fruendi et abutendi;* il en est, en un mot, propriétaire. — Quant aux droits sur les choses du monde physique et matériel, les idées romaines sont aussi étroites que leur cité. A

l'origine, le territoire de la ville de Rome
était le seul susceptible d'une véritable propriété. Le sol italien participa ensuite à ce
privilége; mais aux limites de l'Italie s'arrê-
tait la propriété organisée suivant le Droit
civil. Une fiction supposait que le sol pro-
vincial appartenait au peuple romain, tandis
que les détenteurs n'en avaient que la possession. Cette possession est à la vérité perpé-
tuelle; c'est une espèce de propriété, mais
ce n'est pas la propriété romaine (1). — C'est
peut-être dans les obligations que l'esprit
formaliste de l'ancien Droit est le plus ré-
voltant. Au sein d'une civilisation peu avancée, on conçoit à la rigueur le règne de
la force brutale s'appesantissant sur les êtres
faibles, les femmes et les enfants; mais on
aime à se figurer que dans ces vieux âges
la bonne foi présidait aux conventions des
hommes. Que dire de ce Droit, d'après
lequel ce n'est pas la conscience ni la justice
qui obligent, mais la lettre la plus rigoureuse?
Tout ce qui n'est pas contenu dans les paroles
mêmes de la formule est censé n'avoir pas

(1) Gaïus, II, 7, 27, 40 et 46.

été promis; et la dissimulation, poussée jusqu'à la fraude, ne vicie pas le contrat (1).
— Quant aux actions, c'est-à-dire à la pro-
cédure, il fallait qu'une loi eût fait naître le
droit que l'on voulait poursuivre, et c'était
d'après cette loi que les termes de l'action
devaient être rigoureusement établis : *quòd
si uno verbo erratum fuisset*, dit Quintilien,
tota causa cecidisse videbatur. Tout le
monde connaît l'histoire de ce plaideur qui
perdit son procès pour s'être servi dans sa
demande du mot *vites*, au lieu du mot plus
général *arbores*, qui seul était écrit dans la
loi des Douze-Tables (2).

Telle était, d'après le Droit strict, l'organisation de la famille, de la propriété, des
obligations, des actions. Les philosophes, et
notamment Hegel, ont vivement attaqué cette
organisation; mais on peut leur reprocher
d'avoir jugé le Droit de Rome d'un point de
vue trop absolu, et avec des idées modernes.
S'ils l'avaient comparé avec le Droit des peuples qui précédèrent les Romains, ils y auraient aperçu un progrès. Chez les Grecs, le

(1) Cicéron, *De Oratore*, I, 57. — *De Officiis*, III, 16.
(2) Gaïus, lib. 4, § 11.

mariage n'a qu'un but politique, celui de
donner à l'État des citoyens vigoureux; de
là les prescriptions de la législation lacédé-
monienne, que l'on est étonné de retrouver
dans la *République* de Platon. Chez les Romains, le mariage est la communion de la
vie, *omnis vitæ consortium, divini et humani juris communicatio.* Si dans l'intérieur
de la famille, la femme disparaît devant
l'omnipotence du mari, hors de la maison
conjugale la matrone est entourée de considération et de respect. En reconnaissant à
la famille romaine la supériorité sur la famille
grecque, nous croyons lui rendre la justice
qui lui est due; nous n'en devons pas moins
convenir, avec les philosophes, que la force
et un formalisme étroit caractérisent le Droit
de l'ancienne Rome.

Comment donc un Droit, au début si grossier, a-t-il pu se développer et se modifier
au point de mériter le nom glorieux de *raison écrite?* C'est dans les relations étendues
que la guerre établit entre Rome et les différents peuples de l'univers, qu'il faut chercher
la cause principale de cette révolution. Le
contact des hommes élargit leurs idées : à

mesure que les légions poursuivirent leurs
conquêtes, des rapports se formèrent entre
les Romains et les étrangers; et le nombre de
ces étrangers augmentant dans Rome de jour
en jour, il fallut établir un magistrat spécial,
le *Prœtor peregrinus*, pour juger leurs diffé-
rends. Les Romains acquirent ainsi la connaissance des lois qui régissaient les nations
avec lesquelles la victoire les avait mis en
communication. Ils remarquèrent qu'il y avait
dans ces lois et dans celles de leur propre cité
un élément commun, et ils le qualifièrent de
Droit des gens, parce qu'il se rencontrait
chez toutes les nations : « *Antiquius jus gen-
tiu·n cum ipso genere humano proditum est.* »
Ce Droit s'étant développé d'une manière
uniforme chez des peuples qui ne s'étaient jamais vus auparavant, devait avoir sa source
dans les notions du juste et de l'injuste,
c'est-à-dire dans l'esprit humain. Les jurisconsultes l'appelèrent encore *naturalis ratio,*
Droit naturel ou philosophique (1). Les éléments étrangers se mêlèrent aux idées romai·

(1) Les jurisconsultes romains confondent souvent le *jus
gentium* et le *jus naturale.* (Savigny, T. 1, p. 109, et surtout Appendice I.)

nes; ce qu'il y avait d'étroit dans la jurisprudence nationale devait disparaître sous
l'action lente du temps et des mœurs; les
préteurs, armés d'une espèce de pouvoir
législatif, combinèrent les idées nouvelles
avec les coutumes anciennes; et le Droit
strict, l'*ipsum jus*, subit l'influence du Droit
général de l'humanité.

Ainsi c'est au contact des Romains avec
les étrangers qu'il faut rapporter les progrès
du Droit. Des conquêtes de Rome est né cet
esprit universel, cosmopolite, qui s'est peu
à peu déposé dans le Droit romain et en a
fait comme le Code du genre humain. Mais
l'équité (1) ne l'emporta pas sans combat.
Déjà les plébéiens, faisant effort pour en-
vahir l'enceinte sacrée défendue par le patri-
ciat, lui avaient arraché successivement le
connubium, les magistratures, les auspices,
enfin les secrets mêmes du Droit, quand l'affranchi Flavius déroba à Appius les actions

(1) *Æquitas*, égalité. L'équité n'est pas autre chose que
le respect et le maintien de l'égalité; être équitable, c'est
maintenir la balance égale entre tous les hommes. Droit
naturel ou équité, c'est la même chose. Le Droit d'un
peuple est d'autant meilleur qu'il s'approche davantage
de ce type de perfection.

de la loi, dont ce patricien avait rédigé les
formules. Cet élan de liberté, ce mouvement,
commencé sous la République, se perpétua
sous les Empereurs. L'établissement de l'Empire ne ferma pas, comme on l'a cru souvent,
l'histoire de la liberté; seulement les rôles
changent, et tandis que sous la République
nous avons le spectacle de la cité patricienne
prise d'assaut par la plèbe, l'Empire nous
montre les provinces assiégeant la cité impériale pour venir s'asseoir au foyer du Droit
et de la justice publique. Après bien des résis-
tances et des concessions, un empereur
monstre, Caracalla, voulant étendre aux
provinciaux l'impôt sur les successions, fera
tomber, par cette mesure purement fiscale et
sans qu'aucune gloire lui en revienne, les
antiques barrières, en déclarant citoyens romains tous les sujets de l'Empire.

Le vieux Droit avait opposé une résistance
opiniâtre aux envahissements du Droit des
gens; mais, en même temps que la plèbe et
les provinces (1) pénètrent au sein de cette
cité si énergiquement et si longtemps défen-

_____

(1) De pro et vincere. Les provinces étaient les pays vain-
cus auparavant.

due, il faut aussi que la justice y trouve place :
faire triompher l'équité, telle fut, à Rome, la
mission du préteur. Chaque année ce magistrat, à son entrée en fonctions, publiait un
édit où il exposait les principes d'après lesquels il rendrait la justice. Cette vieille loi
des Douze-Tables, qui resta toujours le pacte
fondamental, était interprétée avec équité et
clémence; le préteur suppléait à ses lacunes,
il en éclairait l'obscurité; il en adoucissait les
rigueurs (1). De là cette lutte admirable enga-
gée par le magistrat contre le texte qu'il est
forcé d'appliquer, dont il regrette la sévérité,
dont il subit encore le joug, mais dont il finira
par émousser le glaive. De là tous ces détours
et ces artifices, de là ces créations du Droit
prétorien qui nous paraissent si singulières. Le
préteur apportait des restrictions au Droit civil
par des *exceptions* ou par des *actions utiles ;*
il déclarait nuls des actes d'ailleurs valables,
en accordant des *restitutiones in integrum;*
il supposait certaines circonstances imagi-
naires, des *fictions*, pour atténuer la rigueur
des principes. Il se garda bien de toucher à

(1) *Jus prætorium est, quod prætores introduxerunt, adju-
vandi, vel supplendi, vel corrigendi juris civilis gratiâ.* PAPINIEN.

la famille, à la propriété, aux obligations,
telles que le Droit strict les avait organisées.
Mais à côté du mariage civil, il créa un mariage valable d'après le Droit des gens ; à côté
de la parenté romaine, qui ne comprend que
les *agnats*, c'est-à-dire les personnes qui sont
unies par le sexe masculin, une parenté naturelle, la *cognatio*, qui comprend même
ceux qui ne sont unis entre eux que par les
femmes ; à côté de la propriété *quiritaire*,
du *dominium*, la propriété du Droit naturel
qu'on nomme *in bonis ;* enfin, à côté des
formes sévères de la stipulation, *spondes ?*
spondeo, des formes libres et accessibles aux
étrangers (1).

Partout nous rencontrons la fiction, un respect superstitieux pour un passé qu'on entoure
d'hommages, mais qu'au fond l'on dédaigne :
tout le travail du préteur n'est qu'une suite de
subterfuges pour échapper à une loi qu'il
n'ose pas ouvertement renverser. Ainsi la loi
des Douze-Tables ne déférait l'hérédité des
pères de famille décédés sans avoir testé, qu'à
ceux qui étaient parents par les mâles, aux
héritiers siens d'abord, aux agnats ensuite, et,

(1) Savigny, t. I, p. 108.

à défaut d'agnats, aux *gentiles*. Plus tard,
quand le préteur veut aussi envoyer en possession des biens de la succession ceux qui sont
parents du défunt par les femmes, ce n'est
qu'en ayant recours à un subterfuge, et, dans
la formule qu'il délivre, il suppose le nouveau
possesseur héritier. Mais cette vieille loi des
Douze-Tables n'en demeure pas moins *la loi*,
malgré les fictions du Droit prétorien, qui
l'avaient de fait anéantie, jusqu'à ce que les
Novelles 118 et 127 de Justinien eussent
rompu avec le vieux Droit, et établi un ordre
de succession assez semblable à celui qui
nous régit. Ainsi, mille ans s'étaient écoulés;
rien n'était resté de l'ancien Droit, le texte
même de la loi avait péri, et son autorité
nominale durait encore! Cette superstition
des textes devait enfanter ce prodigieux édifice du Droit romain, admirable ensemble de
sagesse et surtout de subtilité, moins surpre-
nant encore par la sûreté des décisions que
par l'art infini avec lequel la loi est tournée
au profit de la raison, tout en demeurant lit-
téralement respectée.

Pour citer d'autres exemples, la loi ancienne veut que certaines choses dites *man-*

cipi ne puissent s'acquérir que par la man-
cipation, la *cessio in jure* ou l'usucapion. Il
se trouve que je me suis fait livrer une de ces
choses par simple tradition, et, avant d'en
avoir acquis l'usucapion, j'en perds la possession; d'après le Droit strict, je ne pour-
rais pas revendiquer cette chose, mais le
préteur va m'accorder la revendication en
supposant que j'ai usucapé : c'est l'action pu-
blicienne. Ainsi encore la loi romaine, ne
s'occupant pas de l'étranger, *hostis*, n'a pas
songé à lui donner d'action pour faire respecter ses droits : l'action *furti*, par exemple,
ne peut pas, d'après la rigueur du Droit civil, être accordée à l'étranger ; cependant le
préteur la lui donnera, mais toujours au
moyen d'une fiction, en le supposant citoyen
romain (1). On pourrait encore citer tout le
système des *exceptions*, qui est certainement une des parties les plus curieuses et les
plus savantes du Droit romain. Les obligations naissant d'une stipulation ou d'un contrat *litteris* étaient dites *stricti juris;* s'il y
avait eu dol ou violence, le promettant n'en
restait pas moins tenu de remplir son obli-

(1) Gaïus, lib. IV, § 34 et seq.

gation, et il ne pouvait s'y soustraire qu'en faisant insérer par le préteur une exception dans la formule d'action demandée par le stipulant. Ici encore, le magistrat n'osait heurter de front la lettre de la loi, sacrée et inviolable; il faisait un détour pour l'éviter. L'autorité, la présence d'une volonté supérieure et irrésistible, voilà ce qui donne au vieux Droit romain tous les caractères du destin, voilà ce qui en fait un mystère. On appelait le Droit primitif *fatum*, de *fas*, ce qui est permis par la volonté divine, ou par les patriciens, qui descendent des dieux, et qui seuls peuvent connaître et déclarer le Droit.

Toutes ces fictions avaient donc été inventées par le préteur pour adoucir les prescriptions trop dures de ce vieux Droit païen et théocratique, qu'on veut avoir l'air de vénérer toujours, mais que de fait on méconnaît. L'antique loi romaine n'est bientôt plus qu'une forme vide du dieu qui l'animait; elle ne cause plus cette sorte d'effroi religieux qu'elle avait inspiré si longtemps; elle n'est plus qu'une apparence, un fantôme, un mensonge. Cette superstition incroyable des préteurs, cette interprétation infidèle qu'ils faisaient de la loi, nous représente bien au reste ce qui se passait dans le paganisme : le maintien des observations et l'absence de la foi. Le vieux Droit se conservait comme la mythologie. On cesse de le comprendre, et Justinien parlera, trop légèrement sans doute, du Droit qui a précédé la splendeur impériale, comme d'un ramas de vieilles fables, qu'il n'y a pas grand mal à ignorer : *Ut liceat prima legum cunabula, non ab antiquis fabulis discere, sed ab imperiali splendore appetere..... nihil inutile nihilque perperàm positum* (1).

L'équité avait trouvé un puissant auxiliaire dans la philosophie stoïcienne. Nourris des doctrines cosmopolites du Portique, les jurisconsultes ne virent plus dans les rigueurs du Droit strict que des iniquités, *juris iniquitates*, suivant une expression de Gaïus; ils firent prévaloir les règles éternelles de justice qui étaient le fond du Droit des gens. Le grand affranchissement poursuivi par les plébéiens d'une part, par les étrangers de l'autre, s'achevait ainsi par la science et la philosophie. C'est là un des plus grands

(1) *Instit. proœm.*, § 3.

spectacles que la raison puisse se donner
à elle-même. Il n'y a pas seulement, dans
cette jurisprudence du siècle des Antonins,
un admirable bon sens, une singulière lucidité de pensée, une rigueur parfaite de
forme, une architecture qui distribue avec
un rare bonheur l'ordre et la clarté dans le
chaos des relations civiles : il y a de plus un
commencement de satisfaction à l'humanité,
un tempérament à la condition des femmes
par la dot, à la puissance paternelle par la
suppression du droit de vie et de mort, à la
condition des esclaves, lorsque par un res-
crit Antonin le Pieux déclara que ceux qui
échapperaient à la cruauté de leur maître et
viendraient embrasser la statue du Prince,
seraient protégés par le magistrat; que celui-
ci descendrait de son tribunal pour les couvrir d'un pan de sa robe, et forcerait le propriétaire à les transférer à un maître plus
humain (1).

Mais ce qu'il y a d'admirable dans le
Droit Romain, ce n'est point la partie légis-
lative proprement dite, très-défectueuse et
ne présentant guère à cette heure qu'un in-

(1) Institutes, I, 8, *De his qui sui vel alieni juris sunt*, § 2.

térêt historique, c'est la partie scientifique ;
ce n'est ni la loi des Douze-Tables, quoique
Tacite l'appelle *finis æqui juris*, ni les séna-
tus-consultes, ni même l'œuvre des Empereurs, quoique le Droit impérial permette de
suivre d'une façon curieuse dans les lois la
transformation du vieux monde ; ce qui commande l'admiration, c'est l'œuvre des préteurs, mais surtout celle des grands jurisconsultes du temps d'Alexandre-Sévère et de
Caracalla. Alors il est bien vrai de dire que
la raison et le bon sens gouvernent le Droit
romain, mais la raison et le bon sens se trouvant aux prises avec une législation rude et
grossière, luttant avec elle sans jamais la
heurter de front, et peu à peu arrivant à se
dégager des entraves que leur imposait un
texte inexorable. Et quand, à partir de Dio-
clétien, le Droit romain s'humanise encore
davantage et se simplifie, alors que la législation devient plus parfaite assurément, l'intérêt scientifique s'affaiblit en même temps,
et, de l'aveu de tous, le beau temps de la
jurisprudence romaine est passé. Certes la loi
romaine a fait d'immenses progrès, elle va recevoir encore de nouvelles améliorations sous

les empereurs chrétiens, sous Constantin, sous Théodose II, sous Justinien; mais ce haut degré de développement auquel elle est parvenue, sera loin de présenter un intérêt égal à celui de son laborieux enfantement.

Ce n'est donc point à titre de législation modèle que le Droit romain mérite surtout d'être étudié. Ce qu'il faut aller chercher dans le Droit romain, c'est la science juridique, c'est le commentaire; ce n'est pas le texte de la loi. Enfermés dans ce texte, dont ils doivent conserver la lettre, les jurisconsultes de Rome ont déployé, pour en éluder l'esprit, un ensemble d'artifices inouïs, et une fertilité de ressources qui sera l'objet d'un éternel étonnement. Dans leurs écrits, la loi des Douze-Tables est toujours respectée, la logique est rigoureuse, et cependant la justice y triomphe. Quoi de plus étonnant, nous le répétons, que leur théorie de la *bonorum possessio* en matière de succession et leur système des *exceptions?* Simplifiez, au contraire, ce Droit si savant, substituez à ces théories si ingénieuses, si subtiles, si déliées, la raison pure et le simple bon sens, à l'instant même tout intérêt s'éva-

nouit. C'est justement parce que la législation
romaine, la *lex*, était très-défectueuse, que
la science et surtout l'art du Droit, en un
mot le *jus romanum*, ont acquis une si haute
perfection. Ceci a presque l'air d'un paradoxe, et pourtant rien n'est plus vrai.

Chez nous le Droit a des allures plus
franches; le magistrat n'a point, comme le
préteur, à corriger la loi sous le prétexte de
l'interpréter; le législateur, toujours présent,
déclare le Droit selon que la raison le commande, sans avoir à ruser avec l'autorité
mystérieuse d'un Droit supérieur. Au point
de vue législatif, le Droit français l'emporte
infiniment sur le Droit romain, de même
que notre civilisation moderne l'emporte sur
celle de l'antiquité : c'est une suite inévitable
du progrès des lumières et de la marche
ascendante de l'humanité. Mais au point de
vue purement juridique, au point de vue de
la science et de la méthode, il lui est resté sans
doute inférieur. Chez nous, l'idée de justice
se présente toujours simple, sans dissimulation et sans feinte, parce que la loi est excellente, et qu'elle se trouve en parfait accord
avec l'état actuel de notre civilisation, tandis

qu'en Droit romain cette idée de justice nous apparaît, à chaque pas, sous des formes inattendues. Étudiez toutes ces fictions derrière lesquelles elle se cache pour arriver à rendre la loi acceptable et juste en dépit d'elle-même; voyez comme ces jurisconsultes romains demeurent toujours fermes dans leur voie semée d'écueils, et comme ils se montrent toujours logiciens implacables, malgré la gêne du texte et les embarras de la route détournée qu'ils ont été obligés de prendre; et si, après les avoir suivis dans leur marche périlleuse, vous n'acquérez pas le sens du Droit, le sentiment de l'idée-mère de cette science, c'est-à-dire de l'idée de justice, alors il vous faut renoncer à l'espoir d'être jamais jurisconsulte.

Conservons donc le culte du Droit romain, non pour satisfaire une vaine curiosité d'antiquaire, mais pour y trouver cette force d'esprit et cette puissance de raisonnement qui nous aideront singulièrement dans l'étude de notre Droit national.

FIN DE LA PREMIÈRE PARTIE.

NOTES.

—

Note A.

François Bacon, né à Londres en 1561, était fils de
Nicolas Bacon, garde du grand sceau, et d'Anne Cook,
dont le père avait été précepteur d'Édouard VI. Il se fit
remarquer dès son enfance par la précocité de son génie,
et, à l'âge de seize ans, au sortir du collège de Cambridge,
il écrivit une réfutation de la philosophie d'Aristote. Il
conçut le projet hardi de réformer les sciences; mais il
en fut longtemps détourné par le soin de son avancement.
Aussi faut-il faire deux parts dans la vie de François
Bacon. Le courtisan d'Élisabeth et de Jacques Ier, l'homme,
n'a pu être lavé des souillures qui saliront à jamais sa
mémoire; mais le réformateur des sciences, le philosophe, a conservé son auréole. De nos jours encore, sa méthode règne, dit-on, sans partage dans le monde des
sciences. Ambitieux, souple, peu scrupuleux, il se dis-

22

posa de bonne heure à courir la carriè. des emplois publics, et s'attacha dans ce but au fameux comte d'Essex,
alors favori de la reine. Pour un homme comme Bacon,
tout peut être un marchepied à la fortune. En 1600,
d'Essex ayant encouru la disgrâce d'Élisabeth, Bacon ne
craignit pas, pour se concilier la faveur royale, de justifier la condamnation de celui qui avait été son protecteur.
Ce ne fut cependant que sous Jacques Iᵉʳ qu'il conquit
enfin ces grandeurs qu'il avait tant convoitées. Mais son
âme n'avait pas grandi avec sa position. Nommé grand-
chancelier avec les titres de baron de Vérulam et de comte
de Saint-Alban, il trafiqua de la justice placée dans ses
mains. Traduit à son tour devant la chambre des lords,
il fut condamné à l'emprisonnement, privé de toutes ses
dignités, et exclu des fonctions publiques. Ainsi le caractère de Bacon restera entaché de deux vices odieux, l'ingratitude et la cupidité; et comme ces vices ne vont pas
sans la bassesse de l'âme, Bacon fut bas et vil jusqu'à la
fin : n'ayant pu obtenir l'impunité pour ses méfaits, il ne
rougit pas, après sa condamnation, de mendier un pardon, qu'il obtint. Il resta depuis éloigné des affaires et
consacra à ses travaux le reste de sa vie. Il mourut en
1626, à la suite d'expériences de physique qu'il avait suivies avec trop d'ardeur. Il a laissé des écrits sur la jurisprudence, la politique, l'histoire et la philosophie. Ce
sont surtout ces derniers qui l'ont rendu célèbre, en le
faisant considérer comme le père de la philosophie expé-
rimentale. Ils sont tous compris dans le vaste ouvrage
que l'auteur a nommé *Instauratio magna*, dont les deux
premières parties formant l'une le *De dignitate et augmen-
tis scientiarum*, l'autre le *Novum organum*, sont les plus
importantes. Frappé des abus de la méthode syllogistique
d'Aristote, instrument de discussion plutôt que de vérité,
Bacon apporta à la science une méthode nouvelle, l'étude

de la nature, l'expérience fécondée par l'induction. —
Parmi ses divers opuscules relatifs à la science du Droit,
le plus connu chez nous est son *Exemplum tractatûs de
justitiâ universali sive de fontibus juris*, composé d'une suite
d'aphorismes, et qu'on peut regarder comme un petit
chef-d'œuvre. Toutes les pensées de ce livre d'or mérite-
raient d'être rappelées; il n'en est pas une dont le législateur et le jurisconsulte ne puissent faire leur profit.

Par la nature de son génie, Bacon fut, dans la jurisprudence comme dans toutes les sciences, un réformateur; il fut de plus un écrivain. Sa pensée, toujours arrêtée, apparaît d'abord nette au travers d'un style limpide
et nerveux; puis une métaphore rapide, en la complétant,
la grave à jamais dans la mémoire. Mais tant de mérites
réunis chez cet esprit de haute taille ne sauraient faire
oublier ce qu'il y eut dans l'homme de méprisable, ni
les faits qui attachent à son nom la marque ineffaçable
du déshonneur et de l'infamie.

Il a existé un autre Bacon, moins connu que le précédent, et avec lequel il ne faut pas le confondre; c'est Roger
Bacon, célèbre moine anglais du treizième siècle, surnommé
le Docteur admirable à cause de sa science prodigieuse, et auquel on a attribué l'invention de la poudre à canon; toujours
est-il qu'il en parle comme d'une chose connue de son temps.
Dans son épître sur les œuvres secrètes de l'art et de la
nature, ainsi que sur la nullité de la magie (*Epistola de
secretis operibus artis et naturæ et nullitate magiæ*), on trouve
ce passage : « Nous pouvons avec le salpêtre et d'autres
substances composer artificiellement un feu susceptible
d'être lancé à toute distance. On peut aussi parfaitement
imiter la lumière de l'éclair et le bruit du tonnerre. Il
suffit d'employer une très petite quantité de cette matière

pour produire beaucoup de lumière, accompagnée d'un horrible fracas : ce moyen permet de détruire une ville ou une armée. » Dans ce même traité, il dit des choses si étonnantes concernant la physique et la mécanique, qu'on serait tenté de croire qu'il connaissait la machine à vapeur et les aérostats. « On pourrait, dit-il, construire des machines propres à faire marcher les plus grands navires plus rapidement que ne le ferait toute une garnison de rameurs : on n'aurait besoin que d'un pilote pour les diriger. On pourrait aussi faire marcher les voitures avec une vitesse incroyable, sans le secours d'aucun animal. Enfin, il ne serait pas impossible de faire des instruments qui, au moyen d'un appareil à ailes, permettraient de voler dans l'air à la manière des oiseaux. » Montgolfier, Fulton, qu'allez-vous devenir? Comme de vains fantômes, allez-vous disparaître? Vous avez été devancés ! Inventeurs après coup, créateurs de seconde main, vous n'avez fait qu'appliquer, sans le savoir probablement, ce qu'avait deviné plus de cinq siècles auparavant la pensée de Roger Bacon, de cet alchimiste du moyen âge qui chercha aussi la pierre philosophale, mais qui ne devait pas la trouver. — Mathématicien consommé, Roger Bacon reconnut les erreurs existant dans le calendrier, et confectionna lui-même un calendrier ainsi rectifié, dont une copie existe encore dans la bibliothèque de l'université d'Oxford. Afin de pouvoir lire les auteurs anciens dans les textes originaux, il avait étudié à fond les langues latine, grecque, hébraïque et arabe ; et il écrivait le latin avec une élégance et une clarté vraiment remarquables. — Qu'on veuille bien nous pardonner ce léger hors-d'œuvre, vu l'importance du personnage.

Note B.

Leibnitz fut universel. Il prit part à tous les travaux
scientifiques de son siècle et aux affaires de la vie publique, littéraire et religieuse. Il entretint une correspon-
pondance suivie avec tous les savants et les hommes distingués de l'époque. On sait qu'il essaya de s'entendre avec
Bossuet sur le moyen de réunir les églises chrétiennes, et
que ce projet avorta. Sa vaste intelligence était servie
par une mémoire prodigieuse ; son érudition était immense,
et ne nuisait en rien à l'originalité de son esprit, à son
génie essentiellement inventeur. Il partage avec Newton
la gloire d'avoir découvert le calcul infinitésimal. Voulant
tout lire et tout apprendre, il passait des semaines et des
mois entiers sans sortir, et allait jusqu'à rester plusieurs
nuits de suite dans son fauteuil à travailler. Leibnitz avait
une tête encyclopédique, et il n'est pas une branche du
savoir humain qui ne lui doive un progrès. Quelle partie
de la science, en effet, n'a-t-il pas illuminée des reflets de
son génie ? Mathématicien, philosophe, théologien, jurisconsulte, historien, il a tout embrassé, tout pénétré, tout
approfondi, traçant partout des voies nouvelles ou éclairant les voies connues, comme si la Providence avait voulu
montrer en le formant tout ce qu'un crâne humain peut
enserrer d'idées sans se rompre, tout ce que l'enveloppe
cérébrale peut subir de tension sans se déchirer. On peut
dire que Lebnitz est, comme Aristote, du nombre de « ces
génies-mères qui, suivant les belles paroles de Chateau-
briand, semblent avoir enfanté et allaité tous les autres.
On renie souvent ces maîtres suprêmes ; on se révolte
contre eux ; on compute leurs défauts, mais on se débat
en vain sous leur joug. Tout se teint de leurs couleurs ;
partout s'impriment leurs traces ; ils ouvrent des horizons

d'où jaillissent des flots de lumière ; ils sèment des idées, germes de mille autres. Leurs œuvres sont les mines inépuisables ou les entrailles mêmes de l'esprit humain. •

Dans le Droit, la trace de Leibnitz n'est pas moins profondément empreinte que dans les autres sciences. Comme Donneau et mieux que Donneau, il a signalé les vices des compilations de Justinien, et indiqué les conditions nécessaires d'un bon Code. La classification qu'il propose est simple, raisonnable, naturelle, peut-être préférable à celle des Institutes et de notre Code Napoléon. Définir les droits et les obligations, traiter des personnes sujets des droits, puis des choses, puis dire comment les droits s'acquièrent et comment ils se perdent, tel est le cadre à la fois simple et grandiose dans lequel Leibnitz renferme la science du Droit tout entière.

Dans sa *Nova methodus*, il définit la jurisprudence la science des actions, en tant qu'on peut les appeler justes ou injustes, *scientia actionum quatenus justæ vel injustæ dicuntur*. Il place la *cause efficiente* du Droit, comme il l'appelle, dans cette lumière de la raison éternelle que Dieu a suscité dans nos esprits, ce qui veut dire en langage vulgaire que le Droit, c'est ce qui paraît tel à la saine raison. Leibnitz, du reste, n'est pas plus théocrate qu'il n'est utilitaire : réfutant l'erreur de ceux qui font de la justice humaine l'expression de la volonté de Dieu, dont les souverains seraient les ministres irresponsables, il montre très-clairement qu'un tel système intronise la force dans les sociétés humaines et soumettrait le Droit, qui est immuable de sa nature, aux destinées changeantes de la puissance. Or, la justice cessera-t-elle, si la puissance du souverain vient à faillir? Cela ne se peut, dit Leibnitz; fondez, au contraire, la justice non sur la puissance ou la volonté de Dieu, mais sur la raison éclairée, et un mauvais génie pourra devenir le maître des choses humaines, sans que le mal cesse d'être le mal, la violence une iniquité et le despote aveugle un tyran.

Comme réformateur de l'enseignement du Droit, tel qu'il était dispensé dans les écoles de son temps, on doit à Leibnitz une analyse très-juste des différentes parties de la science du Droit, et l'idée très-raisonnable de faire précéder l'enseignement des textes et la discussion des cas controversés et douteux, d'une histoire abrégée du Droit et d'un exposé méthodique de tous les principes fondamentaux. La division de la jurisprudence en partie historique, partie didactique ou dogmatique, partie exégétique et partie polémique, correspond au développement naturel des intelligences, et fournit ainsi un excellent programme d'enseignement. De plus, elle est heureuse comme faisant connaître les divers éléments dont l'ensemble compose la science du Droit. — Enfin, comme écrivain de Droit naturel, Leibnitz, disciple de Thomasius, fut en Allemagne le précurseur de Kant.

Ce qui frappe dans les opuscules de Leibnitz sur le Droit, dans ceux de sa première jeunesse comme dans ceux de son âge mûr et de sa vieillesse, c'est d'abord l'immensité des lectures qu'ils supposent, et ensuite la lucidité étonnante d'une intelligence où toutes les idées empruntées aux autres ou conçues par elle-même, se classent sans effort et semblent trouver en quelque sorte toutes seules la place qui leur convient. Quelle clarté nouvelle ce grand homme n'a-t-il pas répandue sur l'ensemble de la science du Droit, et que ne devait-on pas attendre d'un pareil génie, s'il eût accordé à ses travaux juridiques une plus large place dans son œuvre gigantesque !

Note C.

Il est intéressant de suivre, sur cette question, les

phases diverses qu'a parcourues la pensée de M. Jouffroy.
Nous en trouvons l'aveu dans son mémoire sur *l'Organisation des sciences philosophiques*, que M. Damiron a publié
après la mort de l'auteur. La deuxième partie de ce mémoire est comme une biographie de son esprit, si l'on
peut se servir de ce terme, une confession philosophique
dont on lira, nous l'espérons, avec plaisir le récit ou plutôt le tableau et le drame. On y verra ce que de son vivant M. Jouffroy ne confiait et ne disait guère, même dans
son commerce le plus familier : car il était (de ces âmes
profondes et recueillies qui ne trahissent pas ce qu'elles
font et ce qu'elles souffrent pour grandir et s'élever. Au
fond, c'est une composition du genre du *Discours de la
méthode;* seulement ici l'examen de conscience a quelquefois l'abandon d'un mouvement presque lyrique, et l'on
doit s'attendre chez l'auteur à une manière de décrire l'état
de son âme qui, deux siècles auparavant, aurait certainement eu quelque chose de plus contenu et de plus sobre.
Quoi qu'il en soit, ce morceau nous paraît, avec la préface qu'il a mise en tête de sa traduction des *Esquisses
de philosophie morale* de Dugald-Stewart, le plus remarquable et le mieux dit que nous ait laissé ce philosophe regretté. Aussi ne résistons-nous pas à la tentation
d'en donner une analyse aussi succincte que le comporte
ce vaste sujet.

« En Grèce, comme partout ailleurs, l'esprit humain
commença par considérer le monde et toutes les énigmes
qu'il présente comme un seul objet, et il en fit le sujet
d'une seule recherche qui prit le nom de science (σοφία).
Ceux qui s'occupaient de cette recherche s'appelèrent de
là des savants ou des sages (σοφοί). Mais il y avait bien de
l'orgueil dans une pareille dénomination; pour avoir le
droit de s'appeler sages ou savants, il eût fallu posséder la
sagesse ou la science, et ces hommes ne les possédaient

pas, seulement ils les cherchaient. A cette dénomination
ambitieuse et impropre fut donc substituée celle beaucoup
plus modeste et plus exacte d'amis de la science ou de la
sagesse. Cer s qui cultivaient la science prirent dès lors
le nom de philosophes (φιλοσοφια), et l'on appela philosophie la science elle-même. Il suit de là que la philosophie
désigna dans le principe la recherche totale de la connaissance humaine ; elle embrassait dans son vaste sein
toutes les sciences possibles.

» Mais cette unité de la science ne pouvait durer, il
était inévitable que l'intelligence démêlât des parties dans
cet objet total, et qu'elle étudiât séparément ces parties
démêlées ; en un mot, peu à peu des sciences particulières
devaient se détacher de la science totale primitive, comme
un enfant du sein de sa mère, et prendre une existence
et un nom qui leur fussent propres. A mesure que les
sciences particulières se sont formées et multipliées, certains objets qui faisaient d'abord partie de l'objet total de
la science primitive, en ont été retranchés ; et, comme
ils n'ont pu en être retranchés qu'à la condition d'être
mieux connus, il s'ensuit que ceux qui ont continué d'en
faire partie ont aussi continué de rester obscurs. C'est ce
qui explique pourquoi la philosophie est si peu avancée,
pourquoi elle ne contient aucun système en possession de
la vérité ; si, parmi les objets encore contenus dans la
philosophie, un certain nombre de vérités venaient à être
constatées, aussitôt cet objet deviendrait celui d'une science
particulière, il cesserait de faire partie de la philosophie,
et la situation de la philosophie resterait la même. Voyez
toutes les sciences existantes : il n'en est pas une qui n'ait
fait partie de la philosophie. Cherchez quel jour elle s'en
est séparée et à quel titre ; vous verrez que c'est le jour
où elle a commencée à rencontrer la certitude, et parce
qu'elle l'avait rencontrée. Voyez la physique, la chimie,

l'astronomie : toutes ont fait partie de la philosophie ;
toutes n'en ont été définitivement émancipées que le jour
où elles ont trouvé leur méthode.

» Qu'est-ce donc que la philosophie? C'est la science
de ce qui n'a pas encore pu devenir l'objet d'une science
particulière ; c'est la science de toutes les choses que
l'intelligence de l'homme n'a pas encore pu connaître entièrement ; c'est le reste de la science primitive totale. Les
objets de la philosophie sont encore obscurs ou inconnus ;
mais ces objets peuvent être de natures extrêmement diverses, et exiger, quand ils seront connus, que l'on consacre à leur étude une multitude de sciences distinctes. Il faut
donc renoncer à la chimère d'une science dont la philosophie serait le nom et dont l'unité et l'objet seraient déter-
minables ; et, comprenant enfin ce que c'est que cette
prétendue science, s'efforcer de dégager du complexe ob-
scur et indéfini qu'elle représente quelques objets nouveaux
de connaissance, qui formeront ainsi autant de nouvelles
sciences particulières. Voilà le véritable mot de l'énigme
de la philosophie, voilà les véritables conséquences théo-
riques et pratiques qui en découlent.

» Telle fut la solution à laquelle j'arrivai presque subi-
tement au début de mes recherches sur l'objet de la phi-
osophie. Elle eut le pouvoir de me séduire. Indépendamment du mérite qu'elle avait de m'expliquer la destinée
et l'état présent de la philosophie, elle me délivrait tout
à coup de rechercher l'objet de la philosophie, sa certitude, sa circonscription, son organisation et sa méthode.
Je n'allais plus avoir affaire qu'à des recherches particulières et isolées, et j'avais appris par ma propre expérience qu'on pouvait, en conduisant bien son esprit, venir
à bout de ces recherches séparément entreprises. J'étais
surtout abusé sur ce point par *la psychologie*, celle de toutes
les sciences dont je m'étais le plus occupé, et qui, par sa

nature, *n'en présupposant aucune autre*, m'avait présenté
une grande facilité à être traitée isolément. Je me voyais
déjà passant d'une recherche à une autre, et constituant,
chemin faisant, plusieurs sciences nouvelles. Mais ce beau
rêve fut bientôt dissipé.

» Et d'abord, bien que cette supposition flattât mon
esprit et charmât mon imagination, je m'aperçus qu'au
fond et en réalité ma raison lui opposait une sourde et in-
volontaire résistance. Cette hypothèse ne s'accordait nullement avec l'idée que j'avais toujours attachée au mot
philosophie. Il m'avait toujours paru qu'en appelant philosophiques certaines questions, j'entendais désigner par
là un certain caractère spécial à ces questions, commun
à toutes, que mon esprit ne pouvait, il est vrai, démê-
ler d'une manière bien nette, mais de l'existence duquel
il ne doutait pas, et qu'il entrevoyait confusément. Et
c'était surtout parce que mon hypothèse niait cette similitude de nature entre tous les objets de la philosophie, et
brisait par conséquent l'unité de cette science, que mon
esprit se révoltait contre elle et ne pouvait en aucune
manière et malgré sa bonne volonté l'accepter. Et puis
cette acception, contraire à mon hypothèse, que j'avais
toujours donnée, et que malgré moi mon esprit s'obsti-
nait à attacher au mot *philosophie*, n'exprimait pas seulement mon sentiment particulier, elle exprimait le sentiment universel. Ce sentiment universel avait cru jusqu'alors
à une similitude de nature entre tous les objets embrassés
par la philosophie, au lieu de n'y voir qu'une collection
de sciences indépendantes encore à créer ; en un mot, il
admettait l'unité de la philosophie, et mon hypothèse la
détruisait. Il me parut dès lors que, malgré les beaux
côtés par lesquels elle m'avait séduit, cette hypothèse
n'était qu'une décevante illusion.

« Ce qui me confirma dans cette opinion, ce fut le

souvenir des résultats auxquels j'étais arrivé moi-même
en m'occupant de philosophie. J'avais étudié de près trois
des sciences qu'elle embrasse, la *psychologie*, la *logique* et
la *morale*. Or, que résultait-il pour moi de cette étude ?
J'avais trouvé ces trois sciences étroitement unies, tellement qu'en approfondissant la question logique et la question morale, j'avais vu d'une manière nette qu'elles ne
pouvaient être résolues que par les données de la psychologie. En un mot, au lieu de trouver indépendantes,
comme le voulait mon hypothèse, les trois seules sciences
philosophiques que j'eusse étudiées, je les trouvais liées
entre elles comme le voulait mon instinct, comme l'entrevoyait et l'affirmait l'opinion commune; et si ce double
sentiment se trouvait ainsi confirmé dans ces trois sciences
philosophiques, pourquoi n'en serait-il pas de même dans
toutes les autres? Et si toutes les sciences philosophiques
étaient dépendantes les unes des autres, que devenait
mon explication?

» J'avoue qu'il m'en coûta beaucoup de voir ainsi s'é-
teindre ce flambeau que j'avais allumé et dont la clarté
m'avait paru d'abord si triomphante. Mais il m'importait
trop d'arriver à une idée vraie de la philosophie pour que
je reculasse devant le résultat de mes réflexions, et je me
remis à examiner de nouveau et plus profondément la
question. Il ne s'agissait de rien moins que de passer en
revue toutes les questions philosophiques; de manière à
me faire une idée claire de leur objet et de leur méthode :
ce qui était une entreprise immense, et peut-être au-dessus
de mes forces. Mais, quelque grande que fût la tâche, je
l'acceptai. Du reste, je croyais posséder déjà le lien universel qui unissait toutes les recherches philosophiques :
si la logique et la morale trouvaient véritablement leur
explication dans la psychologie, peut-être en était-il ainsi
de toutes les autres questions philosophiques, peut-être

toutes venaient-elles se résoudre dans quelques lois psy-
chologiques de la nature humaine, peut-être la philosophie
tout entière n'était-elle qu'un seul arbre dont la psychologie était le tronc et toutes les autres recherches les
rameaux. Et ce qui me confirmait dans cette espérance,
c'est que précédemment en observant les phénomènes
de la nature humaine, j'en avais vu souvent sortir comme
d'elles-mêmes, et sans que je les cherchasse, des induc-
tions lumineuses sur différents problèmes philosophiques.

» Je fus conduit, par la suite de mes études, à reconnaître de nouveau la véritable *unité* de la philosophie.
Après avoir vu que la psychologie est une science première, et qui n'en suppose aucune autre, il me fut dé-
montré que la logique tout entière n'était qu'une induction de la psychologie, et que tous les problèmes de cette
science venaient se résoudre dans quelques-uns des faits
de l'esprit humain. Les recherches que je fis sur la morale
me conduisirent au même résultat. Puis le droit naturel
et politique, l'esthétique, la philosophie de l'histoire, la
religion naturelle, en un mot les principales sciences dont
se compose la philosophie, repassèrent en détail sous les
yeux de mon esprit, qui put les approfondir à loisir et
y trouver la confirmation de cette vérité, que toutes les
sciences philosophiques se tiennent et forment un tout
dont la science de l'esprit est le centre. »

Note D.

Chez Sénèque il faut faire deux parts bien distinctes : sa
vie et ses écrits, et dans ses écrits eux-mêmes il serait
difficile de saisir une doctrine ferme et bien arrêtée. Son
génie surpassait son âme, et l'on trouve chez lui une opposition éclatante entre ses goûts et ses maximes. Sénèque
n'était pas tellement stoïcien, qu'il ne fût épicurien au

besoin : sa vie du reste fut généralement épicurienne, car il fut aussi mondain, aussi galant, aussi opulent, aussi livré aux vanités de la vie extérieure, aussi ambitieux qu'il soit possible. « Personne, dit-il, n'a condamné la sagesse à la pauvreté. Le venin que vous distillez sur les autres et qui vous tue, ne m'empêche pas de vanter, non la vie que je mène, mais celle qu'il faut mener (1). » Faible réponse chez ces Romains si pratiques, qui voulaient des préceptes, non pour s'en jouer, mais pour en user. La vérité, plus forte que le bel esprit de Sénèque, criait plus haut que lui, et même par sa propre bouche : « Vous auriez plus d'autorité contre les richesses, si vous parliez sur un grabat, car vous paraîtriez pratiquer votre conseil. On n'est pas alors un simple précepteur du vrai, on en est le témoin. Voulez-vous savoir si celui qui prêche contre les richesses les méprise, considérez s'il a choisi la pauvreté (2). » Voilà ce que la conscience publique, voilà ce que sa propre conscience criait à notre philosophe. Sa philosophie se plie à tout, et s'il veut nous dégoûter des biens terrestres, écoutez ses paroles : « Pourquoi, dit-il, solliciter de la fortune ce qui roule au hasard, plutôt que de devoir à nous-même de ne pas le demander, et pourquoi le demander, si l'on songe à la fragilité de toutes choses? Amasserai-je, par exemple, mais à quel dessein? Travaillerai-je? Mais ma vie s'éteint, ou va s'éteindre (3). » Sénèque veut ailleurs que son sage se rapproche le plus possible de la Divinité ; il prétend que la *vertu* suffit au bonheur, « quand elle est parfaite et divine (4). » Nous le croyons comme lui, mais il faut être Dieu pour

(1) *De la Vie heureuse.*
(2) Epîtres 20, 30, 52.
(3) Épître 13.
(4) *De la Vie heureuse*, 16.

une pareille vertu; la prêcher aux hommes, c'est leur
prêcher de cesser d'être hommes. Voilà le stoïcisme dans
tout son *jansénisme*, si l'on peut dire. Car le jansénisme
n'est autre chose que le stoïcisme outré; ce sont deux
excès qui se rencontrent.

Mais cette âpreté stoïcienne, Sénèque l'adoucit souvent,
il la mitige de plus en plus, et sa doctrine philosophique
finit même par se rapprocher de celle d'Épicure qu'il cite
constamment dans ses *Épîtres*. « En dépit des hommes de
notre époque, dit-il, je soutiens que les préceptes d'Épicure sont non-seulement droits, mais saints; je vais plus
loin, je trouve qu'ils sont presque *tristes*, et que le plaisir
d'Épicure est quelque chose de fort maigre, car on lui
impose la même loi que nous imposons à la vertu. » Et il
cite la vie d'Épicure, ainsi que celle de son disciple Métrodore, comme un modèle d'abstinence : Métrodore vivant
de quelques oboles par jour; Épicure de moins encore. Le
véritable épicurisme, pris à son point de départ et dans
toute sa pureté native, est tellement sage qu'à force de
s'élever vers le stoïcisme, par égard pour la dignité de
l'homme, il est le stoïcisme même; comme le stoïcisme
s'abaissant, par égard pour la faiblesse humaine, devient
l'épicurisme. Ces deux philosophies se touchent par leurs
vérités communes; elles se concilient par le bon sens, par
la raison publique; elles se confondent, elles s'identifient
dans Sénèque.

La philosophie de Sénèque n'a donc pas une physionomie
bien tranchée; elle offre un caractère mixte, pour ainsi
dire. Sans doute le stoïcisme y domine, mais combien
de divers stoïcismes! Que Sénèque est dans le cours de ses
écrits, dissemblable à lui-même, et qu'il y a loin du
proscrit de Claude au favori d'Agrippine, de Sénèque
jeune et ambitieux à Sénèque vieux et désabusé, qui
commence comme Buckingham et finit comme Jean-Jac-

ques Rousseau dans une sombre misanthropie ! Sénèque
est un stoïcien, tantôt très-guindé comme un mécontent,
tantôt très-accommodant comme un ambitieux : il se permet l'*Apocolokinthose* (1), fort grande débauche d'esprit ;
il justifie le meurtre d'Agrippine, fort grande dépravation
de cœur ; il écrira pour ou contre l'opulence selon qu'il
sera plus ou moins rassuré sur la sienne ; il acquerra des
propriétés d'un prix scandaleux, et accusant une grande
intempérance d'appétits chez un philosophe (2). En sens
inverse, Sénèque, qui s'était jeté très-jeune dans l'excès
du pythagorisme pratique, conservera toute sa vie quelque chose de ses aspirations vers cette école. En un mot,
Sénèque variera sans cesse : on le trouvera multiple
comme philosophe ; on le verra contradictoire ; il sera
enfin tantôt déclamateur, tantôt sensé, tantôt sublime.

Mais que Sénèque cesse de philosopher pour être artiste,
qu'il traduise en son beau langage les vérités qu'il puise
dans la raison publique et qu'épure *à son insu* le christianisme, alors il est admirable. C'est lui que Montaigne
traduit quand il dit : « Tous les jours mènent à la mort, le
dernier y arrive ; *tunc ad illam horam pervenimus, sed diù
venimus.* » — C'est lui qui dit aux hommes de bonne volonté, « que c'est une partie de la bonté que de vouloir
être bon, et que le plus fidèle ami du bien, c'est celui que
le repentir y ramène. » Ce n'est pas ici le philosophe qui
parle, c'est l'homme de sens, c'est une grande âme romaine. Que le philosophe me dise sèchement « qu'il vaut

(1) Satire en prose et en vers, dans laquelle Sénèque raconte la
métamorphose de l'empereur Claude en citrouille, après sa mort.
Jean-Jacques Rousseau en a fait une traduction, qu'on trouve parmi
ses *Mélanges*.

(2) « Il voulut cette vigne à tout prix, dit de lui Pline l'Ancien dans
son *Histoire naturelle*. » — Aussi lisons-nous dans Sénèque qu'il était
bon vigneron.

mieux remplacer son ami mort que le pleurer, » l'homme s'accusera « d'avoir pleuré sans mesure son ami Serenus, » et, grâce à cette inconséquence, je préférerai ici l'homme au philosophe.

Pour conclure, il y a de tout dans Sénèque. On trouvera dans ses écrits des élans d'imagination, mille boutades provoquées par les circonstances qui agitèrent sa vie; on y rencontrera toutes les contradictions d'un *esprit humoristique* livré à lui-même, plutôt qu'une véritable philosophie. En un mot, il y a divers Sénèques chez le même personnage; il est ondoyant, et ses aspects sont infinis.

Épictète, contemporain de Sénèque, n'est pas son disciple, et, à bien des égard, il pourrait être son maître. Grec d'origine, il est Romain par sa vie, car il vécut à Rome et mourut fort vieux, si l'on en croit ses biographes, qui ne le connaissent d'ailleurs qu'imparfaitement; car Épictète, comme Socrate, n'a pas écrit, mais seulement laissé d'illustres disciples et une grande mémoire. Épictète, par sa race et par le théâtre de son existence, a le double mérite d'une extrême beauté de forme et d'une vigueur de préceptes exceptionnelle. On sent dans Arrien, qui le fait parler, le souffle du maître qui l'inspire, comme on sent l'âme de Socrate à travers le génie de Xénophon ou de Platon. Arrien nous fait connaître Épictète dans deux œuvres : l'une, de développements philosophiques sur plusieurs textes, sous le titre de *Dissertations*; l'autre constituant, sous le titre de *Manuel*, un livre pratique pour la direction de la vie. Dans les Dissertations, le philosophe argumente sous la forme oratoire et avec beaucoup d'éclat; il est peut-être là plus mâle et plus nourri que Sénèque; il allie l'imagination au raisonnement dans cette exquise mesure qui est le don du génie grec. Son Manuel est un recueil de conseils donnés avec une dignité concise, où la teinte poétique colore encore, mais sans l'énerver, l'excellence du fond.

La doctrine métaphysique d'Épictète, comme de tous les stoïciens, c'est le panthéisme, c'est-à-dire la négation du libre arbitre; mais sa morale a pour fondement essentiel ce même libre arbitre incompatible avec le dogme métaphysique du panthéisme. Épictète ne sera donc un bon moraliste qu'à la condition d'être inconséquent; ses instincts vaudront mieux que sa doctrine, et son âme sera plus grande que son esprit. Ce qu'il y a de beau dans Épictète, ce sont ses leçons pratiques; c'est la discipline qu'il enseigne pour vaincre ses passions. Son *Manuel* est en quelque façon la *Journée du païen*, comme nous avons la *Journée du chrétien*, ou bien encore la *Science du bonhomme Richard*, de Franklin. « Une impression, un goût vous séduisent-ils ? Faites-leur obstacle; ne cédez que lentement, obtenez de vous-même un délai. Comparez le plaisir de la jouissance à celui du sacrifice, et si la première séduction l'emporte, que ce soit le moins possible. » Avec quelle adresse ce rigide stoïcien nous conduit à travers les périls de la tentation, et comme il comprend bien que l'ajourner, c'est la dompter! Il recommande en principe de vivre en soi-même, de la vie de l'âme le plus possible, puisque nous ne possédons que notre volonté, notre corps même n'étant pas nous (1). Il enseigne à n'envisager que le bon côté des choses, à se consoler de ses propres malheurs par l'aspect d'infortunes plus grandes, à tendre toujours vers le bien, vers la perfection, sans se rebuter parce qu'on n'y atteint pas : « C'est ainsi que Socrate, dit-il, avançant toujours, s'est rendu divin. Vous n'êtes point Socrate, sans doute, mais vivez, c'est votre devoir, comme voulant le deve-

(1) *Manuel* d'Épict., pensée 32.

nir (1). « Ces exemples, qu'il faudrait trop étendre, sont
un échantillon du Manuel d'Épictète; le paganisme n'a
rien laissé de meilleur, après le *De officiis* de Cicéron.

Mais Cicéron enseigne la vie complète, celle du citoyen
comme celle de l'homme. Épictète n'embrasse que la vie
de l'homme; à la vérité, le citoyen n'existait plus de son
temps; aussi comprend-il l'activité du sage autrement que
Cicéron. Si l'on dit que le sage d'Épictète s'isole trop,
qu'il se rend inutile à sa patrie : « Comment l'entendez-
vous? répond Épictète. La patrie compte-t-elle sur le forge-
ron pour en obtenir des chaussures, ou sur le cordonnier
pour forger ses armes? Si nous élevons un homme pour
notre patrie, si nous en faisons un citoyen probe, intègre,
ne faisons-nous rien pour elle? — Mais, me direz-vous,
quel rang aurai-je ainsi dans la cité? — Le rang qui sera
possible à un homme intègre. » Rien de mieux en principe;
mais le stoïcisme ne convenait qu'à un très-petit nombre.
Ce fut là son vice pratique, comme le panthéisme fut son
vice doctrinal.

Ces deux vices de la philosophie stoïcienne ressortent
bien mieux encore dans Marc-Aurèle, qui n'est qu'un
Épictète dégénéré. Il pousse le panthéisme et le fatalisme
au point de supprimer la vie de l'homme; et il individua-
lise sa morale au point de ne l'adresser qu'à soi. Les autres
écrivent du moins pour l'homme en général, Marc-Aurèle
ne parle qu'à lui-même. Épictète enseigne à vivre, Marc-
Aurèle encourage tristement à mourir. C'est un trappiste
romain : il s'infligeait même le cilice. L'esclave Épictète
était plus viril que l'empereur; le Grec, plus mâle que
le Romain. Marc-Aurèle d'ailleurs, comme Épictète, dé-
ment sa métaphysique qui est mauvaise par sa morale

(1) *Manuel* d'Épict., pensée 52.

qui est sublime; ses exemples fortifient ses leçons, et la modestie de cet empereur est bien faite pour enchanter .la postérité. Ce qui popularise Marc-Aurèle, c'est donc la noble inconséquence de sa belle vie; c'est aussi cette suprême beauté de la forme antique qu'on trouve dans ses *Pensées*, ce mélange de grandeur et de simplicité, de gravité et de poésie; ajoutons encore ce charme de la mélancolie, qui semble associer les tristesses de ce grand cœur aux premières défaillances de l'empire.

Écoutons ses lamentations : « Les Chaldéens, qui ont prédit la mort de tant d'hommes, sont morts à leur tour; Pompée et César, qui subvertirent tant de villes, qui massacrèrent des multitudes d'hommes armés, ont aussi quitté la vie. Remonte, par exemple, au règne de Vespasien, tu y verras comme toujours des gens qui s'épousent, qui élèvent des enfants, qui sont malades, qui meurent, qui font la guerre, qui célèbrent des fêtes, qui négocient, qui labourent la terre, qui flattent, qui sont arrogants, soupçonneux, pervers, qui désirent la mort de leurs adversaires, qui murmurent sur l'état présent des choses, qui font l'amour, qui thésaurisent, qui briguent les consulats, les royautés : eh bien, ils ne sont plus! On ne les aperçoit plus ici ou ailleurs; ils ont cessé de vivre. Descends ensuite au temps de Trajan; même spectacle encore; et ce siècle aussi a péri. » Il dit ailleurs : « Et ces hommes d'un esprit si pénétrant, et ceux qui lisaient dans l'avenir, et ceux qu'enivrait l'orgueil, où sont-ils? Où sont tous ces hommes ingénieux, Charax, Démétrius le platonicien, Eudémon et ceux qui leur ressemblaient? Choses bien éphémères et mortes depuis longtemps. » Ne croirait-on pas entendre une cloche funèbre, à ces accents d'un nouveau Jérémie pleurant sur la puissance de Rome près de s'évanouir, et qui sonna mieux que Marc-Aurèle le glas de cette antiquité païenne?

Comment n'être pas touché des tendres paroles qui suivent : « La bienveillance sincère est invincible. Que ne
ferais-tu pas sur le plus méchant des hommes en t'y prenant avec douceur? Veut-il te faire du mal, dis-lui : Mon
enfant, ne sommes-nous pas nés pour autre chose? Ce
n'est pas à moi, mon enfant, que tu fais du mal, mais à
toi-même. » Forme et conseil évangéliques; le chrétien et
le païen parlent déjà le même langage.

Si l'on veut maintenant juger le souverain, peut-être
devra-t-on dire que Marc-Aurèle fut moins un grand empereur, qu'un saint empereur; il fut le saint Louis du
paganisme. Le premier fut plus philosophe que prince,
comme le second fut plus chrétien que roi.

FIN DES NOTES DE LA PREMIÈRE PARTIE.

FAUTES A CORRIGER.

—

Page 13, ligne 14, *sience*, lisez : science.
— 17, — 16, *forment*, — forme.
— 28, — 20, *tourons*, — trouvons.
— 33, — 10, Effacez la fin de la phrase.
— 38, — 13, *lautre*, — l'autre.
— 59, — 8, *hommes d'état*, — hommes d'État.
— 63, — 22, *toute humaine*, — tout humaino.
— 64, — 7, Après le mot *Antonins* mettre une virgule.
— 81, — 19, *lorsquelle*, — lorsqu'elle.
— 119, — 23, *quoiqu'on en dise*, — quoi qu'on en dise.
— 274, — 12, *antisocial*, — antésocial.
— 312, — 6, *Donneau*, — Doneau.
— id., — 21, *suscité*, — suscitée.
— 315, — 33, *commencée*, — commencé.

TABLE DES MATIÈRES.

Quand nous avons commencé à faire imprimer cet écrit, nous pensions qu'il contiendrait une soixantaine de pages, et nous n'avions songé à le diviser ni par livres ni par chapitres. Mais le développement de notre sujet nous ayant conduit à donner à ce travail plus d'étendue que nous ne l'avions prévu, nous voulons ici placer quelques points de repère pour soulager l'attention du lecteur. Voici donc les les divisions telles qu'elles ressortent du plan général de l'ouvrage, et voici la table des matières qu'il est facile d'établir :

LIVRE DEUXIÈME.

EXAMEN DES DIVERS SYSTÈMES PROPOSÉS.

LIVRE TROISIÈME.

DU DROIT EN GÉNÉRAL ET DE LA LÉGISLATION.

FIN DE LA TABLE DE LA PREMIÈRE PARTIE.

POITIERS. — IMPRIMERIE DE N. BERNARD.